BAEDEKER

R

RHODOS

»

Auf Rhodos lösen sich die Tage so leicht von der Zeit wie reife Früchte vom Baum.

«

Lawrence Durrell

baedeker.com

DAS IST RHODOS

TOUREN

LEGENDE

Baedeker Wissen
● Textspecial, Infografik & 3D

Baedeker-Sterneziele
★★ Top-Reiseziele
★ Herausragende Reiseziele

ZIELE VON A BIS Z

HINTERGRUND

ERLEBEN UND GENIESSEN

PRAKTISCHE INFORMATIONEN

ANHANG

PREISKATEGORIEN

Restaurants
Preiskategorien
für ein Hauptgericht

€€€€	über 20 €
€€€	16 – 20 €
€€	10 – 15 €
€	bis 10 €

Hotels
Preiskategorien
für ein Doppelzimmer

€€€€	über 150 €
€€€	101 – 150 €
€€	61 – 100 €
€	bis 60 €

AGISCHE MOMENTE

ÜBERRASCHENDES

Der Abend bricht herein in Líndos, die Dachrestaurants füllen sich...

D DAS IST ...

Rhodos

Die großen Themen
rund um die Insel des Helios.
Lassen Sie sich inspirieren!

Mehr als ein Badeplatz: Der Tsambíka-Strand spielt eine wichtige Rolle im religiösen Leben auf Rhodos. ►

ANGRIFF ODER VERTEI-DIGUNG

Lieben Sie Rollenspiele? Dann versetzen Sie sich doch einmal ins Jahr 1522 zurück. Umrunden Sie die Stadtmauer von Rhodos-Stadt mit den Augen eines osmanischen Angreifers und steigen Sie dann beim Großmeisterpalast auf eben diese Stadtmauer hinauf, um Johanniterritter zu sein. Der Abschnitt, den Sie betreten dürfen, passt sogar zu uns Deutschsprachigen: Ihn zu verteidigen war die Aufgabe der Ritter der deutschen Zunge und ihrer Gehilfen.

◄ Trotz ihrer Wehrhaftigkeit hielten die Stadtmauern von Rhodos-Stadt den Türken nicht stand.

Der Großmeisterpalast in Rhodos-Stadt war wehrtechnisch auf der Höhe seiner Zeit.

SICHERLICH standen alle der nur etwa 300 Ordensritter auf der Stadtmauer von Rhodos-Stadt, als sich die osmanische Armada am 26. Juni 1522 Rhodos näherte. Zusammen mit etwa 7000 nichtritterlichen Soldaten blickten sie auf **eine Flotte von 400 bis 700 Schiffen** mit 200 000 beutehungrigen Angreifern. Wohl war ihnen dabei sicherlich nicht.

Aber die Ritter hatten gut vorgesorgt. Schon 1480 hatten sie ja eine dreimonatige Belagerung durch eine osmanische Übermacht überstanden und danach gleich die gesamte Stadtbefestigung nach modernsten militärtechnischen Aspekten verstärken und erneuern lassen. Die Getreidespeicher – u. a. unmittelbar unter dem Innenhof des Großmeisterpalasts – und die Munitionsarsenale waren prall gefüllt, die Weinfässer und Zisternen sicherlich auch. Fast jeden Tag kam es zu erbitterten Kämpfen. Insgesamt hatten die Angreifer am Ende etwa 70 000 Tote zu beklagen, der Wallgraben war stets mit Leichen übersät. Zur **Taktik der Angreifer** gehörte es auch, die Stadtmauern durch Tunnel zu unterminieren. Einige Tunnel sind heute noch vom Wallgraben aus – auf eigene Gefahr – zugänglich, aber völlig verwildert und unbeleuchtet. Und steinerne Kanonenkugeln sind hier wie an vielen Stellen der Altstadt aufgeschichtet oder liegen unbeachtet im hohen Gras herum.

Auf christlicher Seite war die Zahl der Toten mit etwa zwei- bis dreitausend weitaus geringer. Aber im Herbst gingen die Vorräte langsam zur Neige, die

Bevölkerung wurde unruhig. Und wie fast immer fand sich auch ein **Verräter**: In diesem Fall der Großkanzler Andre d' Amaral. Mit Pfeilen ließ er Nachrichten über die schlechte Versorgungslage und den Missmut der Einheimischen ins feindliche Lager schießen. Schließlich bot er dem Sultan gar an, an Allerheiligen den feindlichen Truppen eine Pforte zu öffnen. Er wurde aber noch rechtzeitig enttarnt und hingerichtet. Ohne ihn hätten die Osmanen wahrscheinlich wie schon 1480 die Belagerung abgebrochen. Jetzt aber hielten sie durch. Auch sie sandten Pfeile hinüber in die Stadt und versprachen der griechischen Bevölkerung den Verzicht auf Plünderung und strafende Gewalt, wenn die Stadt sich freiwillig ergebe.

1476 wird die Stadtmauer erneuert.

Kapitulation

Am 22. Dezember war es so weit: Die Johanniter kapitulierten. Als Gegenleistung wurde ihnen freier Abzug binnen zwölf Tagen gewährt. Ihre Waffen und ihren beweglichen Besitz durften sie mitnehmen. Etwa vier- bis fünftausend griechische Stadtbewohner brachen mit ihnen nach Kreta auf; viele folgten ihnen später sogar bis nach Malta, das die Johanniter 1530 von Kaiser Karl V. als Lehen erhielten. Dort blieben die Johanniter bis 1798. Da fiel ausgerechnet dem einzigen jemals gewählten deutschen Großmeister die Aufgabe zu, Napoleon die Insel zu überlassen.

DER FEIND NAHT

Schauen Sie von der Stadtmauer hinaus aufs Meer: Wie mag das wohl ausgesehen haben, als die türkische Flotte am Horizont auftauchte? Wie mag man sich als Ordensritter angesichts der Übermacht gefühlt haben? Stadtmauerbegehung: Zugang am Vorhof des Großmeisterpalastes, Mai – Okt. Mo. – Fr. 12 – 15 Uhr, Eintritt: 3 €. Rundgang durch den Wallgraben tagsüber jederzeit möglich. Haupteingänge an der Platia Rimini und am Stadttor Pilí Akandía, Eintritt: frei.

AUF DEN SPUREN VON KLEIN-JERUSALEM

Heerscharen von Touristen aus aller Welt strömen auf ihrem Weg vom Kreuzfahrtterminal der Inselmetropole zur Haupteinkaufsgasse der Altstadt über die Platía Martíron Evréon. Man kann den »Platz der hebräischen Märtyrer« weder übersehen noch überhören: Viele bunte Papageien sollen hier Gäste in die vielen Tavernen und Cafés locken. Und mittendrin steht seit 2002 ein Denkmal, gegen das sich Anrainerwirte heftig wehrten. Es erinnert an den Holocaust, der 1943 jüdischen Bürgern von Rhodos und Kos den Tod in deutschen Vernichtungslagern brachte.

◄ Die alten Gassen von Rhodos-Stadt spiegeln den Geist vergangener Zeiten wider.

BIZARRER als ein paar Minuten auf diesem Platz kann ein Auftakt zu einem kurzen Spaziergang im historischen Judenviertel von Rhodos nicht sein. Er wird Sie in die älteste erhaltene Synagoge ganz Griechenlands und das ehemalige Judenviertel der Altstadt bringen. Juden lebten auf Rhodos schon in der Antike, doch die eigentliche Geschichte begann mit den sephardischen Juden, die um 1500 vor der spanischen Inquisition in den östlichen Mittelmeerraum flüchteten und vom osmanischen Sultan in seinem Reich mit offenen Armen empfangen wurden. Schon bald nach dem Abzug der Johanniter kamen sie auch auf die Insel. In der jüdischen Welt wurde Rhodos bald seiner zahlreichen jüdischen Hochschulen, der Gelehrsamkeit seiner Rabbiner und der Frömmigkeit seiner Juden wegen das »Tchika Yeroushalayim«, das **»Kleine Jerusalem«** genannt. Die spanischen Juden brachten ihre Kultur und Sprache mit, die sie in der neuen Heimat bewahrten. Bis in die Gegenwart benutzen die letzten noch auf Rhodos lebenden jüdischen Familien neben dem Neugriechischen das traditionelle Ladino oder Judeo-Spanisch als ihre Alltagssprache. Ludwig Heid von der Universität Duisburg hat sich intensiv mit der Geschichte des Judentums und des Holocausts in Griechenland beschäftigt und Überlebende vor Ort getroffen: Die jüdische Bevölkerung, der Staatsbürgerschaft nach Italiener, zählte im Jahr 1934 3700 Menschen. Sie blieben von den italienischen Besatzern bis Ende der 1930er-Jahre weitgehend unbehelligt. Während des Zweiten Weltkriegs, den Mussolini im Juni 1940 durch seinen Überfall nach Griechenland trug, änderten aber auch die Italiener ihre Haltung. So wurde die berühmte Rabbinerschule auf Rhodos, in der außerdem Kantoren und Schächter ausgebildet wurden, geschlossen.

Rettung für Wenige

Als der antijüdische Gouverneur Cesare de Vecchi di Val Cismon, der sich die deutschen Rassengesetze zu eigen gemacht hatte, durch Admiral Campioni ersetzt wurde, verbesserten sich die Lebensbedingungen der Juden vorübergehend wieder. Die Ablehnung des brutalen deutschen Vorgehens hatten italienische Militärs und Diplomaten veranlasst, möglichst vielen Juden zur Flucht in die italienisch besetzten Ge-

FRAGEN SIE IN DER GEMEINDE

Geführte Rundgänge durch das jüdische Viertel werden zwar nicht angeboten, doch in der Synagoge steht immer ein Gemeindemitglied für Gespräche und Fragen bereit. Ihr anschließender Rundgang führt Sie durch die Gasse Odos Fidiou zum Akántias-Tor und von dort nach links über die Odos Kritinou und die Odos Martiron Evreon zum Holocaust-Denkmal.

OBEN: Die Kahal-Shalom-Synagoge in Rhodos-Stadt ist die älteste Griechenlands.
UNTEN: Erinnerung an die rhodischen Holocaust-Opfer auf dem Platz der Hebräischen Märtyrer.

biete oder in andere Länder zu verhelfen. Bevor die Wehrmacht die Insel im September 1943 besetzte, konnten 1300 Juden Rhodos verlassen, einige schlossen sich den Partisanen an. Die Verbliebenen saßen in der Falle. Der türkische **Konsul Mehmet Selahadin Ülkmen** bewahrte über 200 Menschen vor dem Weg in die Gaskammer, in demer ihnen gegen geltendes türkisches Recht Pässe ausstellte. Mehr als 200 Juden. Als Vergeltung sprengten die Deutschen später sein Haus in Rhodos, wobei seine Frau ums Leben kam. Israel ehrte den 2003 verstorbenen ehemaligen Diplomaten mit einer Briefmarke, Yad Vashem im Jahr 1990 mit dem Titel »Gerechter unter den Völkern«. Der Mufti von Rhodos verwahrte die Thora-Rollen aus der Synagoge bis zum Ende des Krieges. Von den einst sechs Synagogen ist nur noch die Kahal Shalom erhalten.

HEILIGER MIT HUNDEKOPF

Ein griechisch-orthodoxer Christ ist nie allein. Er weiß Heilige stets in seiner Nähe. In der Marienkirche von Líndos sieht er sich völlig von ihnen umgeben. Nehmen Sie doch einfach ein paar Minuten dort Platz. Vielleicht fühlen auch Sie dann deren Präsenz. Und bekommen Sie keinen Schreck, nur weil einer der Heiligen einen Hundekopf trägt!

◄ Ein ganzer Bilderkosmos füllt die Decke der Marienkirche von Líndos aus.

DAS Mischwesen aus Mensch und Tier ist der hl. Christophoros, der auch römisch-katholische Reisende beschützt. Erklärungen für den **Hundekopf** gibt es viele. Nach einer Version war Christophóros ursprünglich ein menschenfressender Kynophale, der durch göttliche Gnade einen menschlichen Körper und die menschliche Sprache erhielt und letztlich sogar auf Missionsreisen ging. Andere betrachten ihn als einen zum Christentum bekehrten römischen Offizier. Der war so schön, dass ihn ständig Frauen begehrten, bis der fromme Mann Gott erfolgreich bat, Abhilfe zu schaffen: So kam er zu seinem Hundekopf. Manche Wissenschaftler glauben, das Mischwesen habe dazu gedient, den an tierköpfige Gottheiten gewohnten Ägyptern einen Heiligen nach deren Vorstellungen zu schenken.

Himmlische Gemeinschaft

Die Einheimischen schenken dem seltsamen Heiligenbild kaum noch Beachtung. Für sie ist es viel wichtiger, sich hier in himmlischer Gemeinschaft geborgen zu fühlen. Dazu dienen vor allem die Wandmalereien. Hier sind die geltenden Naturgesetze aufgehoben, gilt eine metaphysische Wirklichkeit. Die Heiligen sind durch ihre Darstellungen auf Wandmalereien und Ikonen geistig präsent, bilden dadurch gemeinsam mit den Irdischen eine Gemeinde.
Weil die Heiligen in die Bilder Einzug halten können, gibt es auf Rhodos wie überall in Griechenland auch so viele Kapellen weitab aller Dörfer. Sie verwahrten ja immer Ikonen und oft auch Wandmalereien. Der Bauer, Hirte oder Reisende war darum nie allein in der Einsamkeit: Ein Heiliger war zu seinem Schutz immer ganz in der Nähe. Aus dem gleichen Grund wurden in der Neuzeit auch so viele **Bilderstöcke** entlang der Straßen errichtet. Sie machen den eilig Vorbeifahrenden auf das von der Straße aus nicht sichtbare, ganz nahe Kirchlein aufmerksam, das er sonst nicht beachten würde. So verhindern sie auch, dass man vergisst, dem entsprechenden Heiligen durch Bekreuzigung die ihm gebührende Referenz zu erweisen.

Bilder mit Botschaften

Die Heiligen nehmen in der Marienkirche von Líndos wie überall sonst auch an den Wänden nur die unteren, im himmlischen Kosmos niedrigsten Reihen ein und **vermitteln zwischen den beiden Welten**. Die höheren Ränge sind biblischen Szenen vorbehalten. Sie wollen keine realen Ereignisse abbilden, sondern eine Botschaft überbringen. So überbringt die Darstellung der Kreuzigung nicht die Nachricht, dass Jesus an einem bestimmten Tag ans Kreuz genagelt war, sondern dass durch seinen Opfertod der Mensch erlöst wurde.
In der Marienkirche von Líndos erfährt der Gläubige zudem mehr, als es ihm die Bibel erzählt. Ganz ausführlich wird ihm die Schöpfungsgeschichte gezeigt. Im Langhaus (2. Reihe von unten) und an der Westwand des Querhauses berichten ihm die 24 Felder des Akathist-Hymnus von der hohen Wertschätzung Mariens im himmlischen Reich. Und wenn er die Kirche dann wieder verlässt, fällt sein Blick auf die Darstellung des Jüngsten Gerichts. Wer da sieht, wie es den Sündern ergeht, wird wissen, wie er sich in Zukunft zu verhalten hat.

Nicht erschrecken:
Das ist bloß der hl. Christophoros.

STILLE MINUTEN

Erspüren Sie die Heiligkeit dieses Orts. Die Marienkirche von Líndos ist ganz einfach zu finden: Sie liegt im Dorfzentrum auf Ihrem Weg zur Akropolis. Fotografieren in der Kirche ist unerwünscht. Geöffnet ist das Gotteshaus täglich von 9 bis 15 Uhr, Eintritt: 3 €. Auch Nicht-Orthodoxe dürfen Kerzen entzünden. Tun Sie es.

AUFS LAND

Die Krísis, die Griechenland in den 2010er Jahren zu Boden drückte, zeigte vor allem in den Großstädten ihre Wirkung. Deswegen kehrten verstärkt auch jüngere Leute in ihre Dörfer zurück und versuchten, dort ihr Geld zu verdienen. Angeline und Chris in Asklípio gehörten dazu. Bei Ihnen können Sie die unverfälschte Natur von Rhodos auf dem Rücken von Eseln erleben.

Der Staat ist bei vielen Griechen unbeliebt, die Fahne der Nation aber wird mit Leidenschaft getragen. ►

Auch vermeintlich ausrangierte Esel konnten ihren Beitrag zur Lösung der Wirtschaftskrise leisten.

NUTZLOS gewordene Esel gab es im Süden von Rhodos genug, als Angeline und Chris die Idee für ihre **Donkey Cruises** hatten. Kaum ein Bauer braucht sie heute noch. Also übernahmen die beiden fünfzehn der Grautiere und gaben ihnen auf einem Stück Land bei Asklípio mit vielen schattigen Bäumen ein neues Zuhause. In Zusammenarbeit mit umweltbewussten Freunden entwickelten sie ein eigenes Ausflugsprogramm und warben dafür vor allem in den All-inclusive-Hotels des nahen Badeorts Kiotári.
Jetzt ist ihr kleines alternatives Unternehmen gut etabliert und trägt zum Lebensunterhalt ihrer neuen Besitzer bei. Und die sind glücklich, dass sie nicht in der großen Stadt leben müssen.

Familienzusammenhalt

Die Menschen in der Stadt traf die Wirtschaftskrise besonders hart, und dort besonders die alten und die jungen Leute. Die Jugendarbeitslosigkeit belief sich zeitweise auf mehr als 50 %. Hilfe vom Staat gab es kaum. So ist es zu einer **Umkehrung traditioneller Versorgungsformen** gekommen. Die Jungen tragen nicht mehr dazu bei, die Alten zu unterstützen, sondern umgekehrt: Oft kratzen Eltern und Großeltern ihre letzten Ersparnisse zusammen, um Kindern und Enkelkindern zu helfen und ihnen vielleicht auch beim Aufbau eines kleinen Unternehmens zu helfen. Viele junge Leute leben deshalb auch mit 30 noch im Elternhaus, da sie sich keine eigene Wohnung leisten können. Glück haben die, deren Eltern ein eigenes Geschäft besitzen. Da arbeitet der Nachwuchs dann, obwohl gelernter Jurist oder Sozialwissenschaftler, eben als **Verkäufer oder Kellner**.

Wer nicht zur Familie gehört, bekommt in den gleichen Jobs nur einen lächerlich geringen Lohn: Servicekräfte in der Gastronomie werden im Durchschnitt mit 3–4 Euro pro Stunde abgespeist. Viele von ihnen werden nach Saisonende arbeitslos und auf ein geringes Arbeitslosengeld haben die wenigsten während der Saison Anspruch erworben – das wird erst nach neun Monaten durchgehender Beschäftigung fällig. In den Corona-Jahren hat sich an dieser Situation nichts geändert. Nach dem erfolgreichen Tourismusjahr 2022 hofft man nun auf erneut bessere Zeiten.

Heimatliebe

Ins Ausland zu gehen kommt für viele Jungakademiker trotzdem nur selten in Frage. Zwar verzeichnen die auch auf Rhodos allgegenwärtigen Fremdspracheninstitute einen gestiegenen Zulauf vor allem von jungen Medizinern und Ingenieuren, die sich die Auslandsoption offenhalten wollen – doch am Ende siegt bei den meisten doch die Verbundenheit mit Heimat, Familie und griechischer Lebensart.

Leider macht der griechische Staat jungen Leuten den Weg in die Selbstständigkeit unnötig schwer. Die **bürokratischen Hürden** sind hoch. Meist sind Hunderte von Unterschriften und Stempeln nötig, bevor man auch nur ein kleines Café eröffnen darf. Erste Steuern und Sozialabgaben fällig, bevor man einen einzigen Euro verdient hat. Die Sozialabgaben bleiben eine unwägbare Belastung: Sie steigen regelmäßig unabhängig vom Verdienst. Angeline und Chris haben sich immerhin nicht abschrecken lassen.

DONKEY CRUISES

Wer weniger als 80 kg wiegt, darf auf den Eseln reiten. Wer nicht aufsitzen mag, kann die Eselwanderungen auch zu Fuß begleiten. Eine zwei- oder eine dreieinhalbstündige Tour durch schönste Landschaft steht auf dem Programm (40 bzw. 50 € für Reiter, 20 € für Nichtreiter, jeweils inklusive Hoteltransfer von/nach Kiotári). Für Abenteuerlustige gibt's auch eine Kombination beider Touren. Die beginnt um 16 Uhr und endet erst am nächsten Mittag. Übernachtet wird unterwegs in Zelten in freier Natur. Abendessen und Frühstück sind im Preis von 100 € für Reiter und 70 € für Nichtreiter inbegriffen. Tel. 69 44 86 10 56, www.donkeycruises.com

MARMARİS
RHODES

MAN VERSTEHT SICH WIEDER

Zwischen Rhodos und der Türkei herrscht ein reger Bootsverkehr. Griechen kaufen in Marmaris ein, Türken lieben rhodische Folklore zum ausgiebigen Essen. Alte Vorurteile werden zunehmend überwunden. Fahren Sie doch selbst einmal hinüber und vergleichen Sie die so ganz unterschiedlichen Urlaubsziele.

◄ Ankunft in Marmaris: in einer Stunde von Europa nach Asien – unter türkischer Flagge.

NUR eine Stunde braucht der Katamaran von Europa nach Asien. Es ist schon ein tolles Gefühl, seinen Fuß auf einen fremden Kontinent zu setzen, an dessen anderem Ende Städte wie Singapur, Hongkong und Wladiwostok liegen. In Marmaris selbst kann man sich fast noch wie in Europa fühlen. Der viel besuchte Badeort gibt sich ganz modern – und Minarette besitzt Rhodos schließlich auch.

Der rege Reiseverkehr, der sich schon seit einigen Jahren zwischen der kleinasiatischen Küste und den vorgelagerten griechischen Inseln entwickelt hat, ist ein gut sichtbares **Zeichen für die Entspannung**, die zwischen den beiden Ländern eingetreten ist, die sich noch bis zum Ende des gerade erst vergangenen Jahrhunderts als Erbfeinde gegenüberstanden. Noch 1974 wäre es zwischen den beiden NATO-Partnern fast zum Krieg gekommen. Die griechische Militärjunta hatte damals einen Putsch auf **Zypern** inszeniert, der letztlich zur Vereinigung ganz Zyperns mit Griechenland hätte führen sollen. Die Türken waren daraufhin auf Zypern einmarschiert und teilten die Insel. Nur der Sturz der griechischen Diktatoren verhinderte weiteres Blutvergießen. Zypern ist immer noch ein Streitpunkt zwischen beiden Ländern. Als Provokation empfinden die Griechen auch das häufige Eindringen türkischer Kampfjets in den griechischen Luftraum. Strittig sind schließlich auch weiterhin die Hoheitsgrenzen in der Ägäis. Erdogan hingegen war verärgert darüber, dass türkische Offiziere 2017 in Griechenland politisches Asyl erhielten.

Annäherung nach langem Schweigen

Aber die Geschützbunker entlang der Küsten sind inzwischen nicht mehr besetzt oder sogar vom Sand zugeweht. Im Dezember 2017 besuchte Präsident Erdogan als erstes türkisches Staatsoberhaupt seit 1954 Athen; **man kam ins Gespräch miteinander**. Initialzündung für eine Verbesserung des Verhältnisses war 1999 ein Erdbeben in der Türkei. Griechenland stellte umgehend Hilfe zur Verfügung. Die Tatsache, dass Griechen sogar Blut für Türken spende-

ASIEN IN EINER STUNDE

Im Sommerhalbjahr verkehren mehrmals täglich schnelle Katamarane zwischen Rhodos und Marmaris in der Türkei. Hervorragende Sehenswürdigkeiten gibt es dort zwar nicht. Man schlendert auf der modernen Uferpromenade, durchstreift die modernen Bazare, trinkt türkischen Tee in einem der Straßencafés. Auskunft in allen Reisebüros auf Rhodos, aktueller Fahrplan auch auf http://rhodes.marmarisinfo.com. Hin- und Rückfahrt mit Katamaran ab 75 €. Personalausweis genügt für die Einreise.

Große Monumente hat Marmaris nicht zu bieten, aber viel türkische Lebensart.

ten, wurde von Teilen der Presse auf beiden Seiten emotional hochgespielt: »Jetzt floss griechisches Blut in türkischen Adern!« Noch im gleichen Jahr gab Griechenland nach langer Verweigerung auf dem EU-Gipfel in Helsinki seine Zustimmung, der Türkei den Status eines EU-Beitrittskandidaten zu gewähren. Von nun an kam es zu vielen Begegnungen auf Ministerebene, Erdogan forderte sogar die etwa 200 000 muslimischen, türkischstämmigen Bürger Griechenlands auf, sich als Griechen zu fühlen.

Die griechischen Inseln vor der türkischen Küste wurden zu beliebten Tageausflugs- und Kurzreisezielen der Türken. Viele griechische Restaurants ließen nun auch Speisekarten auf türkisch drucken, zwischen den Flaggen aus aller Welt weht jetzt häufig auch die türkische in Tavernen und sogar vor Hotels. **Die türkischen Urlauber** sind auch auf Rhodos, vor allem aber auf den kleineren Inseln des Dodekanes sowie auf Sámos, Lesbos und Chíos zum wichtigen Wirtschaftsfaktor geworden – auch deshalb, weil sie wie die Griechen in besseren Zeiten stundenlang in Tavernen verharren und gern die gesamte Speisekarte durchprobieren. Für türkische Reisegruppen werden oft sogar extra traditionelle Musiker zum Abendessen engagiert. Die Türken tanzen dann zu den ihrer Musik ja ganz ähnlichen Klängen, und häufig ist auch ein Dolmetscher dabei, der die Texte übersetzt. Im Gegenzug erzielen türkische TV-Soaps im griechischen Fernsehen höchste Einschaltquoten.

T
TOUREN

Durchdacht, inspirierend, entspannt

Mit unseren Tourenvorschlägen
lernen Sie die besten Seiten von Rhodos kennen

Petaloúdes: auf steinigem Weg
in die grüne Oase der Schmetterlinge ►

UNTERWEGS AUF RHODOS

Touren-planung

Um Griechenlands viertgrößte Insel gründlich kennenzulernen, müsste man zwei Wochen lang jeden Tag unterwegs sein. Andrerseits kann man sie dank recht guter Straßen durchaus an einem einzigen Tag umrunden. Hotelwechsel sind auf Rhodos also nicht nötig, könnten aber durchaus reizvoll sein.

Verkehrs-mittel

Wer möglichst viel von Rhodos sehen will, leiht sich am besten einen Mietwagen. Auf ein geländegängiges Fahrzeug kann man getrost verzichten, denn nahezu alle Straßen sind asphaltiert. Für Motorradfahrer sind die abwechslungsreichen Straßen ein Vergnügen, auf Nebenstraßen muss allerdings jederzeit mit gelegentlichen Schlaglöchern gerechnet werden. Mit dem Scooter oder Fahrrad wird man nur kleinere Touren unternehmen, denn eine Reise über Rhodos ist ein ständiges Auf und Ab. Mit Linienbussen sind nur Stichfahrten möglich. Geführte Ausflüge erschließen dagegen nur wenige Ziele.

Organisierte Bootsaus-flüge

Zwischen Mai und Oktober werden Bootsausflüge von der Stadt Rhodos, Faliráki und Kolímbia aus nach Líndos angeboten. Von Gennádi und Plimmíri aus kann man nach Prassonísi fahren. Ansonsten gibt es keinerlei Küstenschifffahrt.

GANZ RHODOS AN EINEM TAG

Länge: 200 km | **Dauer:** mindestens 12 Std.

Tour 1

Wer sich nur für einen Tag ein Auto mieten, aber doch einen Gesamteindruck von Rhodos gewinnen will, muss früh aufstehen. Für die ausführliche Besichtigung von Líndos und Rhodos-Stadt ist dabei keine Zeit, beide Orte erreicht man ja auch preisgünstig und bequem per Linienbus vom Urlaubsort aus. Bei dieser Tour geht es vor allem darum, die schönsten Strände und einige mit dem Bus nur schwer zu erreichende Orte im Hinterland kennenzulernen. Sie kann von allen Badeorten aus gleichermaßen unternommen werden.

Aigaion Pelagos
Akrotiri Zonari
★★Rhodos-Stadt
Kritika
Ialissos
Trianda
Kremasti
Paradisi
Filerimos 267 m
Sgourou
Kandili
Agia Marina
Reni Koskinou
Koskinou
Pastida
★★Filerimos
Kato Kalamonas
Damatria
Theologos
★Thermes Kallithea
Maritsa
Soroni
Akrotiri Agios Minas
Fanes
Pano Kalamonas
★Petaloudes
Faliraki
Kalavarda
Kámiros
TOUR 2
Psinthos
Kalithies
★Anthony-Quinn-Bucht
TOUR 1
Mandriko
Profitis Ilias
Kapi
Dimylia
Eleousa
Afandou
Kamiros Skala
Alimia
Nani
Archipoli
Makri
Profitis Ilias 798 m
Apollona
★Agios Nikolaos Fountoukli
Loutanis
Kolymbia
Akrotiri Vagia
Kritinia
Xera
Strongili
Embonas
TOUR 4
Epta Piges
Archangelos
★Tsambika-Strand
Atrakousa
Attaviros 1216 m
Malona
Stegna
Profitis Ilias 512 m
Lakki
Tsamoli 564 m
Masari
Akrotiri Archangelos
Akramitis 823 m
Agios Isidoros
Charaki
Laerma
Kloster Thári
★Monolithos
Kalathos
Istrio
Kontari
Pilonas
Marmari 458 m
Akrotiri Fourni
Profilia
Lardos
★★Lindos
★Apolakkiá
★Asklipio
Vati
Pefki
Arnitha
Akrotiri Ginas
Kiotari
Koukouliari 563 m
TOUR 3
Gennadi
Mesanagros
Ktenies
Levantinisches Becken
Lachania
Kattavia
Chochlakas
Agios Pavlos
Flimiri
5 km
©BAEDEKER
Akrotiri Prasonisi

Akrotiri Zonari
★★ Rhodos-Stadt
Ialissos
Kritika
Trianda
Kremasti
Paradisi
Filerimos 267 m
Sgourou
Koskinou
Pastida
★★ Filerimos
Kato Kalamonas
Damatria
Theologos
Aigaion Pelagos
Soroni
Akrotiri Agios Minas
Fanes
Maritsa
Kalavarda
Pano Kalamonas
Kámiros
Kalithies
Falira
Psinthos
Kamiros Skala
Mandriko
Salakos
Kapi
Afandou
Alimia
Makri
Xera
Strongili
Atrakousa
Nani
Profitis Ilias 798 m
Dimylia
Eleousa
Apollona
Platania
Archipoli
Loutanis
Kritinia
Akrotiri Vagia
Kolymbia
Embonas
★ Tsambika-Str.
Archangelos
Attaviros 1216 m
Stegna
Malona
Profitis Ilias 512 m
Lakki
Tsamoli 564 m
Masari
Akrotiri Archangelos
Charaki
Akrotiri Armenistis
Akramitis 823 m
Agios Isidoros
Laerma
Siana
★ Monolithos
Kalathos
Istrio
Kontari
Pilonas
Marmari 458 m
Akrotiri Fourni
Profilia
Lardos
★★ Lindos
★ Apolakkiá
Asklipio
Pefki
Vati
Arnitha
Akrotiri Ginas
Kiotari
Koukouliari 563 m
Gennadi
Mesanagros
Ktenies
Levantinisches Becken
Kattavia
Lachania
Chochlakas
Agios Pavlos
Karavolas
Plimiri
5 km
©BAEDEKER
Akrotiri Prasonisi

Von ❶ ★★**Rhodos-Stadt** geht es auf der bestens ausgebauten Küstenstraße nach Süden. Einen ersten kurzen Abstecher lohnt die ❷ ★**Tsambíka-Bucht** mit einem der besten Sandstrände der Insel. ❸ **Archángelos** mit seinem noch recht traditionellen Dorfleben ist dann der richtige Ort für einen ersten Kaffeestopp.

Zu einem herrlichen Sandstrand

Hinter Kalathos sollten Sie sich links halten und Richtung ❹ ★★**Líndos** fahren. So haben Sie die Gelegenheit zu einem Fotostopp, wenn das grandiose Panorama des schönsten Inseldorfes plötzlich vor Ihnen erscheint. Bei Lárdos geht es wieder auf die Küstenstraße, der Sie nun bis ❺ **Kiotári** folgen.

Traumort

Mit ❻ **Kattaviá** erreichen Sie das südlichste Inseldorf. Nur noch 8 km sind es von hier nach ❼ **Prassonísi**, der Südspitze der Insel, mit dem größten Sandstrand von Rhodos und mehreren für ein schnelles Mittagessen geeignete Tavernen.

Zur Inselsüdspitze

An den einsamen Stränden der Westküste entlang kommen Sie durch ❽ ★**Apolakkiá** nach ❾ ★**Monólithos**, wo Sie die Burg besichtigen und danach zur Badepause zum wenig besuchten ❿ **Foúrni-Strand** hinunterfahren können.

Stille Westküste

Nach einer kurzen Kaffeepause am kleinen Fischerhafen von ⓫ **Kámiros Skála** geht es entlang der Westküste weiter bis zum Urlaubszentrum ⓬ **Iálissos**. Eine Stichstraße bringt Sie hinauf auf den mit Linienbussen nicht zu erreichenden ⓭ ★★**Filérimos** mit seinem romantischen Kloster und antiken Überresten sowie einem prächtigen Blick über weite Teile der Insel, die Sie heute im Schnelldurchgang kennengelernt haben. Vielleicht erleben Sie von hier aus ja auch einen schönen Sonnenuntergang.

Zum »Freund der Einsamkeit«

IM NORDEN BLEIBEN

Länge: 83 km | **Dauer:** ca. 10 Std.

Diese Tour im Norden der Insel führt mit vielen Pausen ganz entspannt durch grüne Hügellandschaften und am Nachmittag dann auch zu guten Stränden. Sie kann außer mit dem Auto auch gut mit dem Motorrad, Trike oder Squad unternommen werden; durchtrainierte Mountainbiker werden sie auch im Sattel bewältigen. Die Tour ist äußerst familienfreundlich und bietet auch Kindern viel interessante Abwechslung.

Tour 2

Akrotiri Zonari
★★Rhodos-Stadt
1
8
Kritika
Kandili
Ialissos
2
Trianda
6
9
Agia Marina
Kremasti
7
Paradisi
4
Sgourou
Filerimos 267 m
3
★★Filerimos
Reni Koskinou
Koskinou
12
Pastida
Kato Kalamonas
Damatria
Theologos
★Therme Kallith
11
Maritsa
7
Pano Kalamonas
★Petaloudes
5
Faliraki
Kalithies
3
★Anthony-Quinn-Bucht
11
5
Psinthos
6
7
10
10
Afandou
4
7
Archipoli
Loutanis
6
3
Kolymbia
9
Akrotiri Vagia
8
Epta Piges
2,5 km
©BAEDEKER

Filérimos: Besuch beim »Freund der Einsamkeit«

Durch das dicht bebaute Feriengebiet südwestlich von 1 ★★**Rhodos-Stadt** geht es zunächst nach 2 **Iálissos**.
Von diesem Ort aus bietet sich eine Stichfahrt auf den 3 ★★**Filérimos** an. Romantiker genießen das Kloster und Geschichtsinteressierte die antiken Überreste. Für den Erinnerungsschluck am Abend könnten Sie hier schon ein kleines Fläschchen des Klosterlikörs Sette Erbe erstehen.

Wo die Schmetterlinge leben

Flugzeugfans biegen gleich nach Passieren des Flughafenterminals nach rechts ab und passieren so den Ort 4 **Paradísi** – der Name passt heute nun wirklich nicht mehr – auf einer kleinen Straße, die unmittelbar am Flughafenzaun entlangführt und gute Beobachtungsmöglichkeiten für startende und landende Maschinen bietet. Am westlichen Flughafenende führt sie wieder auf die Küstenstraße zurück, von der kurz darauf eine Straße in Richtung Petaloúdes abzweigt. Auf dem Weg dorthin lohnt sich insbesondere für Familien ein Abstecher zum Streichelzoo Rhodos Farma, der u. a. auch Strauße hält. Direkt nebenan können Sie noch ein gepflegtes Weingut besichtigen.
Zum unteren Ausgang des berühmten Schmetterlingstals 5 ★**Petaloúdes** führt dann eine Stichstraße. Von hier aus kann man das Tal einmal ganz durchwandern, bevor man das kleine Museum und die exzellente Taverne am unteren Taleingang aufsucht, wo die Spaghetti bolognese und das Moussaká so gut sind wie kaum irgendwo sonst auf Rhodos.

Zu einem idyllischen schattigen Tal

Der Straße weiter folgend kommt man nach 6 **Psínthos**. An der schönen Platía dort sollten Sie dem unauffälligen Wegweiser nach 7 **Archípoli** folgen, der Sie durch eine besonders einsame und waldreiche Landschaft führt. Dort warten ein interessantes Spielzeugmuseum (Toy Museum) und das moderne Kloster Ágios Nektários auf Sie, wo Kinder gern in einer völlig ausgehöhlten Platane spielen.
Nächstes Ziel ist dann die Waldgaststätte von 8 **Eptá Píges** mit ihren Pfauen und einem dunklen Wassertunnel, durch den man zu einem winzigen See hindurchwandern kann (Taschenlampe empfehlenswert).

Höhepunkt: zauberhafte Anthony-Quinn-Bucht

Am Rand des modernen Badeortes 9 **Kolýmbia** erreichen Sie wieder die Küstenstraße. In 10 **Afándou** können Kunstinteressierte einen kurzen Abstecher zur byzantinischen Kapelle Katholikí unternehmen. Zu einem auch landschaftlich reizvollen Bad laden abschließend die 11 ★**Anthony-Quinn-Bucht** von Ladíko oder die besonders romantische, fjordähnliche Bucht an den 12 ★**Thermen von Kallithéa** ein, wo die Eltern einen Sundowner und die Kinder ihr hochverdientes Eis sehr stilvoll genießen können. Die Thermen strahlen ein ganz besonderes Flair aus.

KONDITION ERFORDERLICH (MOUNTAINBIKE-TOUR)

Länge: ca. 75 km | **Dauer:** 1 Tag

Tour 3

Für Mountainbike-Touren auf Rhodos ist eine gute Kondition erforderlich. Auf der Küstenstraße macht das Radfahren wegen des starken Verkehrs keinen Spaß – Biker wenden sich besser dem Binnenland zu. Da gibt es genug Sträßchen mit wenig und Schotterpisten mit fast gar keinem Verkehr, aber immer wieder stille Dörfer, die zur Rast einladen.

Die schönste Region für Biker ist der Süden der Insel. Räder werden in mehreren Hotels in ❶ **Kiotári** vermietet. Von dort fährt man auf der Uferstraße am Strand entlang südlich bis nach Gennádi. Kurz vor Erreichen des Ortes führt eine wenig befahrene Straße durch Felder inseleinwärts und überwiegend eben am kleinen Dorf ❷ **Vatí** mit zwei schönen Tavernen vorbei Richtung Westküste. Das nächste Ziel ist das kleine Dorf ❸ **Arnítha**.

Biker-zentrum Kiotári: Hier ist man auf Radfahrer eingestellt

Eine kurvenreiche Erdstraße windet sich von hier am Hang des über 500 m hohen Bergrückens des Koukoulliári entlang und bietet prächtige Blicke auf das Meer. Im Dorf ❹ **Mesanagrós** können Sie die interessante Kirche besichtigen und im Kafenío einen Imbiss zu sich nehmen. Dann folgt man der Straße in Richtung Kloster Skiádi. Wo die Straße nach Skiádi abzweigt, fahren Sie auf einer Schotterpiste weiter geradeaus in südliche Richtung bis ins südlichste Inseldorf ❺ **Kattaviá**. Die absolut schattenlose Piste läuft auf weiten Strecken auf einem Hügelkamm entlang und eröffnet grandiose Ausblicke bis weit über die Südspitze von Rhodos hinaus.

Ausblicke über Ausblicke

In Kattaviá warten mehrere gute Tavernen am schattigen Dorfplatz auf hungrige Radler. Durch eine weite Ebene geht es danach weiter Richtung Ostküste. Wo nach rechts eine kleine Asphaltstraße zum Strand von Plimmíri abzweigt, geht nach links eine Schotterpiste ins Dorf ❻ **Lachaniá** ab, wo Sie unbedingt den Priester in seiner Taverne Chez Chrissi kennenlernen sollten. Auf einer parallel zur Uferstraße verlaufenden, weitgehend ebenen Schotterpiste erreichen Sie diese Uferstraße kurz vor Gennádi und sind 4 km später wieder in Ihrem Ausgangsort Kiotári.

Wohlverdiente Pause in Lachaniá

EIN TAG IN DEN BERGEN

Länge: ca. 78 km | **Dauer:** 1 Tag

Heute können Sie Ihr Badezeug im Hotelzimmer lassen. Sie verbringen einen Tag im grünen Hügelland der Insel und nähern sich ihren höchsten Gipfeln. Die Straßen sind teils schmal, teils gut neu ausgebaut, doch immer kurvenreich. Zwei alte Kirchen und ein ehrwürdiges Kloster sind die kulturellen Höhepunkte, doch auch das Menschliche kommt nicht zu kurz. In den Tavernen unterwegs wird man Sie besonders herzlich willkommen heißen. Wenn Sie mögen, wird's sogar tierisch gut: Ein Refugium für Esel und eine Pferderanch liegen am Wegesrand.

Tour 4

Zum zweiten Morgenkaffee

Die Tour beginnt an der Ostküstenstraße beim völlig von All-inclusive-Hotels geprägten Badeort 1 **Kiotári**. An der Straße hinauf nach 2 ★**Asklipiío** überrascht sogleich links der Anblick einer riesigen Villa im Burgenlook: Die hat sich der Betreiber des Funtrains von Kiotári erbaut. In Asklipiío parken Sie direkt im Dorfzentrum. Besondere Beachtung verdienen hier die Darstellungen der Apokalypse in der mittelalterlichen Kirche. Zum zweiten Morgenkaffee erwarten Sie die Tavernen am Dorfplatz. Burgensüchtige steigen auch zur Ruine der Johanniterfestung hinauf. Durch das Dorf fahren Sie danach weiter ins Inselinnere. Kurz nach dem Dorfausgang macht Sie ein kleines Hinweisschild auf die **Eselfarm Donkey Cruises** aufmerksam. Für einen Spaziergang mit den Tieren reicht die Zeit wohl nicht, aber ein wenig streicheln ist drin. Danach geht es auf schmaler Straße weiter in Richtung Laérma.

Ein kleiner Ausritt gefällig?

Sie kommen zum 3 ★**Kloster Thári** in großartiger Waldeinsamkeit. Nach der Besichtigung der Kirche mit ihren gut erhaltenen Fresken lädt Sie vielleicht ein Mönch zu einer Tasse Mokka, einem Glas Wasser oder gar einem Schnaps ein. Um vom Kloster nach Laérma zu kommen, haben Sie dann die Wahl zwischen der Asphaltstraße und einem guten Feldweg, der Sie an dem Reiterhof **Elpida Ranch** vorbeiführt. Die deutsch-griechischen »Farmer« und ihre Mitarbeiter freuen sich über Besucher. Sind Kinder dabei, können die einen kurzen Ponyritt unternehmen.

Herrliche Landschaft

In 4 **Laérma** können Sie täglich außer montags direkt an der Kirche in der Taverne Tákis einkehren, deren Wirt und Mitarbeiter ausgezeichnet Deutsch sprechen, aber typisch rhodisch kochen. Kurz darauf passieren Sie den Dorfplatz und biegen links ab in Richtung Westküste. Eine breite, sehr gut ausgebaute Straße bringt Sie durch schönste Landschaft ins verschlafene **Ágios Issídoros** mit ebenfalls guter Taverne. An den Hängen des 1216 m hohen Attáviros geht es jetzt durch eine von Rebgärten geprägte Landschaft weiter in Richtung 5 **Émbonas**, der Weinhauptstadt von Rhodos. Wenn Sie eine der Kellereien dort besuchen wollen, lohnt sich der Abstecher ins Dorf. Ansonsten fahren Sie gleich in Richtung Sálakos weiter.
Nach 7 km zweigen Sie jedoch ab auf die Straße hinauf zum 6 **Profítis Ilías**, wo Sie im Hotel Élafos hervorragend Kuchen und Torten genießen können.

Rast bei den »Sieben Quellen«

Durch dichten Wald senkt sich die Straße anschließend in ein grünes Tal hinab. Völlig einsam steht da die mittelalterliche Kapelle 7 **Ágios Nikólaos Fountoúkli**, die Sie sich unbedingt anschauen sollten. Kurz darauf kommen Sie ins eigenartige 8 **Eleoúsa**, eine jetzt weitgehend leer stehende Siedlung aus der italienischen Besatzungszeit. Am Ortsende von 9 **Archípoli** wächst vor dem Kloster Ágios Nektários eine begehbare Platane. Eine letzte Erfrischung sollten Sie noch an den Quellen der 10 **Eptá Píges** zu sich nehmen, bevor Sie bei 11 **Kolýmbia** wieder die Küstenstraße erreichen.

Z
ZIELE

Magisch, aufregend, einfach schön

Alle Reiseziele sind alphabetisch geordnet. Sie haben die Freiheit der Reiseplanung

Der Mandráki-Hafen von Rhodos-Stadt, bewacht von Hirsch und Hirschkuh ►

AFÁNDOU

Griechisch: ΑΦάντου | **Einwohnerzahl:** 5400

Afándou wetteifert mit Archángelos um den Rang des größten Dorfes auf Rhodos. Es gibt zwar Urlauber im Ort, aber die nehmen ganz einfach am Leben der Einheimischen teil. Der Strand ist 2 km entfernt, dort stehen ein paar größere Hotels.

Das »unsichtbare« Dorf

Der Name des Ortes Afándou bedeutet »unsichtbar«; tatsächlich ist der alte Dorfkern vom Meer aus nicht zu sehen. Das hat einen historischen Grund: Die antike Siedlung Brikindara an der Küste wurde im 7. Jh. von sarazenischen Piraten zerstört. Um vor solchen Überfällen in Zukunft sicher zu sein, bauten die überlebenden Bewohner ihre Häuser ein Stück landeinwärts wieder auf.

Wohin in Afándou?

Touristisches Angebot

Platía-Strand

Es gibt in Afándou nur wenige Hotels, aber etliche Ferienwohnungen. Reizvoll ist die **Platia** mit vielen Lokalen unter schattigen Bäumen. Der lange, etwas eintönige, aber nie überfüllte **Kiesstrand** von Afándou hält ein kleines Angebot an Wassersportarten und Tavernen bereit. Golfer können in dem beim Strand gelegenen **18-Loch-Golfplatz**, dem einzigen auf Rhodos, ihrem Sport nachgehen.

Reste einer frühchristlichen Kirche

Katholikí Afántou

Die ungewöhnliche Kirche Katholikí Afántou entdecken Sie östlich des Dorfes am Weg an einer Straße zum Strand. Die tonnengewölbte Kirche wurde nach Zerstörungen immer wieder aufgebaut und stammt in ihrer heutigen Form aus dem 12. bis 16. Jh., wobei man Säulen und Kapitelle als Spolien verwendete. Von der frühchristlichen Basilika (5./6. Jh.) sind noch einige Reste erhalten, vor allem die Apsis des Mittelschiffs, zudem Teile des Marmorfußbodens. Die seltene gemauerte Ikonostase wird nach oben von frühchristlichen Konsolensteinen abgeschlossen. Nur schlecht erhalten sind die großteils aus dem 16. Jh. stammenden Fresken.

Rund um Afándou

Sieg der Italiener über die Türken

Psínthos (Ψίνδος)

Sehr griechisch und grün ist das Dorf Psínthos nordwestlich. In den **Tavernen am Dorfplatz** kann man gut essen, vor allem im Restau-

AFÁNDOU ERLEBEN

Am letzten Sonntag vor der Fastenzeit: Verbrennen des »König Karneval«, ein alter Faschingsbrauch. Karfreitagsprozession durchs Dorf kurz vor Mitternacht; die ganze Nacht über bleiben Gläubige in der Kirche.

AVANTIS €€€

Das sehr gepflegte, überwiegend in Weiß gehaltene Fischrestaurant gilt auch Einheimischen als feine Adresse. Hummer und Krebse leben hier noch bis zur Bestellung. Die Auswahl an Ouzo-Sorten ist riesig, denn viele Griechen trinken zu Schalentieren lieber Anisschnaps als Wein.
An der Strandstraße
Afandou – Kolymbia,
100 m vom Hotel Reni entfernt
Tel. 22 41 05 12 80

TO FRESKO €€

Die etwa 200 m vom Strand entfernt gelegene Taverne gehört einem örtlichen Fischer. Die Küche ist in den Händen seiner Schwester und seiner Frau. Das Brot backen die Wirtsleute selbst im traditionellen Holzbackofen.
In Richtung Strand gelegen
Tel. 22 41 05 30 77

KATHOLIKÍ €

Die Speisekarte ist zwar klein, offeriert aber die typische regionale Küche zu günstigen Preisen. Gemeinsam mit griechischen Familien sitzt man hier auf einer überdachten Terrasse. Immer wieder besonders gelobt wird das Souvláki.
An der gleichnamigen Kirche zwischen Dorf und Strand gelegen
Tel. 22 41 05 20 66

AFANDOU SKY €€

Wer fast direkt im Dorfzentrum wohnen will, ist in diesem Hotel richtig. Es gibt einen Pool; der Dorfplatz ist ca. 300 m entfernt. Die Zimmer sind schlicht, aber das Preis-Leistungs-Verhältnis ist super.
Tel. 22 41 05 23 03
www.afandousky.com, 34 Z.

rant Smaragd. Psínthos hat geschichtliche Bedeutung: Hier siegten 1912 die Italiener über die Türken und brachten die Insel unter ihre Herrschaft. Mehr als 35 Jahre hat es dann noch gedauert, bis die Insel zu Griechenland kam. Lohnenswert ist ein Spaziergang zur **Fasoúli-Quelle** westlich des Ortes, die man ganz nahe der kleinen Straße Richtung Archípolis findet. Die **Taverne Artemida** an dieser Straße ist eines der besten Landrestaurants der Insel, das an Wochenenden auch viele Einheimische anlockt.

APOLAKKIÁ

Griechisch: Απολακκά | **Einwohnerzahl:** 600

D5

Das für griechische Verhältnisse relativ große, schlichte Dorf im Südwesten von Rhodos zieht nur wenige Touristen an, die vor allem auf einer Inselrundfahrt hier haltmachen. Die Küste zwischen Apolakkiá und Kattaviá ist eine einsame wilde Landschaft von herber Schönheit mit langen, oft leeren Stränden.

Entlegener Ort

Hinter den einsamen Stränden des Gebietes ohne jegliche touristische Einrichtungen dehnen sich Dünen und niedriges Gestrüpp auf steinigem Boden aus. An Apolakkiá ist der Massentourismus fast spurlos vorbeigegangen. Das Leben geht seinen beschaulichen Gang. Die Menschen bestreiten ihren Lebensunterhalt überwiegend aus dem Anbau von Getreide und Melonen.

Die **wenigen Besucher**, die ihren Urlaub in dem Dorf verbringen, sind meist Stammgäste, die schon seit Jahren bei demselben Wirt wohnen, und Wanderer. Wohl fühlt sich hier der Urlauber, der keinen Strand vor der Haustür braucht, aber auf Kontakt mit Einheimischen Wert legt. In dem Ort gibt es ein kleines Hotel und einige Tavernen mit einfacher griechischer Kost.

Rund um Apolakkiá

Ungewöhnliche Wandmalereien

Ágios Geórgios ó Várdas (Άγιος Γεώριος ο Βάρδας)

Im Kirchlein Ágios Geórgios ó Várdas (1290) nördlich können Sie mit die ältesten Wandmalereien von Rhodos sehen. Der heutige Bau ist eine tonnengewölbte Einraumkapelle mit einer für Rhodos typischen, außen dreiseitig gestalteten Apsis. Das Satteldach ist zum größten Teil noch mit byzantinischen Ziegeln gedeckt. Von den in der Erbauungszeit der Kirche entstandenen **Fresken** beeindrucken u. a. der Einzug Jesu in Jerusalem mit einem dem humanistischen Ideal der Spätantike verpflichteten Menschenbild und die Himmelfahrt Christi mit den skeptisch und ängstlich zuschauenden Aposteln.

Hier war sogar ein Bischofssitz

Arnítha (Αρνίθα)

Der Ort Arnitha südöstlich rechtfertigt einen Stopp wegen der kleinen Kirche **Ágios Nikon** südwestlich oberhalb des Ortszentrums mit ihren Wandmalereien aus dem 14. Jh., von denen vor allem die Darstellung des Namenspatrons relativ gut erhalten ist.

Etwa 2 km nördlich von Arnítha findet man etwas abseits der Straße nach Istríos den frühchristlichen Bischofssitz von **Agía Iríni**. Über das Gelände verstreut sind die Überreste zweier dreischiffiger Basili-

APOLAKKIÁ ERLEBEN

CHRISSI – CHEZ ACROPOLIS €

Unter die Fittiche des Dorfpriesters Papageorgiou und seiner Frau Chrissi wird man in seiner Taverne genommen, in der der Pope oft auch selbst in den Töpfen rührt. Die Atmosphäre ist typisch griechisch, das Essen sehr gut. Auf den Tisch kommt überwiegend Gemüse aus dem Anbau des Priestersohns. Doch der Pope hat noch mehr zu bieten: Er vermietet auch ein altes Bauernhaus und zwei weitere Wohnungen im Ort. Da die Unterkünfte sehr gefragt sind, sollte man vorab reservieren.

Lachania, an der Dorfstraße in Richtung Mesanagros
Tel. 22 44 04 60 33

THE OLD MONÓLITHOS €

Die Inhaber der modernen Taverne haben lange in Südafrika gelebt und sprechen gut Englisch. In der Küche wird alles frisch und unter Verwendung möglichst regionaler Zutaten zubereitet. Man macht keinen Fehler, wenn man sich von den Wirtsleuten bei der Auswahl beraten lässt, denn oft gibt es auch saisonale Spezialitäten, die gar nicht auf der Speisekarte stehen.

An der Dorfkirche v. Monólithos
Tel. 22 46 06 12 76

PLATANOS €€

Die große Taverne hat sich an der hübschen Platía angesiedelt. Ihr größter Vorteil ist die Lage abseits vom Verkehr und direkt neben der Dorfkirche von Lachania. Der Wirt vermietet auch mehrere Häuser im Dorf an Urlauber.

Tel. 69 44 19 99 91
www.platanostaverna.com

AMALIA €

Sehr schlichtes schönes älteres Haus an der zentralen Platía von Apolakkiá, Zimmer mit Balkon. In der dazugehörigen Taverne wird einfache griechische Küche serviert.

Tel. 22 44 06 13 65
15 Z.

ken und eines Baptisteriums, einer einschiffigen Kirche und einer Kirche mit zwei Konchen zu erkennen. Alle werden ins 6. Jh. datiert.

Grüne Lage

Istríos (Ιστίος)

Die weitläufige Siedlung Istríos breitet sich nördlich inmitten von Gärten und Olivenbäumen aus. Die kleine **Ágios-Merkoúrios-Kirche** (11./12. Jh.) auf dem Friedhof ist eine Einraumkapelle, die aus Quadern mit Zwischenlagen aus Ziegeln besteht. Im Innern sieht man auf einem Fresko wohl aus dem 15./16. Jh. den Kirchenpatron.

Großartige Aussicht

Profília (Προφίλια)

Eine herrliche Aussicht genießen kann man von dem hoch am Berg gelegenen Dorf Profília mit weißen kubischen Häusern. Die **Ágios-Geórgios-Kirche** ist mit gut erhaltenen volkstümlichen Fresken aus dem 16./17. Jh. geschmückt.

Zahlreiche Menschen sind ausgewandert

Mesanagrós (Μεσαναγρός)

In Mesanagrós 15 km südlich von Apolakkiá, in den Kukoúliari-Bergen scheint die Zeit irgendwann stehen geblieben zu sein. Zahllose Familien sind in den letzten 70 Jahren nach Australien ausgewandert, im Dorf selbst leben nur noch etwa 60 zumeist ältere Menschen.

In frühchristlicher Zeit erhob sich hier eine große Basilika. Die **Dorfkirche Kímisis tís Theotókou** (»Mariä Entschlafung«) wurde auf ihren freigelegten Grundmauern erbaut. Die dreischiffige sogenannte Basilika A stammt aus dem 5. Jh., wurde aber bereits im 6./7. Jh. durch Basilika B ersetzt. Im 13. Jh. entstand die heutige Kirche im Mittelschiff der Vorgängerbauten, von denen zahlreiche Spolien verwendet wurden, z. B. eine über dem Nordportal eingemauerte Marmorsäule mit Kreuz aus der Basilika A. Aus dieser Zeit stammen auch die Kapitelle und Säulen, auf die sich die Gurtbögen der Kapelle stützen. Das schönste Stück aus Basilika A ist ein marmornes Taufbecken in Form eines griechischen Kreuzes. Zudem sieht man noch Fragmente des Fußbodenmosaiks und des aus Tonscherben verlegten Fußbodens der Vorhalle von Basilika A. Von den Fresken des 14. und 15. Jh.s sind nur wenige Fragmente erhalten. Erwähnenswert ist die seltene Darstellung des Melismos (»Opferlamm«) in der Apsis. Nur noch zweimal im Jahr finden in der Kirche Gottesdienste statt – am 15. und 23. August, wenn Mariä Himmelfahrt gefeiert wird.

In schöner Landschaft steht das **Kirchlein Ágios Thomás**. Sein großer Festtag ist der »Thomas-Sonntag«, der auf den Ostersonntag folgt. Dann wird dort ein großes Volksfest gefeiert. Die tief eingesunkene Kreuztonnenkirche geht vielleicht auf das 13. Jh. zurück, die Fresken wurden im 14./15. Jh. ausgeführt, später aber teilweise übermalt. An der Nordwand sieht man den hl. Thomas, der die Seitenwunde Christi berührt.

Aussteigerdorf

Lachaniá (Λαχανιά)

Fährt man von der Ágios-Thomás-Kirche 6 km weiter nach Süden, erreicht man das Dorf Lachaniá (300 Einw.), das sich durch eine sehr schöne Lage im Hügelland nahe der Ostküste auszeichnet. Der kleine Ort wurde in den 1980er-Jahren von ausländischen Aussteigern und auch von Künstlern entdeckt, die die einheimischen Häuser stilvoll renovierten. Am südlichen Dorfrand enstand im Jahr 1760 eine Kirche mit beachtlichem barockem Glockenturm. Das interessanteste Ausstattungsstück ist das frühchristliche Taufbecken aus dem 6. Jh. an der Südseite.

Zum »Leben spendenden Quell«

Plimmíri (Πλιμίρη)

Die winzige Streusiedlung Plimmíri (»Hochwasser«) breitet sich südlich von Lachaniá am Nordende einer weiten Bucht mit dunklem Sandstrand aus. Markant ist eine riesige Hotelanlage. Die kleine **Kirche Zoodhóchos Pigí** (»Leben spendender Quell«, Beiname Maria)

BAEDEKER ÜBERRASCHENDES

6X ERSTAUNLICHES

Überraschen Sie Ihre Reisebegleitung: Hätten Sie das gewusst?

1. ROHRZUCKER

Zu Kreuzritterzeiten wurde auf der Insel Zuckerrohr angebaut. Was die Archäologen in einer ritterlichen Zuckerraffinerie unterhalb der Burg von Féraklos fanden, wird in der Ausstellung **»Rhodos 2400«** im Großmeisterpalast gezeigt. (**►S. 53**)

2. DIE ZEIT DER BASILIKEN

Im 6. und 7. Jh. boomte auf Rhodos ein neuer Glaube: Das Christentum. 61 große Basiliken aus dieser Zeit wurden gefunden – viele in heute fast menschenleeren Regionen wie **Agía Iríni und Plimmíri**. (**►S. 46**)

3. WO DEUTSCHE DEUTSCHE ESSEN

Mit seinen martialisch wirkenden Rückenflossen erinnert der Braune Kaninchenfisch an einen Soldaten. Darum nannten ihn die Menschen im Krieg »Germanós«. Insbesondere in Fischtavernen in **Stegná** können also Deutsche einen Deutschen verzehren. (**►S. 52**)

4. EIN PRIESTER ALS WIRT

Orthodoxe Priester sind auch nur Menschen und verdienen ihr Geld oft mit außerkirchlicher Arbeit. So der Wirt der Taverne **Acropolis chez Chrissi** in Lachaniá. Er lässt sich auch gern fotografieren. (**►S. 46**)

5. EIN BEGEHBARER BAUM

Unter Platanen können Sie auf Rhodos häufig den Tag oder Abend genießen. Doch nur in eine Platane können Sie auch hinein: Die vor dem **Kloster Ágios Nektários** bei Archípoli ist hüttenartig ausgehöhlt. (**►S. 69**)

6. BEIM WEIHNACHTSMANN

Einen Weihnachtsmarkt wie den von **Sálakos** haben Sie wahrscheinlich noch nie gesehen. Der Abstecher dorthin lohnt auch im Sommer, denn Sie haben ja Fantasie. (**►S. 64**)

an der Rückseite der Strandtaverne steht auf den Grundmauern einer Basilika aus dem 5./6. Jahrhundert und gehört wie die umliegenden Bauten zu einem 1837 gegründeten Kloster. Bei ihrem Bau wurden zahlreiche antike und frühchristliche Bauteile verwendet, die zu den schönsten der Insel gehören. Die Kirche verfügt über einen offenen Narthex (Vorhalle). Vor einem Brunnen dient als Becken der umgedrehte Marmorboden einer Kanzel mit einem auf einer Scheibe stehenden Kreuz. Nördlich des Narthex sieht man noch Überreste eines Mosaikfußbodens.

Legendenumwobenes Kloster

Skiádi (Σκιάδι)

Wunderbare Legenden sind mit Skiádi verbunden. Das im 13. Jh. gegründete Kloster, 10 km südlich von Apolakkiá (über die Küstenstraße zu erreichen) in herrlicher Lage oberhalb der Küste, ist vor allem für die **Ikone der Panagía Skiadiní** berühmt, die als die wertvollste von Rhodos gilt. Mit der Klostergründung ist eine Legende verbunden: Drei Eremiten fanden in dieser Gegend am Strand eine Ikone der Muttergottes und brachten sie in ihre Höhle in dem Glauben, sie sei vom Evangelisten Lukas gemalt worden. Am nächsten Tag war sie verschwunden. Nach langem Suchen fanden die Männer das heilige Bild in den Ruinen eines antiken Tempels. Daraufhin bauten sie an dieser Stelle eine Kirche mit Kloster. Es ist durchaus möglich, dass hier einst ein antiker Tempel stand. Die kleine Klosterkirche, eine Kreuzkuppelkirche mit dreiseitiger Apsis, wurde 1861 als Altarraum in die neue große Kirche eingebaut. Die Fresken stammen aus dem 19. Jahrhundert.

Die berühmte Ikone ist an der Ikonostase angebracht: Vergoldetes und getriebenes Silberblech bedeckt bis auf Gesicht und Hals die Figuren der Muttergottes und des Jesuskindes. Die Beschädigung auf der rechten Wange Marias soll von einem türkischen Offizier stammen, dessen Arm nach der Untat gelähmt wurde. Nachdem er auf sein Gebet hin von der Panagía (Maria) wieder geheilt worden war, trat er zum Christentum über. In den Wochen um Ostern reist die Ikone nach einem genau festgelegten Plan für jeweils einen oder mehrere Tage in die Dörfer der Umgebung und auf die Insel Chálki. Sie bleibt nachts in der entsprechenden Dorfkirche oder darf – nach großzügiger Spende – in einem Privathaus »übernachten«. Da das heilige Bild als wundertätig gilt, kommen das ganze Jahr über Pilger zum Kloster.

Geschlossen: 13 – 16.30 Uhr

Zum südlichsten Ort der Insel

Kattaviá (Καττaβιά)

Um den etwas skurrilen Dorfplatz von Kattaviá, dem südlichsten Ort von Rhodos, reihen sich Cafés und Tavernen. Alte Windmühlen am Ortseingang erinnern an den intensiven Getreideanbau, der hier wirtschaftlich immer noch bedeutender ist als der Tourismus. Am

HEILIGE BILDER

Ikonen, die besondere Verehrung bei den Gläubigen genießen und oft mit alten Legenden verbunden sind, stellen einen wesentlichen Teil des Kultes der orthodoxen Glaubenswelt dar.

Die **transportablen Kultbilder** mit den Darstellungen von Heiligen und biblischen Szenen nennt man in der orthodoxen Kirche Ikonen (»Bilder«). Auch heute noch sind sie neben der Heiligen Schrift ein Grundpfeiler der orthodoxen Glaubenswelt. Die heiligen Bilder sind außer in Kirchen auch in vielen Wohnungen und Fahrzeugen aufgehängt. Sie werden mit Edelsteinen, kostbaren Vorhängen, Ringen und Uhren geschmückt, auf Reisen mitgenommen und sind das Ziel von Wallfahrten.

Die wertvollste Ikone von Rhodos ist die Marienikone aus dem Kloster Skiádi.

Nähe zu den Heiligen

Ikonen bringen den Menschen die Heiligen nahe, weshalb sie große Verehrung genießen. Diese Verehrung gilt nicht der Abbildung, sondern dem Heiligen, den man der Ikone gleichsetzt. In den Kirchen sind die Ikonen nach einem bestimmten Schema an der **Ikonostase** angebracht, einer hohen hölzernen Wand, die den Altarraum vom Gemeinderaum trennt. Auf dem Pult in der Mitte wird jeweils die Ikone des Tagesheiligen oder -festes ausgelegt.

Künstlerische Vorgaben

Die Ikonenmalerei gilt als liturgische Handlung, die ursprünglich nur von Priestern ausgeführt werden durfte. Sie ist hinsichtlich Komposition und Farbgebung sowie der Materialien genau festgelegt, sodass der Maler kaum Freiheit bei der Gestaltung des Bildwerks hat und keinen eigenen Stil entwickeln kann. Der Künstler darf in die Bilder keinen persönlichen Ausdruck bringen und bleibt namenlos. Seine Aufgabe ist vielmehr die Erhaltung der Tradition. Deshalb gleichen sich viele Ikonen, unabhängig von dem Jahrhundert, aus dem sie stammen.

Anziehend für den Betrachter ist die einzigartige Farbigkeit der Bilder, die in einem **komplizierten Herstellungsprozess** erreicht wird. Der Farbauftrag erfolgt meist auf Holz mit Mineralfarben und wird mit einer Schicht aus gekochtem Leinöl überzogen. Dies garantiert eine erstaunliche Haltbarkeit, zumal die Ikonen nicht nur betrachtet, sondern auch geküsst, berührt und herumgereicht werden. Viele alte Gründungslegenden ranken sich um **wundertätige Ikonen**.

südlichen Ortsrand stößt man auf die **Friedhofskirche Kímisis tís Theotókou** (»Mariä Entschlafung«) – nach dem Schlüssel am Dorfplatz fragen. Der ältere Teil, eine Kreuzkuppelkirche mit kurzen Querarmen und einer dreiseitigen Apsis, stammt wahrscheinlich aus dem 14. Jahrhundert. Der westliche Anbau (vermutlich 17./18. Jh.) setzt sich aus zwei Raumteilen, dem Narthex und dem Beinhaus, zusammen. Die Fresken entstanden im 17. Jahrhundert.

Hotspot für Surfer

Prassonísi (Πρασονήσι)

Viel karger, als ihr Name vermuten lässt, ist die kleine »grüne Insel« Prassonísi, die das südliche Ende von Rhodos markiert. Der hiesige **herrliche Sandstrand** mit weißen Dünen zieht immer mehr Besucher an. Man erreicht Prassonísi über eine gut ausgebaute, 8 km lange Straße von Kattaviá aus. Prassonísi ist vor allem ein Paradies für Surfer, die in der westlichen Bucht besonders im Juli und August den starken Meltemiwind vorfinden. Dieser macht allerdings auch das Sonnen unangenehm, wenn der Sand auf die Haut prasselt. Zwei Surfschulen bieten ihre Dienste an, außerdem gibt es einige Tavernen und Übernachtungsmöglichkeiten.

Allein schon der Ausblick lohnt

Monólithos (Μονόλιθος)

Das Dorf Monólithos (10 km nördlich von Apolakkiá) ist vom Meer aus nicht zu sehen, wodurch sich die Bewohner vor Piratenüberfällen schützten. Dem Tourismus entgegen kommen eine exzellente Taverne und ein kleines Hotel mit guten Angeboten für alternativen Urlaub. Es dient allerdings den meisten als Durchgangsstation zum gleichnamigen **Felskegel mit einer imposanten Johanniterburg**. Die Burg von Monólithos (»einzelner Fels«) ist nicht einfach noch eine weitere Kreuzritterburg. Völlig einsam thront sie auf einem 240 m hohen Fels über der mittleren Westküste. Der Ausblick ist der gleiche wie im Mittelalter. Kein Dorf, kein Neubau ist in Sicht, nicht einmal ein Antennenmast. Macchia und Nadelbäume haben nur mühsam in der Landschaft Wurzeln geschlagen, selbst Ziegenglocken sind nur ganz selten zu hören. Die erste und gleichzeitig schönste Aussicht auf den Felsen hat man von der Straße von Monólithos kommend. Auf dem Plateau hatten die Johanniter unter dem Großmeister Pierre d'Aubusson die Burg erneuert. Erhalten geblieben sind die Mauern, eine dem hl. Panteléïmon geweihte, weiß gekalkte Kapelle, die Ruine einer weiteren Kirche sowie ein paar Reste von Gebäuden und Zisternen. Der Aufstieg zum Kastell führt über schmale steinerne Treppenstufen.

Urwüchsiger Strand

Kap Foúrni (Ακροτίρι Φούρνοι)

An zwei sehr naturbelassenen Kiesstränden kann man am Kap Foúrni südlich von Monólithos baden; inzwischen gibt es hier eine Taverne und eine Beach Bar. Kurz bevor die Straße am zweiten Strand endet,

Grandiose Aussicht und einsame Lage: Burg Monólithos

sieht man unmittelbar rechts der Straße auf einem Felsblock ein antikes Relief. Dieses stellt den Fährmann Charon dar, der die Seelen der Toten in die Unterwelt bringt. Auf der Südseite des Felsvorsprungs dahinter sind hellenistische, römische und frühchristliche Höhlengräber zu entdecken. Ein Pfad führt zu einer frühchristlichen Höhlenkapelle; im Scheitel der Tonnengewölbe ist ein Kreuz in den Felsen gehauen. Die Spitze des Kaps wird von einem runden Bauwerk markiert, entweder ein Leucht- oder ein Wachtturm.

Honig, Schnaps und eine riesige Kirche

Siána (Σιάνα)

Das kleine Dorf Siána (nordöstlich von Monólithos) hat vom Tourismus noch recht wenig mitbekommen. Die Reisegruppen, die auf ihrer Inselrundfahrt hier Halt einlegen, bleiben meist nur, um zu essen und einen Rundgang durch die steilen, engen Gassen zu machen. Außergewöhnlich ist die im Verhältnis zur Größe des Ortes riesige neobyzantinische **Ágios-Panteléïmon-Kirche** (1892), die mit Fresken geschmückt ist und eine aufgemalte Uhr besitzt. Auf einer Anhöhe oberhalb des Dorfes erhebt sich die **Ruine einer Johanniterordensburg**. Die Spezialitäten des Ortes sind Honig und Soúma, ein starker Tresterschnaps.

ARCHÁNGELOS

Griechisch: Αρχάγγελος | **Einwohnerzahl:** 6000

Das größte Landstädtchen der Insel breitet sich in einem fruchtbaren Tal voller Olivenbäume aus. Wie das etwa gleich große Afándou ist das »Erzengel-Dorf« sehr ursprünglich geblieben, ist für Tagesausflügler aber weitaus reizvoller und interessanter. In den engen Gassen des weitläufigen alten Dorfes herrscht kaum Autoverkehr, viele alte Häuser verleihen ihm historischen Charakter. Sehr reger Verkehr herrscht hingegen entlang der modernen Dorfstraße mit ihren vielen Geschäften und Cafés. Hotels gibt es kaum, denn der nächste Strand, der Stegna Beach, ist etwa 3 km vom Ort entfernt. Kein Linienbus fährt die steile Straße dort hinunter.

Wohin in Archángelos?

Zuckenbäckerstil, aber nichts Süßes

Michaíl Archángelos

Das Ortsbild wird von dem hellen »Zuckerbäcker«-Glockenturm der Michaíl-Archángelos-Kirche geprägt, der zwischen den weißen Häusern des alten Archángelos hervorragt. Er ist eine Hinterlassenschaft der italienischen Besatzer vom Anfang des 20. Jh.s, die Kirche selbst stammt aus dem Jahr 1845. Am interessantesten an der Kirche ist das für Rhodos ganz typische Chochláki-Muster im Innenhof.

Hier verschanzten sich die Ritter

Kastell der Johanniter

Ein Relikt aus Ritterzeiten ist das Kastell der Johanniter am Ortsrand, auf einem Hügel, das 1467 fertiggestellt wurde. Neben dem Eingang links erkennt man das Ordenswappen und die Wappen von Großmeistern. Von dem Kastell sind teilweise bis in beachtliche Höhe aufragende Mauern und im Innern die kleine Ágios-Ioánnis-Kapelle erhalten. Von hier eröffnet sich ein schöner Blick auf den Ort.

Rund um Archángelos

Wieder einmal ein Badeort

Stégna (Στέγνα)

Stégna ist ein kleiner Badeort mit großem Ferienclub, vielen kleinen Pensionen und Apartmenthäusern. Der Hauptstrand zieht sich unterhalb der Uferstraße entlang; hier kann man gut Wassersport betreiben. Es gibt allerdings keinen Linienbusverkehr hinauf nach Archángelos oder gar in die Inselhauptstadt, sodass man auf ein Fahrzeug angewiesen ist.

ARCHÁNGELOS ERLEBEN

HELLAS €
Die Nationalfarben Blau und Weiß geben in der Taverne von Stélios und Dímitra den Ton an. Sie verstehen ihr Lokal als fröhlichen Treff, in dem man jederzeit auch nur auf ein paar Drinks willkommen ist. Im Hochsommer wird hier oft bis spät in die Nacht hinein live musiziert, dann versucht sich auch so mancher Urlauber an griechischen Tänzen.
Am Dorfplatz
Tel. 69 74 18 19 59

TO PERIGIALI €€
Das beste Fischrestaurant weit und breit serviert auch ausgefallene Meeresfrüchte und Fischarten. An Wochenenden ist es voll mit Rhodiern. Ganz ausgezeichnet sind auch die Lachanólmades, kleine Kohlrouladen griechischer Art.
Stegna, am Ende der Strandstraße
Tel. 22 44 02 34 44

BELLA VISTA €–€€
Die moderne, kleine Apartmentanlage im schönen kykladischen Baustil finden Sie leicht erhöht etwa 200 m vom Strand entfernt. Die 17 Studios und Apartments für 2 bis 5 Personen sind liebevoll möbliert, und in den Küchen können die Urlauber wirklich kochen.
Stegna
Tel. 69727 25766
www.bellavistastegna.gr

Im Zeichen der Festung

Charáki (Χαράκι)

Imposantes Bild: Von den Ruinen der Féraklos-Festung überragt, zieht sich der Ort Charáki (8 km südlich von Archángelos) um eine halbrunde Bucht. Große Hotels gibt es hier nicht, Individualurlauber überwiegen. Von Vorteil ist, dass sich hier etliche kleine Pensionen ohne trennende Straße direkt am überwiegend aus Kieselsteinen bestehenden Strand niedergelassen haben. Vor allem wegen seiner Lage direkt am Meer empfehlenswert ist das runde Restaurant Argo, wo man auch gute Parkmöglichkeiten vorfindet.

Das Ortsbild wird beherrscht von den Überresten der **Johanniter-Festung Féraklos**. Hier stand in byzantinischer Zeit eine Festung, die 1306 von den Johannitern erobert wurde. Im Jahr 1470 ließ Großmeister Giovanni Battista degli Orsini die Festung modernisieren. Benutzt wurde die Burg vor allem als Gefängnis für Kriegsgefangene und als Verbannungsort für Ritter, die sich etwas hatten zuschulden kommen lassen. Außerdem schützte sie die damals hier zahlreichen Zuckerrohrplantagen, deren Ernten in einer Zuckerraffinerie unmittelbar unterhalb der Burg verarbeitet wurden. Von ihr haben Archäologen geringfügige Spuren freigelegt. Außer dem Mauerring ist von der Festung wenig erhalten. Von der Nordseite des Hügels eröffnet sich ein schöner Blick über das fruchtbare Land um Malóna und Mássari sowie auf die Badebucht zu seinen Füßen.

In der Féraklos-Festung schmachteten Kriegsgefangene.

Höhlenkirche mit kostbaren Malereien

Agía Agáthi (Αγία Αγάδη)

Unweit nördlich der Festung Féraklos verbirgt sich oberhalb der nördlichen Buchtseite, auf einer Felsterrasse, bei einem Feigenbaum eine kunstgeschichtliche Kostbarkeit: die in den Stein gehauene Höhlenkirche Agía Agáthi. Die meisten Fresken entstanden in der Erbauungszeit der Kirche (12./13. Jh.), einige allerdings erst im 15. und 16. Jahrhundert. Zu den ältesten Ausmalungen auf Rhodos zählen die Deesis und die Darstellungen von Kirchenvätern.

Der **Agáthi-Strand** nördlich der Féraklos-Festung ist ein feiner, flacher und damit kinderfreundlicher Sandstrand mit Sonnenliegen und -schirmen. In der Vor- und Nachsaison ist es hier recht idyllisch, im Hochsommer sorgen die Beach Bars für etwas zu viel Lärm.

In einer fruchtbaren Gegend

Málona (Μάλωνα), Másari (Μάσαρη)

Málona westlich zeigt sich als hübscher Ort inmitten von Orangenhainen, in dem noch Bürgerhäuser mit historisierenden Stilelementen vom Anfang des 20. Jh.s vorhanden sind. Másari, das Zentrum dieser fruchtbaren, landwirtschaftlich stark genutzten Gegend, hat seine Ursprünglichkeit noch weitgehend bewahrt.

★ FALIRÁKI

Griechisch: Φαλιράκι

An Faliráki scheiden sich die Geister. Das noch vor 50 Jahren winzige Fischerdorf hat sich zur bettenreichen Touristenhochburg der Insel entwickelt. Reste von Idylle haben sich am ehemaligen Fischerhafen erhalten. Um ihn herum ist eine weitläufige Feriensiedlung wild gewuchert. Die meisten großen Hotelanlagen, in die Reiseveranstalter ihre Gäste schicken, liegen nördlich davon entlang des kilometerlangen, sehr breiten Sandstrandes und an den sanften Hängen jenseits der Küstenstraße. Südlich des Hafens erstreckt sich ein weiterer Strand.

Die **Aneinanderreihung von vielgeschossigen Hotels** nördlich des Ortes ist für rhodische Verhältnisse gigantisch, wirkt im Vergleich zu denen an spanischen Küsten aber noch maßvoll. Da die meisten Hotels hier auf Halbpensions- oder gar All-inclusive-Basis

FALIRÁKI ERLEBEN

www.faliraki.com

Sehr gute Linienbusverbindungen in Richtung Inselhauptstadt und Líndos. Nach Líndos fahren täglich auch Ausflugsboote, nach Rhodos Personenschiffe. Bootsverkehr mit Rhodos-Stadt: Mo.–Sa. 5 x tgl. (Mi. nur 3 x). Dort wird der Mandráki-Hafen angelaufen. Fahrzeit: 35 Minuten.

AKTÍ €

Die recht kleine Taverne ist besonders ursprünglich geblieben. Küche und Service werden von Mutter und Sohn erledigt und die Speisen nach Hausmannsart zubereitet. Kulinarische Hochgenüsse darf man hier nicht erwarten, dafür aber noch echt griechisches Flair.

Hafen von Faliraki
Tel. 2 20 41 08 66 32

MARIA

Die größte der Tavernen am Hafen bietet eine luftige Terrasse und sogar eigene Liegestühle am Strand. Wirtin Maria verwöhnt hier schon seit vielen Jahren ihre Gäste mit guter griechischer Tavernenkost.

Hafen von Faliraki
Tel. 22 41 08 52 80

STAMA

Keine Taverne in Faliráki liegt näher am Wasser als diese. Hier kehren morgens auch die Fischer ein, um ihren Kaffee zu trinken. Einige Fische werden immer in die Tavernenküche geliefert – Tagesfrische ist garantiert. Auch der Salat mit eingelegten Kapernzweigen ist ein Gedicht.

Hafen von Faliraki
Tel. 22 41 08 64 95

DEN HIMMEL VERSTEHEN

Unterm Sternenhimmel zu sitzen ist auf Rhodos überall schön. Wer ihn auch ein wenig verstehen will, geht ins Café Astronomy bei Faliráki. Ein rhodischer Hobby-Astronom hat sich dort seinen Lebenstraum erfüllt und ein privates Observatorium und einen Sternengarten eingerichtet. Mit viel Enthusiasmus erklärt er den Besuchern seines Cafés, was sie durchs Teleskop und mit bloßem Auge sehen. In der griechischen Mythologie kennt er sich aus und weiß, wen die Götter einst als Sterne an den Himmel verbannten und warum. Hinterher sieht der Gast beim gepflegten Getränk nicht mehr nur seelenlose Himmelskörper, sondern eine sagenhaft belebte ferne Welt.

arbeiten, gibt es in deren Umfeld kaum Cafés und Tavernen. Auch die viel befahrene Küstenstraße lädt nicht gerade zum Bummeln ein. Der breite Sandstrand bietet keinerlei Naturschatten, dafür aber viele Wassersportmöglichkeiten. Bushaltestellen ganz in der Nähe der Hotels bieten bis spät abends die Möglichkeit, preiswert und schnell in die Inselhauptstadt zu kommen.
Das Ortszentrum lockt besonders eine bestimmte Klientel junger Urlauber aus aller Welt, vor allem aber aus Großbritannien, an. Für sie sind die vielen Clubs, Fast-Food-Läden, Sports Bars und Tattoo-Studios bestimmt. Auch zahlreiche Restaurants mit exotischer Küche – chinesisch, thailändisch, indisch, mexikanisch – erfüllen die Ansprüche der Klientel. Wer typisch griechische Atmosphäre sucht, geht zum Hafen mit ein paar schlichten, wahrhaft griechischen Tavernen. Vom Hafen aus starten auch täglich Bootsausflüge in die Stadt und zu verschiedenen Stränden bis hinunter nach Líndos.

Wohin in Faliráki?

In die Sterne gucken

Hipparchos Observatory

Auf einem Hügel am südlichen Ortsrand von Faliráki hat sich Stergos Manolakas sein eigenes Observatorium geschaffen. Der ehemalige Taxifahrer installierte in zwei Kuppelbauten Teleskope, durch die seine Gäste bei Tag die Sonne und nachts den Sternenhimmel studieren können. Erkenntnisse übers All gewinnt man auch beim Spaziergang durch den Planetengarten (►Magischer Moment).

Profitis Ammos Area | Tel. 22 41 08 61 12 | tgl. ab 18 Uhr, Führung 10 € | www.astronomycafe.gr

Wasserspaß ohne Ende

Faliráki Waterpark

Das Spaßbad Faliráki, unübersehbar oberhalb des Hotelviertels gelegen, lockt mit zahlreichen Attraktionen für Groß und Klein. Man kann sich nicht nur auf den verschiedenen **Wasserrutschen**, z. B. auf der 145 m langen Riesenwasserrutsche und der Kamikaze-Wasserrutsche, ins Wasser stürzen, sondern auch im Lazy River, im Wellenbad oder im Whirlpool entspannen. Die Kleinsten turnen gern auf dem spannenden Piratenschiff herum.

Mai, Sept., Okt. 10 – 18, Juni – Aug. 10 – 19 Uhr
Eintritt: Erw. 25 €, Kinder (3 – 11 Jahre) 17 € | www.water-park.gr

Rund um Faliráki

Bäder mit bezauberndem Flair

Thérmes Kallithéa

Ein Badeerlebnis der ganz besonderen Art erwartet den Besucher an den ehemaligen Thermen von Kallithéa, die von den Großhotels in Faliráki auch zu Fuß in etwa 15 bis 25 Minuten erreichbar sind. Ver-

Die Kallithea-Thermen strahlen ein orientalisches Flair aus.

spielt **orientalisierende Bauten** aus italienischer Zeit schaffen einen Rahmen wie aus 1001er Nacht, den hohe Palmen noch verstärken. Ein Hauch norwegischer Landschaft tritt hinzu, denn gebadet wird in ei-ner schmalen Felsbucht, die einem Fjord en miniature gleicht. Rein rho-disch ist das typische Kieselstein-Mosaikpflaster auf Wegen und in Gebäuden. Für mediterrane Heiterkeit sorgen die über das Gelände verstreuten Liegestühle und Palmstrohschirme, die auf verschiedenen schattigen Terrassen aufgestellten Tische und Stühle des Café-Restaurants. Kurios ist die riesige Toilettenanlage aus italienischer Zeit: Das damals hier getrunkene, mit 19 °C austretende Thermalwasser hatte eine stark abführende Wirkung. Heute wird es nicht mehr gereicht. Die Gesamtanlage gilt als architektonisches Meisterwerk der italieni-schen Besatzungszeit auf Rhodos. Ihr Architekt war der Römer Pietro Lombardi (1894 – 1984). Für medizinische Zwecke genutzt wurden die Quellen schon in Antike und Kreuzritterzeit; die bis heute erhaltene Anlage diente von 1929 bis 1967 als Kurbad. Aufwendig restauriert wurde sie um die Jahrtausendwende überwiegend mit EU-Geldern.

3 km nördlich von Faliráki an der Küstenstraße (sehr gut ausgeschildert) | Mai – Okt. tgl. 8 – 20 Uhr | Eintritt: 5 €
Tel. 22 41 06 55 64 | www.kallitheasprings.com

Ob Anthony Quinn wohl in seiner wunderbaren Bucht auch gebadet hat?

Wunderbare kleine »Schauspielerbucht«

Anthony-Quinn-Bucht

Ein besonderer Badeplatz ist die kleine, hübsche, von Felsen gesäumte Anthony-Quinn-Bucht mit einem kleinen Kiesstrand. Die griechische Militärregierung hatte die Bucht dem **Schauspieler Anthony Quinn** geschenkt, zum Dank dafür, dass er in dem hier gedrehten Film »Die Kanonen von Navarone« die Hauptrolle spielte. Die spätere demokratische Regierung hat diese Schenkung allerdings wieder rückgängig gemacht. Das herrlich klare blau-grüne Wasser ist ein ideales Revier für Schnorchler. Von Faliráki führt ein ausgeschilderter Fußweg hierher, den man allerdings nicht bei Dunkelheit und mit Kindern begehen sollte. Ausgestattet ist der Strand mit Liegestühlen und Sonnenschirmen sowie einer Taverne oberhalb des Strandes. Oft legen Boote in der Bucht an.

Noch eine kleine Bucht

Ladikó-Bucht

Im Hinterland der kleinen Bucht mit etwa 100 m langem, flach abfallenden und nahezu lückenlos von Liegestühlen und Sonnenschirmen bedeckten Bucht sind einige kleine Hotels entstanden; einen eigentlichen Ort gibt es nicht. Eine Linienbusverbindung ins etwa 3 km entfernte Faliráki besteht nicht.

★★ FILÉRIMOS

Griechisch: Φιλέρημος | Mai – Okt. tgl. 8.00 – 19.40, Nov. – Apr. Mi. – Mo. 8.30 – 14.40 Uhr | **Eintritt:** 6 €

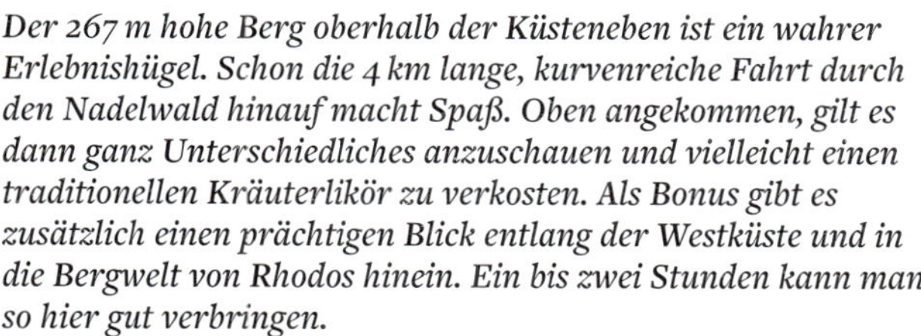

Der 267 m hohe Berg oberhalb der Küsteneben ist ein wahrer Erlebnishügel. Schon die 4 km lange, kurvenreiche Fahrt durch den Nadelwald hinauf macht Spaß. Oben angekommen, gilt es dann ganz Unterschiedliches anzuschauen und vielleicht einen traditionellen Kräuterlikör zu verkosten. Als Bonus gibt es zusätzlich einen prächtigen Blick entlang der Westküste und in die Bergwelt von Rhodos hinein. Ein bis zwei Stunden kann man so hier gut verbringen.

Den Namen Filérimos (»Freund der Einsamkeit«) trägt der Berg angeblich schon seit dem Mittelalter, als ein Eremit sich hier niedergelassen hatte. Auf dem Berg stand in dieser Zeit ein Kloster. Der Berg war oft Angriffsziel fremder Heere als Ausgangspunkt von Eroberungen auf der Insel. So besetzten ihn 1306 die Ritter des hl. Johannes von Jerusalem, und 1522 errichtete Sultan Suleiman hier sein Hauptquartier während der Belagerung von Rhodos-Stadt.

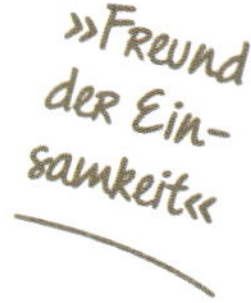

Hier macht der »Freund der Einsamkeit« seinem Namen Ehre.

Antikes und Christliches

Gebäude aus unterschiedlichen Epochen

In der hinteren Ecke des Parkplatzes steht nahe einem Getränke- und Souvenirkiosk das Kassenhäuschen zum archäologischen Areal auf dem Berg. Sein romantisches und fotogenes Schmuckstück ist ein von den italienischen Besatzern restauriertes, schon im 10. Jh. gegründetes **Kloster**, das in jenen Jahren der Fremdherrschaft auch von römisch-katholischen Mönchen bewohnt war. Heute steht es leer, dient nur noch als Kulisse für Hochzeiten, die in der Klosterkirche vollzogen werden.

Vor der Kirche haben Archäologen die Fundamente eines großen **Tempels** freigelegt, der im 3./2. Jh. v. Chr. **der Göttin Athena Polias** geweiht wurde. Um den Sieg des neuen Glaubens zu verkünden und zugleich leicht auf vorhandenes Baumaterial zurückgreifen zu können, entstand im 5./6. Jh. quer dazu eine dreischiffige Basilika, die die Südhälfte des Tempels überdeckte. In ihrer nördlichen Apsis ist noch ein in den Boden eingelassenes Taufbecken zu sehen – damals war ja noch die Taufe durch völliges Untertauchen ins Wasser üblich.

Unterhalb dieser Monumente verbirgt sich die **Höhlenkirche Ágios Geórgios Chostós** (14./15. Jh.). Ihre schlecht erhaltenen Fresken wurden offenbar von einem orthodoxen Maler ausgeführt, dessen Auftraggeber aber katholische Ritter waren: Sie wurden als Stifterfiguren mit Wappenschildern gemalt, die sie leicht als Großmeister des Johanniterordens erkennen lassen.

Antike Benutzungsregeln

Brunnenhaus

Gegenüber des Eingangs zum umzäunten, eintrittspflichtigen Areal führt neben der neuzeitlichen Toilettenanlage ein – offiziell gesperrter – Pfad hinunter zu einer Felsterrasse mit einem dorischen **Brunnenhaus** (4. Jh. v. Chr.), das allerdings nicht zugänglich ist. Es wurde vorne mit sechs Säulen und hinten mit ebenso vielen Pfeilern mit Brüstungsmauern versehen. Der Zisterne an seiner Rückseite floss durch mehrere Kanäle im Innern des Berges Wasser zu. Sowohl die Brüstungsmauern als auch die Rückwand sind mit Löwenköpfen als Wasserspeier geschmückt. Die spätantike Inschrift am dritten Pfeiler rechts legt die Benutzerregeln für den Brunnen und die unterschiedlichen Strafen bei Übertretung für Freie und Sklaven fest.
Vom Parkplatz aus führt ein von Pinien gesäumter Kreuzweg aus italienischer Zeit zu einem **Aussichtspunkt**. Oft halten sich hier zahlreiche Pfauen auf. Sehr schön ist das Sonnenuntergangserlebnis von hier aus. Das 15 m hohe Kreuz auf dem Aussichtspunkt ist tagsüber meist begehbar.

★★ KÁMIROS

Griechisch: Κάμειρος | Mai – Okt. tgl. 8.00 – 19.40, Nov. – Apr. Mi. – Mo. 8.30 – 15.00 Uhr | Eintritt: 6 €

Bei einem Ausflug nach Kámiros lassen sich der Besuch einer bedeutenden archäologischen Stätte in schönster Natur und ein paar Stunden an einem schönen Strand mit guten Tavernen hervorragend miteinander verbinden. Der Ausflug ist sogar von der Stadt und den Badeorten an der Westküste aus mit dem Linienbus möglich. In der archäologischen Stätte stehen ausnahmsweise einmal nicht Tempel und Kultbauten im Mittelpunkt des Interesses, sondern die Struktur einer antiken Wohnstadt. Das macht einen Rundgang dort so interessant.

Mythologische Urgestalt: ein Vatermörder

In der Mythologie wird Kámiros in Zusammenhang mit der Geschichte des Vatermörders **Althaimenes** gebracht. Er war der Sohn des kretischen Königs Katreus, ein Sohn von König Minos von Kreta. Ein

Wenige Tempel: Kámiros war eine hellenistische Wohnstadt.

Zentrum eines Stadtstaates

Orakel prophezeite Katreus, dass eines seiner Kinder ihn töten werde. Aus Angst, er könnte der Mörder werden, verließ sein Sohn Althaimenes die Insel Kreta und ging nach Rhodos, wo er sich in der Gegend von Kámiros niederließ. Um seinen Sohn als Thronerben zurückzuholen, fuhr Katreus nach Rhodos, wo ihn Althaimenes für einen Seeräuber hielt und erschlug. Wegen dieser Untat wurde der Vatermörder auf seinen Wunsch hin von der Erde verschlungen. Ob Kámiros tatsächlich vom minoischen Kreta aus besiedelt wurde, ist ungewiss. Kámiros war neben Líndos und **Iálissos** der kleinste der drei Stadtstaaten, der den westlichen Teil der Insel umfasste. Kámiros hatte seine Blütezeit im 6. Jh. v. Christus. Als Folge des Zusammenschlusses aller rhodischen Städte zu einem Gesamtstaat und der Gründung der Stadt Rhodos 408 v. Chr. verlor Kámiros seine Bedeutung. Nach der Zerstörung durch ein Erdbeben (226 v. Chr.) wurde die Stadt hellenistisch wiederaufgebaut. Rund drei Jahrhunderte später, 142 n. Chr., machte ein weiteres großes Beben sie dem Erdboden gleich. Danach verließen die Einwohner die Stadt wohl für immer. Die meisten Funde werden heute im Archäologischen Museum von Rhodos-Stadt aufbewahrt.

Leben in einer antiken Stadt

Ungewöhnlich: antike Wohnstadt

Die Ruinen sind ein typisches Beispiel für eine hellenistische Stadtanlage mit der Aufteilung in öffentliche und private Zonen mit schachbrettartigem Straßensystem. Von der Akropolis am oberen Stadtrand eröffnet sich den Besuchern ein herrlicher Ausblick auf Anlage und Meer.

Nach dem Eingang betreten Sie zunächst die **untere Terrasse**, die im Süden durch eine Stützmauer befestigt ist und auf der in verschiedenen Epochen Wohnhäuser gebaut wurden. Der **Tempel** hier war wahrscheinlich Apollo geweiht. Eine Frage stellt sich in der Cella, wo neben dem Sockel des Kultbildes eine Schatzgrube angelegt ist: Welche Opfergaben wurden in die Öffnungen ihres Decksteins geworfen, um Apollo gnädig zu stimmen?

Die halbrunde Mauer westlich des Apollo-Tempels ist vielleicht ein Teil einer Kirche aus frühchristlicher Zeit, womit das Christentum der heidnischen Antike Paroli bieten wollte. Die Ostseite des großen **Kultplatzes** nimmt eine dreistufige Treppenanlage ein, wo vielleicht an den Kulthandlungen beteiligte Personen saßen, bei denen es sich um Gläubige gehandelt haben könnte. Sechs dorische Halbsäulen markieren das **Brunnenhaus** an der Südseite des Platzes, von dem nur noch die Fundamente der Einfassung zu erkennen sind. An der Ostseite der unteren Terrasse sehen Sie hinter einer Exedra ein von einer halbhohen Mauer umschlossenes **Heiligtum**, in dem auf zwei Ebenen mehrere Altäre platziert sind. Dem Sonnengott Helios geopfert wurde an einem Altar laut der angebrachten Inschrift. Die neun Altäre der oberen Ebene waren verschiedenen Göttern geweiht.

Auch Einblick in die Badekultur erhält man in Kámiros: Von einem dreieckigen **Bad** sind hinter dem Heiligtum noch Fragmente des Caldariums und Feuerstellen für die Warmwasser- und Heißluftaufbereitung zu erkennen. Nun folgt das Wohngebiet: Unterschiedlich große Bauten reihen sich zu beiden Seiten der Hauptstraße. Links der Straße sieht man eines der schönsten **Peristylhäuser** der antiken Stadt.

Der Wasserversorgung diente eine große **Zisterne** auf der Akropolis, die wohl bereits aus dem 6. Jh. v. Chr. stammt. Das große Wasserbecken, in das zwei Treppen führen, wurde zur Reinigung genutzt. Über die zwei Abflüsse im Boden wurde das Wasser in die Stadt geleitet. Darüber wurde im 2. Jh. v. Chr. die 200 m lange, monumentale **Stoa** mit zwei Reihen von dorischen Säulen errichtet, sicher das eindrucksvollste Bauwerk der Anlage. Die zahlreichen Räume dahinter waren wahrscheinlich Aufenthaltsräume für Pilger. Da durch den Bau der Stoa die große Zisterne unbrauchbar geworden war, legte man unterhalb dieser Räume 16 kleinere, untereinander verbundene Zisternen an, um das Wasser von den Dächern zu sammeln. Hinter der Stoa sind die spärlichen Fragmente eines Pallas-Athene-Tempels erhalten.

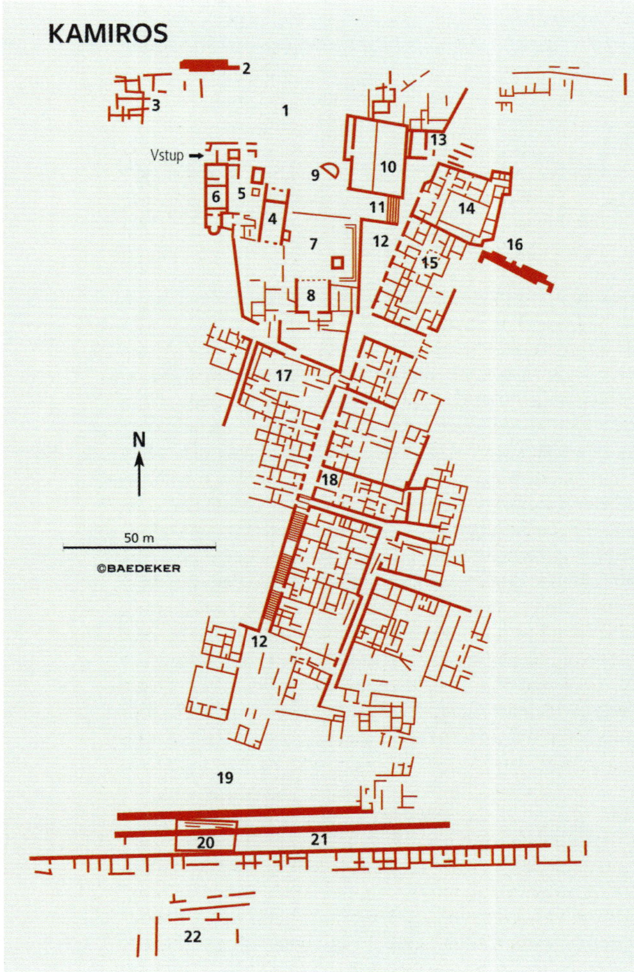

1 Untere Terra
2 Stützmauer
3 Wohnhäuse
4 Tempel des Apollon
5 Kleiner Tem
6 Kirche (?)
7 Kultplatz
8 Brunnenhau
9 Exedra
10 Heiligtum d Altäre
11 Treppe
12 Hauptstraße
13 Bad
14 Wohnhaus
15 Peristylhaus
16 Befestigung
17 Badeanlage
18 Peristylhaus
19 Altar
20 Zisterne
21 Stoa
22 Pallas-Ather Tempel

Rund um Kámiros

Nicht nur zur Weihnachtszeit

Sálakos (Σάλακος)

Das nur selten von Urlaubern besuchte Bergdorf ist das »Weihnachtsdorf« der Insel. Alljährlich wird hier zwischen Heiligabend und dem 6. Januar ein äußerst origineller Weihnachtsmarkt abgehalten.

Im Nymphental wird dann das Spíti tou Agíou Vassíli aufgebaut, das Haus des Weihnachtsmann. An mehreren Ständen werden lokale Produkte verkauft, Hühner und Schafe sorgen für ein Ambiente wie im alten Bethlehem.
Auch außerhalb der Weihnachtszeit lohnt das Nymphental einen kurzen Spaziergang. Ganzjährig eine Rast wert ist ebenfalls der schöne Dorfplatz direkt an der Durchgangsstraße mit seinen vier Maulbeerbäumen und einem Ficus benjaminica aus dem Jahr 1951, einem italienischen Verwaltungsgebäude (heute Polizeirevier) und dem schmalsten Zebrastreifen der Insel.

Süßes auf dem Berg

★ Profítis Ilías (Προφίτης Ηλίας)

Höher können Sie mit dem Auto auf Rhodos nicht gelangen. Eine recht schmale, kurvenreiche Asphaltstraße führt durch dichte Mischwälder bis kurz unter den 798 m hohen Gipfel, der selbst als Träger einer militärischen Antennenanlage allerdings für Besucher gesperrt ist. Dafür kann man dicht unterhalb des Gipfels in einer an die italienischen Alpen erinnernden, kleinen Hotelanlage aus der italienischen Besatzungszeit hervorragend Kaffee trinken und Süßes genießen, wie es viele Rhodier besonders an Wochenenden tun. Wer die für Rhodier »exotische Gebirgsatmosphäre« hier oben ganz genießen will, unternimmt eine etwa 9 km lange Rundfahrt rund um den Gipfel (am Hotel dem Wegweiser zum Children's Camp und Athletic Centre folgen).
Eine der schönsten Wanderungen auf Rhodos ist die von Sálakos auf den Profítis Ilías. Sie geht bei der 50 m vom Hotel Nymfi entfernt gelegenen Bushaltestelle los (zunächst Richtung Nymphenquelle, dann gleich nach rechts abbiegen zum Profítis Ilías) und führt in zwei Stunden auf alten Eselspfaden und schattigen Waldwegen auf den Berg. Vom Gipfelplateau bietet sich den Besuchern eine herrliche Aussicht.

Platz des Gottes der Schönheit

Apóllona (Απόλωνα)

Apóllona am Südhang des Profítis Ilías erhielt seinen Namen von dem Apollo-Tempel, der hier in der Antike stand. Einen Eindruck der bäuerlichen Kultur kann man sich in dem kleinen **Volkskundemuseum** verschaffen, das die Ausstattung eines traditionellen Bauernhauses zeigt (flexible Öffnungszeiten, man sollte im Kafenío danach fragen).

Ein »heiliges« Eselrennen

Soroní (Σορωνή)

Bekannt ist die lebendige Kleinstadt Soroní (10 km nordöstlich von Kámiros) vor allem wegen des Elektrizitäswerks, aber vor allem wegen der **Wallfahrtskirche des hl. Soulás** mit einer heiligen Quelle, 4 km von Soroní entfernt an der Straße nach Eleoúsa gelegen. Am 30. Juni findet das große Fest zu Ehren des Heiligen statt, dessen Höhepunkt ein Eselrennen ist.

EIN GANZ ANDERES RHODOS

Können Sie für ein Weilchen auf Meerblick verzichten? Dann fahren Sie auf den Profítis Ilías hinauf. Oben auf der Lichtung mit dem Hotel Élafos angekommen, sagen Sie in Gedanken der Ägäis auf Griechisch Adío und folgen dem Wegweiser zum 2 km entfernten Children's Camp. Im Frühjahr wird die schmale Asphaltpiste zur Straße der Asphodelien, die hier so dicht wie bei uns manchmal Schneeglöckchen blühend am Waldrand stehen. Unter den Bäumen sind an vielen Stellen auch kleine Felsbrocken auf dem Boden zerstreut: Ist das etwa eine nächtliche Spielwiese von Riesenkindern? Nach etwa 6 km sind Sie wieder auf der Hauptstraße – und haben ein Stück Rhodos gesehen, wie es kaum jemand kennt.

Lebhaftes Fischertreiben

Kámiros Skála

Am Kai von Kámiros Skála landen Profifischer von den benachbarten kleinen Inseln Chalkí und Tílos ihre Fänge für die Fischrestaurants von Rhodos an. Täglich verbindet hier auch mindestens eine kleine Personenfähre Rhodos mit dem Inselzwerg Chalkí. In der Küstenebene wird etwas Landwirtschaft betrieben, einen eigentlichen Ort gibt es nicht. Das Treiben am Kai kann man bestens von der großen Fischtaverne direkt über dem Hafen aus beobachten.

Die besterhaltene Johanniterburg auf Rhodos ...

Kritinía (Κρητηνία)

... erhebt sich imposant südlich von Kámiros Skála auf einem Hügel: das frei zugängliche **Kastell** Kritinía. Großmeister Giovanni Battista degli Orsini ließ sie im Jahr 1472 errichten, und unter den Großmeistern d'Aubusson, d'Amboise und del Carretto wurde sie in den folgenden Jahren ausgebaut. Ihre Wappen sind an der Außenmauer angebracht. An der höchsten Stelle der Burg, deren Mauern teilweise noch bis zu den Zinnen erhalten sind, erhebt sich ein wehrhafter Turm. Hier kann der Besucher einen fantastischen Meerblick bis zu den Inseln Alimniá und Chálki genießen. Sehr gut erhalten ist die Ritterkirche Ágios Georgios mit schönem Quadermauerwerk. Alljährlich wird an der Burg in den letzten Junitagen an zwei Abenden ein **Mittelaltermarkt** mit viel Kunsthandwerk und einer Art Jahrmarkt veranstaltet.

Schon die Ausblicke lohnen

Kritinía (Κρητηνία)

In das ruhige **Dorf** Kritinía fährt man 5 km in die Berge hinein. Die kleine Platía lädt zu einer Rast ein; von der Taverne hier hat man einen herrlichen Ausblick auf die Küste. Einen Eindruck vom Alltag früherer Zeiten vermittelt das kleine **Heimatmuseum** am nördlichen Ortsrand, in dem Alltagsgegenstände und landwirtschaftliche Geräte des 19. und 20. Jh.s ausgestellt sind.
Wenn man von hier der Straße nach Westen folgt, erreicht man nach etwa zehn Minuten die **Ágios-Ioánnis-Pródromos-Kirche**. Der Weg dorthin lohnt sich schon wegen der zauberhaften Lage des von zwei mächtigen Zypressen gesäumten, archaisch wirkenden Gotteshauses mit Blick auf das Kritinía-Kastell. Die Kirche, deren Dach mit Steinplatten gedeckt ist, stammt aus dem 13./14. Jahrhundert. Im einschiffigen Innern sind zwei Freskenschichten aus der Bauzeit und dem 15. Jh. erhalten.

Heimatmuseum: tgl. 9.30 – 20.00 Uhr | Eintritt frei

In die »Weinhauptstadt« von Rhodos

Émbonas

Émbonas, das Weinbauzentrum der Insel an den Hängen des Atáviros, gehört zum Standardprogramm auf organisierten Inselrundfahrten. Die Dorfbewohner leben von der Landwirtschaft; wichtigste Erzeugnisse sind Wein und Tresterschnaps (Soúma). Frauen verkaufen Stick-, Web-

Vom Turm der Burg Kritinía aus konnten die Johanniter das Meer gut überwachen.

und Häkelarbeiten zweifelhafter Herkunft. An der unteren Platía mit Souvenirgeschäften und Lokalen, wo die Ausflugsbusse halten, herrscht oft entsprechender Trubel. Allerdings gibt es noch einen ländlich geprägten oberen Ortsteil zu entdecken. In einem original eingerichteten Einraumhaus ist das **Volkskundliche Museum** untergebracht.

Volkskundliches Museum: Mitte Juni – Mitte September meist 11.30 – 14.00 Uhr

Atáviros (Ατάβυρος)

Mit wunderbaren Ausblicken belohnt wird, wer den kahlen **höchsten Berg von Rhodos** (1215 m) südlich von Émbonas besteigt. Bei besonders gutem Wetter erkennt man sogar das 240 km entfernte Kreta. Der Aufstieg, für den weder eine Markierung noch ein Weg vorhanden sind, führt über Geröllfelder und dauert mindestens 3 Stunden. Man sollte Wanderschuhe tragen sowie Verpflegung und Trinkwasser mitnehmen. Ratsam ist, die Tour nicht allein zu unternehmen. An bewölkten Tagen ist der Aufstieg zu gefährlich, weil auf dem Gipfel dann dichter Nebel herrscht.

★★ KOLÝMBIA

Griechisch: Κολύμπια

Kolýmbia ist ein sehr legerer, relaxter Urlaubsort. Die mehr in die Fläche als in die Höhe ausgerichteten Hotels halten angenehm weiten Abstand voneinander, und ein fast rechtwinkliges Straßennetz verhindert jedes Sich-verlaufen.

Alle Straßen in Kolýmbia tragen die Namen europäischer Hauptstädte, und als Hauptachse fungiert eine schon von den Italienern gepflanzte, lange Eukalyptusallee. Die Italiener haben den Ort auch als landwirtschaftliches Modellprojekt gegründet, einen historischen Ortskern gibt es darum nicht. Alles ist auf Urlaub abgestellt; die Zahl der Tavernen hält sich wegen der All-inclusive-Programme der Hotels in engen Grenzen. Zum Baden locken unmittelbar am Ort zwei gute Sand-Kiesstrände.

Rund um Kolýmbia

Rast bei den grünen »Sieben Quellen«

Eptá Pigés (Επτά Πυγές)

Das üppig grüne Tal der Eptá Pigés (»Sieben Quellen«) südlich von Kolýmbia begeistert durch seine Vegetation mit Platanen und Pinien. Hier ist es immer angenehm kühl, was die Besucher besonders im

KOLÝMBIA ERLEBEN

NISSAKI €€€
Hier sitzen Sie direkt am Meer und blicken auf die kurze Mole, an der wahrscheinlich auch ein Fischerboot im Wasser dümpelt. Abends brennen Teelichter oder Kerzen auf den Tischen, manchmal treiben auch Lichter auf dem Wasser. Fisch und Meeresfrüchte dominieren das Angebot, darunter auch die kleinen Symi-Krabben, die noch kleiner sind als norddeutscher Granat. Tischreservierung empfohlen.
Kolymbia Beach
Tel. 22 41 05 63 60

PANORAMA €€
Schon am späten Vormittag werden hier die großen Holzkohlengrills aktiviert. Vor allem Fleisch ist angesagt, aber auch Gemüse kommt auf den Rost. Noch besser als das Essen ist der Ausblick auf die Bucht und das Kloster Tsambíka. Nicht zu verwechseln mit der nahen Taverne Panoramic!
Richtung Tsambika

Sommer zu schätzen wissen. An den Ufern des klaren, von einigen aus dem Boden austretenden Quellen gespeisten Baches stolzieren ein paar halbwilde Pfauen auf und ab. Attraktion des beliebten Ausflugsortes ist ein 180 m langer und ca. 1,70 m hoher begehbarer dunkler **Tunnel**, wo man durch knöchelhohes Wasser laufen muss. Er wurde in der Zeit der italienischen Besatzung zur Bewässerung der Ebene von Kolýmbia angelegt. Am Ende des Tunnels wartet ein kleiner hübscher See inmitten einer sanft gewellten grünen Landschaft. Wer das idyllische Bild genießen will, ohne nasse Füße zu bekommen, geht über den Hügel, durch den der Tunnel führt. Die schattige **Taverne** bei den Quellen empfiehlt sich für eine Rast. Von der Straße Kolýmbia – Archípoli führt von einem kleinen Parkplatz ein Fußweg hinauf zu den Eptá Pigés.

Zu einer uralten Platane

Archípoli
(Αρχίπολη)

Fährt man auf die Hauptstraße zurück und weiter in Richtung Archípoli, findet man links oberhalb der Straße die moderne Kirche Ágios Nektários (1966), ein beliebtes Ausflugsziel am Sonntag. Sie ist innen vollständig mit neuen Fresken im traditionellen byzantinischen Stil ausgemalt und teilweise mit Widmungen an Geldgeber versehen, z. B. von deutschen Ärzten. Geweiht ist die Kirche einem der jüngsten Heiligen der griechisch-orthodoxen Kirche, der von 1846 bis 1920 auf der Insel Ägina lebte und wirkte. Vor der Kirche steht eine alte, innen völlig ausgehöhlte **Platane**, die der Legende nach 2500 Jahre sein soll. An der rechten Seite der Kirche führt ein Pfad zu einem **Aussichtspunkt** in wilder Felslandschaft, von dem man weit in die Landschaft blicken kann.

Zurück in die Kindheit

Toy Museum

Am Ortsrand von Archípoli steht rechts der Straße nach Psínthos das private Toy Museum. Auf zwei Etagen zeigt es Spiele und Spielzeug aller Art aus aller Welt, darunter das erste Videospiel überhaupt, Kicker und Flipper, Brettspiele, Puppen und Modellfahrzeuge.

Di. – So. 10 – 16 Uhr | Eintritt: 3 €

Verfallendes ehemals italienisches Dorf

Eleoúsa (Ελεούσα)

In Eleoúsa weiter westlich fühlt man sich wie in einer verfallenden Filmkulisse. 1935 schufen die Italiener hier ein Dorf mit stattlicher Piazza aus dem Nichts und siedelten darin Waldarbeiterfamilien aus dem Trentino an, errichteten eine Polizeistation, ein Sanatorium für Lungenkranke, eine Kirche und sogar ein Marktgebäude. Sie nannten die Siedlung »Campochiaro«. Bis auf die Kirche sind heute nur noch Ruinen da, in denen Neugierige herumstöbern können. Gut gepflegt ist hingegen der runde, wie ein Brunnen gefasste Süßwasserteich am unteren Dorfrand, in dem Kinder im Hochsommer auch schon einmal planschen können.

Unendliche Elternliebe

Ágios Nikólaos Fountoúkli

Mitten in der Waldeinsamkeit steht links der Straße von Eleoúsa zum Profítis Ilías hinauf eine der schönsten byzantinischen Kirchen der Insel. Sie ist dem hl. Nikolaus geweiht und trägt den Beinamen »Fountoúkli« (Haselnüsse) als nähere Ortsbestimmung: Offenbar standen hier einst viele solche Bäume. Die mit dem Gotteshaus verbundene, rührende Geschichte von Elternliebe und Kindestod (▶Magischer Moment) ist der Hauptgrund, hier zu halten. Aber auch ein Picknick kann man am Parkplatz gleich gegenüber gut anrichten und dabei die große Stille genießen. Mit etwas Glück zieht gar eine Ziegenherde direkt an der Kirche vorbei.

Datiert wird der Bau ins 14./15. Jh., nur der Glockenträger ist ein späterer Anbau. Er gehört zum seltenen Typus der Vierkonchenkirche, besitzt also je eine Art Apside auf allen vier Seiten. Die berühmten Fresken mit der Darstellung der Stifter und ihrer Kinder finden Sie in der westlichen Konche.

Tagsüber durchgehend geöffnet | Eintritt frei

Traumhafter, legendenumwobener Strand

Tsambíka-Strand

Dass an einem der schönsten und breitesten Sandstrände der Insel kein einziges Hotel steht, hat der Naturliebhaber der orthodoxen Kirche zu verdanken. Der gehört das mehrere Hundert Meter lange Strandparadies, das im Süden dank kräftiger Sandanwehungen auch noch ein wenig in die Höhe reicht. Da wähnt man sich optisch fast wie vor Dünen. Für gläubige rhodische Christen hat der Strand eine ganz besondere Bedeutung: An ihm loderte der Feuerschein (im rhodischen Dialekt »tsambika«), der zur Auffindung der wundertätigen

LIEBE ÜBER DEN TOD HINAUS

Nur selten erschließen sich in der Kunst Gefühle und Hoffnungen mittelalterlicher Menschen so unmittelbar anrührend wie auf zwei verbleichenden Wandmalereien in der Kirche Ágios Nikólaos Fountoúkli im grünen Binnenland der Insel. Links der Westtür steht ein vornehm gekleidetes Ehepaar von weltlichem Rang. Es hält ein Modell der Kirche in Händen, die sie für das Seelenheil ihrer drei vielleicht an einer Seuche verstorbenen oder verunglückten Kinder gestiftet haben. An der gegenüberliegenden Wand erkennen Sie, was sich die Eltern für diese Toten wünschen: Die Aufnahme ins himmlische Paradies. Da stehen die drei auf dem Fresko schon zwischen Weinreben und Vögeln. Vom Himmel herab segnet sie das Christuskind. Maria und Johannes sind als Fürbitter zugegen.

Ikonen führte. Kommerziell ganz ungenutzt lässt freilich auch die Kirche den Strand nicht. Mehr als eine Handvoll Pächter dürfen Beach Bars betreiben, schon lange gibt es eine Taverne, einen Mini-Markt und eine Wassersportstation. Wer die pralle Sonne scheut, findet an der Zufahrtsstraße weitere, angenehm schattige Tavernen.

Hilfe bei Kinderlosigkeit

Kyrá Panagía Tsambíka (Τσαμπίκα)

Auf Rhodos gehören Tsambíko und Tsambíka zu den häufigsten Vornamen. Wer so heißt, ist in ganz Griechenland eindeutig als Rhodier oder Rhodierin zu erkennen. Auch etwas anderes ist dann klar: Sie waren Wunschkinder, wurden oft erst mehrere Jahre nach der Eheschließung geboren. Die heilige Jungfrau Maria hat durch Vermittlung ihrer Ikone im Kloster Tsambíka daran Anteil gehabt, denn die Mutter war auf den Berg über dem Tsambíka-Strand gepilgert, um dort der Gottesgebärerin ihren Kinderwunsch zu übermitteln, den diese dann erfüllte.
Eine kleine **Kirche** steht noch immer auf dem Gipfel des 220 m hohen Hügels direkt am Meer. Die Nachfolgerinnen der ehemals hier oben siedelnden Nonnen sind in ein neues, modernes Kloster unten an der Hauptstraße gezogen und haben die heilige, wundertätige Marienikone gleich mitgenommen, da sie dort sicherer ist. Nur noch einmal im Jahr – zum großen Marienfest am 7./8. September – nimmt sie ihren angestammten Platz in der Gipfelkapelle ein, ansonsten wird sie dort durch eine Kopie vertreten. Die erfüllt ihre Aufgabe aber auch und ist vor oder nach einem Besuch beim Original noch immer zwingendes Ziel für Pilgerinnen mit Kinderwunsch.
Bis zur Taverne auf halber Höhe können Sie hinauffahren, danach geht es über 306 Stufen auf einem Waldweg zu Fuß bergan. Um Maria zu beeindrucken, tragen manche Frauen dabei nach alter Tradition noch immer einen Sack voller Steine mit sich. Am Kirchlein angekommen, werden nicht nur Kerzen entzündet und Ikonen geküsst, die Frau trägt ihren Kinderwunsch auch in ein offen bereitliegendes Buch ein. Manchmal übernachten die Frauen auch in der Gipfelkapelle, wo in der Nacht vom 7. auf den 8. September besonders viel Kommen und Gehen herrscht.
Die Geschichte von der geheimnisvollen **Auffindung der wundertätigen Marienikone** wird in verschiedenen Versionen erzählt. Eine davon: Ein Mann sah drei Nächte hintereinander am Tsambíka-Strand einen Feuerschein. Schließlich ging er hin – und fand dort die Marienikone. Er gelobte, Maria ein Kloster zu errichten, falls seine Frau endlich schwanger würde. Schon als er wieder nach Hause kam, eröffnete ihm seine Gemahlin, dass er bald Vater würde. Der Mann erfüllte sein Gelöbnis und errichtete die erste Kapelle. Wann das war, weiß niemand mehr genau.
Zufahrt an der Inselrundstraße gut ausgeschildert | Kapelle ständig geöffnet

Neues Tsambíka-Kloster

Das Kloster, dessen Kirche jetzt die wundertätige Marienikone die meiste Zeit des Jahres über beherbergt, wurde zwar schon im 18. Jh. gegründet, gibt sich jetzt aber ganz modern. Nur wegen dieser Ikone lohnt sich der Besuch.
Tagsüber geöffnet

BAEDEKER ÜBERRASCHENDES

6X AUSSICHTSREICH

In die Ferne schweifen

1. AUF DEN UHRTURM

Toll für eine Retrospektive: am Ende des Tages noch einmal über die ganze **Altstadt von Rhodos-Stadt** zu schauen und wiederzuerkennen, wo man Schönes gesehen, gegessen und erlebt hat. (►S. 114)

2. DIE AKROPOLIS VON LÍNDOS

Hier oben ist einfach alles nur Spitze. Auch der Blick auf die weißen Flachdächer des schönsten Inseldorfes, auf seinen Strand und auf die Bucht, in der der Apostel Paulus einst an Land ging. (►S. 76)

3. DAS KREUZ AUF DEM FILERIMOS

Hier können Sie entlang der Westküste von Rhodos-Stadt **bis nach Kámiros schauen**, haben auch Kleinasien und kleine Inseln im Blick. Und den Flughafen erleben Sie fast wie aus dem Cockpit heraus. (►S. 61)

4. WIE IN DEN ALPEN

Zwischen Monólithos und dessen Burg zweigt an einem Verkaufsstand eine Straße ab, die bis nach **Siánna** führt. Fahren Sie sie ganz bis zum Ende des asphaltierten Teils: Sie werden sich in der Almlandschaft vor kahlen Felswänden wie in den Alpen fühlen.

5. DAS KLOSTER TSAMBÍKA

Zu Fuß geht's hinauf. Als Belohnung winkt auch der Blick entlang der strandreichen Ostküste von Faliráki bis nach Líndos im Süden. Der besonders schöne **Tsambíka Beach** liegt Ihnen direkt zu Füßen. (►S. 72)

6. SÝMI VON OBEN

Der Anblick Sýmis vom Wasser aus ist schon ein großes Erlebnis. Gehen Sie die **Kalí Stráta** ins Oberdorf hinauf, sehen Sie das bildschöne Städtchen dann auch noch von oben. (►S. 133)

★★ LÍNDOS

Griechisch: Λίνδος | **Einwohnerzahl:** 900

F 4

Beim ersten Anblick von Líndos tritt jeder unweigerlich auf das Bremspedal. Es ist auch gleich ein Parkplatz da, um ihn für ewig zu digitalisieren. Hinter dem stillen Wasser einer weiten, felsigen Bucht steigen von einem goldenen Sandstrand aus die weißen Flachdachhäuser des Dorfes Líndos einen Hang hinauf, legen sich als lichter Gürtel um die Nordseite des Burgberges. Darüber thront eine mächtige Kreuzritterburg. Wer genau hinschaut, erkennt hinter den kriegerischen Gemäuern die Säulen eines ganz zierlichen Tempelchens, das einst der Stadtgöttin Athena Lindia geweiht war.

Aus einem anderen Blickwinkel

Diese Symphonie aus 2500 Jahren Geschichte und menschlichem Leben gilt es zu erkunden – am besten einen ganzen Tag und Abend lang! Auch für ein Bad bleibt dabei Zeit. Am aussichtsreichsten schwimmt man dabei auf der Rückseite der Akropolis, wo einst der Apostel Paulus rhodischen Boden betrat: Da hat man Burg und Tempel noch einmal aus einem anderen Blickwinkel vor Augen.

Erst mal planen

Linien- und Ausflugsbusse halten an der Umgehungsstraße. Von dort fährt ein Shuttle Bus ins knapp zehn Gehminuten entfernte Ortszentrum, zur Platia Eleftherias, hinab. Auch wer mit dem Mietfahrzeug kommt, parkt am besten hier oben, denn an der Straße zur Platia und weiter zum Main Beach hinab sind die gebührenpflichtigen Parkmöglichkeiten äußerst knapp. Taxis bringen ihre Gäste direkt zur Platía Eleftherías. Dort gibt es einen den ganzen Tag über geöffneten Informationskiosk, wo man sich auf jeden Fall der aktuell gültigen Öffnungszeiten von Akropolis und Panagía-Kirche versichern sollte.
Vom Informationskiosk aus führt eine Fußgängern vorbehaltene Gasse ins **Dorfzentrum** mit der Panagía-Kirche. Sie wird von Geschäften und kleinen Cafés gesäumt, die täglich Unmengen von Orangen zu Saft pressen. Gleich rechter Hand warten die Esel und Maultiere von Líndos sowie deren Treiber auf Kundschaft, die zur Akropolis hinaufreiten will. Der gültige, nicht verhandelbare Festpreis ist auf einer Tafel angeschlagen (aufwärts 8 €, abwärts 7 €).
Am Zugang zur Panagía-Kirche teilt sich die Hauptgasse. Weiter geradeaus führt sie zum Main Beach hinunter, rechts steigt sie dorfeinwärts ganz leicht bergan und erreicht schließlich im Südosten des Dorfes wieder die Umgehungsstraße. Von beiden Gassen aus ist der Fußweg hinauf zur Akropolis gut ausgeschildert.
Einen Besuch der Akropolis sollte man auf jeden Fall an den Beginn seines Líndos-Aufenthalts legen. Je früher man oben ist, desto weni-

Hinreißender Anblick: Líndos spiegelt sich im Meer.

ger andere Urlauber sind da. In den Dorfgassen herrscht tagsüber oft dichtes Gedränge, vor allem, wenn gerade viele riesige Kreuzfahrtschiffe im Hafen der Inselhauptstadt angelegt haben. Vor 10 und nach 17 Uhr sind die modernen Kreuzfahrer aber meist wieder weg, und die Abende in Líndos gehören ganz denen, die einmal auf das gebuchte Abendessen im eigenen Hotel verzichten. Der Lohn dafür könnte ein Dinner auf dem Dach eines alten **Kapitänshauses** mit Blick auf die angestrahlte Akropolis und die vom Mond beschienenen Dächer des Dorfes sein.

Líndos in der Vergangenheit

Bereits im 2. Jt. v. Chr. wurde vermutlich in einer Höhle unterhalb des Athena-Lindia-Tempels die Göttin Lindia verehrt, deren Name auf eine Herkunft aus Kleinasien schließen lässt. Später wurde der Kult auf den über der Grotte gelegenen Platz auf der Akropolis verlegt, wo man einen Tempel für die Göttin errichtete. Nach der dorischen Einwanderung um 1000 v. Chr. verband sich offensichtlich dieser Kult mit dem mitgebrachten der Göttin Athena zur **Athena Lindia**. Der Ort entwickelte sich zu dem mächtigsten der drei Stadtstaaten von Rhodos, der den ganzen Süden der Insel umfasste. Ab Ende des 8. Jh.s v. Chr. gründeten die Lindier bereits Kolonien, z. B. Gela auf der Insel Sizilien. Líndos war ein bedeutendes See- und Handelszentrum, dessen Blüte in die Herrschaftszeit des Tyrannen **Kleoboulos** im 6. Jh. v. Chr. fiel.

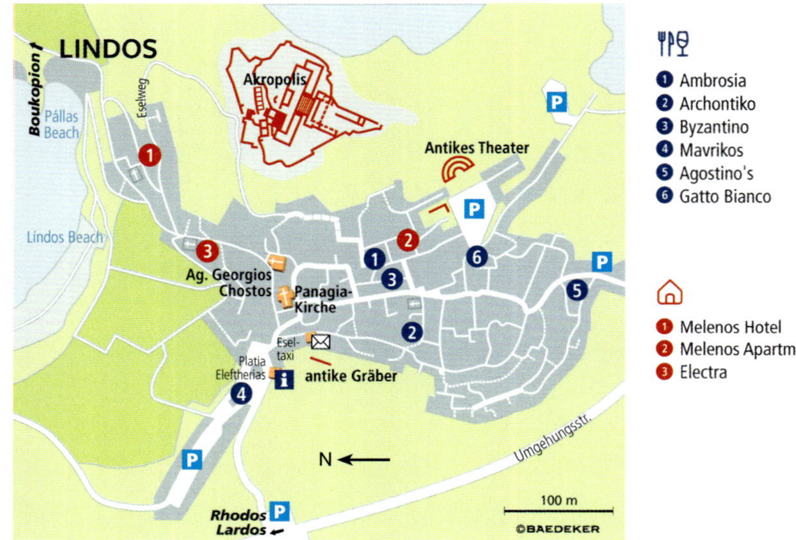

Infolge der persischen Invasion Anfang des 5. Jh.s v. Chr. setzte der Niedergang der Stadt ein, und mit der Gründung von Rhodos-Stadt 408 v. Chr. verlor Líndos seine politische und wirtschaftliche Bedeutung, blieb jedoch ein wichtiges Kultzentrum. Seit dem 6. Jh. gab es auf der Akropolis eine Burg, die von den Johannitern 1312 ausgebaut und 1522 zur türkischen Festung umfunktioniert wurde. Wohlstand erlangte Líndos im 17. und vor allem im 18. Jh. durch die Handelsschifffahrt. Im 19. Jh. setzte allerdings wieder ein Niedergang ein. Heute lebt die Stadt hauptsächlich vom Tourismus.

 Akropolis

Mai – Aug. 8 – 19.40 Uhr, dann bis Ende Okt. alle 15 Tage 30 Min. kürzer, Eintritt: 12 €, Nov. – April Mi. – Mo. 8.30 – 14.40 Uhr, Eintritt: 6 €

Mit Athen vergleichbar?

»Oberstadt«

Nicht nur Athen kann sich einer Akropolis rühmen. Der Name bedeutet ja nur schlicht »Oberstadt«, und die besaß fast jede antike griechische Siedlung. Fast so eindrucksvoll wie die der griechischen Hauptstadt ist allerdings nur die von Líndos. Menschen aus zweieinhalb Jahrtausenden haben ganz wesentlich an ihr gebaut. Zwei Epochen waren besonders prägend: Die hellenistische Zeit und die Zeit der Johanniterritter. Am besten schlüpfen Sie bei der Besichtigung in

LÍNDOS ERLEBEN

❶ AMBROSIA €€€€
Georgios Katsaras hat in seinem feinen Restaurant in einem historischen Haus nur 12 Tische und kann noch nicht einmal eine Dachterrasse sein eigen nennen. Trotzdem gilt das Lokal auf führenden Bewertungsportalen als die Nummer eins im Ort. Weiße Tischdecken und Prosecco zur Begrüßung sind Standard, die Küche gehoben mediterran und der Service professionell. Reservierung wird empfohlen!
Im Dorfzentrum
Tel. 22 44 03 18 04

❷ ARCHONTIKO €€€
Auf hohem Niveau kochen auch Dimitri und sein Sohn Savas in einem alten Kapitänshaus, das romantische Plätze im kleinen Innenhof und auf verschiedenen Stufen der Dachterrasse bietet. Im Innenraum steht auch eine traditionelle lindische Empore, ein »soufás«, für Gäste zur Verfügung, die diesen Tisch rechtzeitig reserviert haben.
Odos Agiou Pavlou 488
(Im oberen Teil der Hauptgasse)
Tel. 22 44 03 19 92
www.archontikolindos.com

❸ BYZANTINO €€€
Speisen mit Akropolisblick? Hier ist es möglich. Eine Spezialität sind die Steaks von Fleisch und Fisch, aber auch ein typisch griechisches Kaninchen-Stifádo steht auf der Karte. Reservierung empfehlenswert!
An der Hauptgasse
Tel. 69 48 41 73 13

❹ MAVRIKOS €€€
Die Brüder Dimítris und MIchális Mávrikos führen das schon in den 1930er-Jahren gegründete Restaurant nun in dritter Generation. Die Gäste sitzen auf einer großen Terrasse am Dorfplatz mit fantastischem Meerblick und genießen eine zwar etwas verfeinerte, aber doch bodenständige Küche. Viele berühmte Menschen waren hier schon zu Gast, wie sich leicht dem Gästebuch entnehmen lässt. Super schmecken auf jeden Fall das Lamm aus dem Backofen und der Schwertfisch in Kapernsoße.
Platia Eleftherias
Tel. 22 44 03 12 32

❺ AGOSTINO´S €€
Die Taverne liegt etwas abseits vom Trubel und gibt sich nicht ganz so fein wie die mitten im Ort. Das Essen ist authentisch griechisch, der Blick aufs Dorf und die Akropolis wird hier erfreulicherweise nicht auf den Preis aufgeschlagen.
Am obersten Ende der Hauptgasse
Tel. 22 44 03 12 18

❻ GATTO BIANCO €€
Im wahrscheinlich besten italienischen Restaurant der Insel stehen ausschließlich Italiener an den Kochtöpfen und am Holzbackofen für die Pizza. Viele Plätze eröffnen einen schönen Blick auf die Akropolis.
Am Platz gegenüber dem antiken Theater.
Tel. 22 44 03 16 12

In Líndos selbst gibt es keine größeren Hotels, sondern eine Luxusherberge und mehrere kleine Pensionen. Die von manchen Reiseveranstaltern unter der Ortsangabe Líndos aufgeführten Großhotels liegen zumeist weit außerhalb des Ortes an der Vlícha-Bucht oder an der Straße nach Péfki.

1 MELENOS LINDOS HOTEL €€€€

Als eines der besten Hotels der ganzen Insel ist das exklusive Melenos Lindos Hotel Mitglied der Small Luxury Hotels of the World. Über ein Dutzend Jahre hat der gebürtige Lindier Michalis Melenos zusammen mit der Architektin Anastasia Papaioanou und dem in Líndos wohnenden Künstler Donald Green auf die Gestaltung der Anlage im Stil des 17. Jh.s verwendet. Modernste Technik paart sich hier mit der Arbeit von Kunsthandwerkern aus Líndos, der Türkei und Marokko. Ein Gourmet-Restaurant gehört ebenso zu diesem Luxushotel wie ein lauschiger Garten.
Etwas oberhalb des Weges zum Pállas Beach am oberen Dorfrand
Tel. 22 44 03 22 22
www.melenoslindos.gr

2 MELENOS APARTMENTS €€

Schlicht, aber funktional möblierte Studios an einem kleinen Innenhof mitten im Dorf zu einem äußerst angemessenen Preis - für alle, die gern mittendrin sind.
www.melenos-apartments.com

3 ELECTRA €

Die sehr einfache, schon ältere Pension liegt ideal zwischen Ortszentrum und Strand. Die Studios sind schlicht, aber sauber. Garten und Terrasse laden zum Entspannen ein.
Nahe der Gasse hinunter zum Pallas-Strand
Tel. 69 34 56 20 72
www.electra-studios.gr

---

zwei Rollen: die eines Pilgers vor etwa 2150 Jahren und die eines Johanniterritters vor etwa 520 Jahren. Dann erwachen die toten Steine mit nur wenig Fantasie wieder zum Leben!

Beginn mit der Antike

Vorplatz

Vom Kassenhäuschen führen einige Treppen auf einen kleinen Platz mit drei Zisternen unbekannten Alters und den spärlichen Überresten einer Burganlage aus byzantinischer Zeit. Sie ist in jene Epoche datierbar, weil ihre Fugen mit Splittern von Ziegelsteinen gefüllt sind. Als alten, heidnischen »Kram« haben die Ritter wahrscheinlich betrachtet, was die Antike an diesem Platz hinterließ: einen aus dem Fels herausgearbeiteten halbrunden Stufenbau, eine Exedra, auf der in der Antike dem Athena-Heiligtum geweihte Statuen und andere Opfergaben standen. Kunsthistorisch weitaus wertvoller ist das **Felsrelief** dicht daneben: Es zeigt das Heck eines antiken Kriegsschiffes, einer Triere, und war dem lindischen Admiral Hegesandros von Milion gewidmet, der im 2. Jh. v. Chr. erfolgreich die Piraterie entlang der Handelswege der Rhodier bekämpfte. Auf dem dazugehörigen, leicht auskragenden Felsblock stand wohl seine Statue als besondere Ehrung.

Dunkle Ritterburg

Ritterbauten

Vom Vorplatz führt eine steile moderne Treppe zum Burgeingang hinauf. Parallel zu ihr sind noch die Überreste der Treppe aus der Ritterzeit gut erkennbar.

Die Akropolis von Líndos lohnt schon allein wegen des überwältigenden Ausblicks.

Am oberen Ende der modernen Treppe betreten Sie nun das Hauptgebäude der Ritterzeit, in dem eine heute nicht mehr begehbare Wendeltreppe ins Obergeschoss führte. Die Räume im Untergeschoss dürften als Magazine, die im Obergeschoss als Wohn- und Amtsräume der Ritter gedient haben. Insgesamt dürfte es in der Burg recht dunkel gewesen sein – sie war ja vor allem Verteidigungsbau. Zur Burg gehörte natürlich auch eine dem Ordenspatron Johannes geweihte Kirche, in diesem Fall eine Mischform aus Basilika und Kreuzkuppelkirche. An der Verwendung von Ziegelsplit erkennbare Mauerreste stammen noch von einem byzantinischen Vorgängerbau.

Ausgefeiltes Gesamtkonzept

Hellenistische Schauarchitektur

Ganz anders als die stets von Feinden bedrohten Ritter suchten die Linder der Antike das Licht und großzügige Weite. Insbesondere im Zeitalter des Hellenismus wurden viele Heiligtümer in Griechenland umgestaltet und erweitert zu repräsentativen Anlagen, die Macht und Wohlstand zur Schau stellen sollten. Es wurde nicht mehr gestückelt wie noch auf der Athener Akropolis, sondern ein architektonisches Gesamtkonzept entworfen, in dem Symmetrie, Dramaturgie und harmonische Proportionen eine wesentliche Rolle spielten. Das war auch auf der Akropolis von Líndos der Fall. Der antike Pilger wur-

LINDOS AKROPOLIS

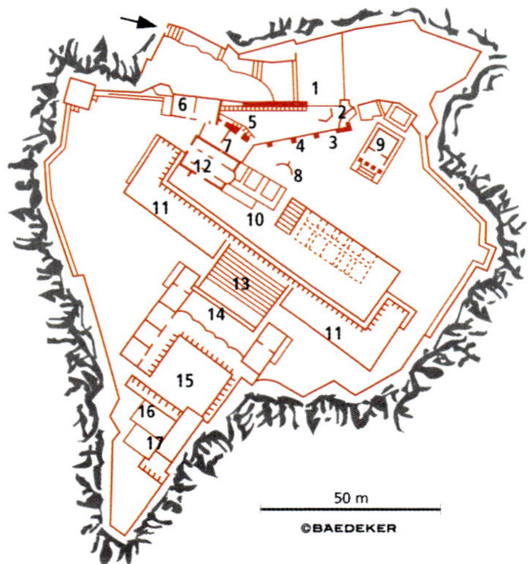

1 Zisternen
2 Byzant. Turm
3 Exedra
4 Schiffsrelief
5 Treppe
6 Rittergebäude
7 Gewölbe
8 Exedra
9 Psithyros-Tempel
10 Unterbau
11 Stoa
12 Burgkirche
13 Freitreppe
14 Propyläen
15 Hof
16 Säulenhalle
17 Tempel der Athena Lindia

de von nun an auf den Athena-Tempel als zentrales Heiligtum hinaufgeleitet, emotional eingestimmt auf die Annäherung an die Göttin. Von einem lang gestreckten Vorplatz aus schreitet der Pilger über eine noch relativ schmale Freitreppe zu einer um 200 v. Chr. erbauten **Stoa** hinauf, von deren einst 42 Säulen heute dank der Restaurierungen wieder etwa die Hälfte aufrecht steht. Hier konnten die Pilger ihre Weihegeschenke an die Göttin deponieren.

Die wertvolleren blieben lange stehen, andere wurden schon nach kurzer Zeit wieder entfernt. Hinter den mittleren acht Säulen der Stoa war die Rückwand durchbrochen. Hier nahm eine breite Freitreppe ihren Anfang, die zu den Propyläen, dem Torbau zum innersten Heiligtum, hinaufführte. Sie waren schon etwa 70 Jahre vor der Stoa errichtet worden. Der heutige Besucher sieht von hier aus schon den Athena-Tempel, dem antiken Pilger war dieser Blick durch den Torbau zunächst versperrt. Er sollte ja die Spannung, die innere Erregung steigern, jetzt dem Ziel der Pilgerschaft schon so nahe zu sein. Nur zu bestimmten, sehnsüchtig erwarteten Zeiten öffneten die Priester wohl eine oder mehrere der fünf Türen des Dreiflügelbaus.

Opfergaben für die Göttin

Athena-Tempel

Ursprünglich stand dieser Tempel ganz allein auf dem höchsten Punkt der Akropolis. Im 2. Jh. v. Chr. genügte das dem ästhetischen Empfinden nicht mehr, das Tempelplateau wurde nun von einer zweiflügeligen Säulenhalle flankiert. Im Innern des kleineren Tempels residierte die Göttin in Gestalt einer überlebensgroßen Statue aus Holz, Gold und Elfenbein. Dieser Tempel war um 310 v. Chr. erbaut worden. Ob die Pilger die Cella mit der Statue betreten durften, weiß man nicht. Auf jeden Fall aber konnten sie auf einem vor dem Tempel gelegenen Altar zusammen mit Priestern ihre Tieropfer darbringen. Das Fleisch wurde dann geteilt: Ein Teil wurde für die Göttin verbrannt, weitere Teile erhielten die Priester und die Pilger selbst.

Spektakulärer Panoramablick

Ausblick

Der heutige Besucher gibt sich mit einem ganz anderen Genuss hier oben zufrieden: Dem des prächtigen Rundumblicks auf die beiden Buchten zu Seiten der Akropolis, das offene Meer und die Dächer der weißen Häuser von Líndos. Daran kann man sich eigentlich gar nicht sattsehen.

Wohin noch in Líndos?

Heilige und Himmel

★★ Panagía-Kirche

Die Marienkirche von Líndos ist innen vollständig im klassischen byzantinischen Stil ausgemalt, die Malereien sind ausgezeichnet und ganz klar erkennbar. Deswegen ist sie besonders gut dafür geeignet, in die Glaubens- und Vorstellungswelt orthodoxer Christen vergangener Zeiten einzutauchen und nachzuempfinden, was ihnen Himmel und Heilige bedeuteten (►Das ist Rhodos S. 16). Die im 14. Jh. Mariä Entschlafung geweihte, 1490 restaurierte und erweiterte Kirche gehört zum Typus der spitztonnigen Kreuzkuppelkirchen mit hohem, achteckigem Tambour. Der frei stehende Glockenturm ist eine Zutat des 19. Jh.s. Er steht allerdings auf einer Basis, die mit zwei Kreuzritterwappen verziert ist und somit wohl aus der Ritterzeit stammt. Die reich vergoldete Ikonostase, der holzgeschnitzte Bischofsthron und die Kanzel mit den Ikonen der vier Evangelisten sind Werke des 17. Jh.s. Den Boden der Kirche bildet ein typisch rhodisches Kieselsteinmosaik mit stark dreidimensional wirkenden Zickzackbändern. Die Fresken malte 1779 ein gewisser Georgios von der Insel Sými. Wer sich noch intensiver mit sakraler Kunst beschäftigen möchte, kann noch das angegliederte kleine **Museum** aufsuchen. Hier sind liturgisches Gerät, alte Bibeln und Ikonen ausgestellt.

Kirche: Dorfzentrum, tgl. 9 – 18 Uhr (eventuell kurze Mittagspause) | Eintritt: 3 € | Fotografieren innen verboten
Museum: Tgl. 9 – 15 Uhr | im Kircheneintritt inklusive

ANTIKE IM MONDSCHEIN

Abends sind die Urlaubermassen aus den Gassen von Líndos verschwunden. Nun wird es erst richtig schön. Restaurants in alten Kapitänshäusern öffnen ihre Pforten, servieren feine Küche auf Dachterrassen mit Akropolis-Blick. Der Fels und die Mauern der Johanniterfestung sind angestrahlt, über sie hinweg schauen die Kapitelle der Säulen vom Athena-Tempel. Der Mond taucht das Meer in ein Zauberlicht – und weit und breit ist kein Auto zu hören.

Kunstvolle Häuser von reichen Händlern

Kapitänshäuser

Die Kapitäne von Líndos waren meist auch zugleich die Schiffseigner und oft sogar Kaufleute. Nach dem Abzug der Johanniterritter bauten sie eine starke Flotte auf, die im ganzen östlichen Mittelmeer unterwegs war und Handel trieb. Das brachte Wohlstand nach Líndos. Er manifestierte sich häufig in stattlichen Häusern, wie es sie sonst in Griechenland kaum ein zweites Mal gibt: den Kapitänshäusern. Von den ersten Häusern blieb keines erhalten, da ein Erdbeben sie 1610 zerstörte. Die heutigen stammen überwiegend aus dem 17. und 18. Jahrhundert.

Die Gebäude sind aus weichem Porosstein errichtet. Fassaden, Tür- und Fensterrahmen schmücken Flechtbänder und Reliefs mit frühchristlichen und maurischen Motiven, Kreuzen, Phönixen und Pfauen, Amphoren und doppelköpfigen byzantinischen Adlern. Die Räu-

me gruppieren sich um einen offenen Hof, der zur Straßenseite hin geschlossen und mit Kieselsteinmosaiken bedeckt ist. Gegenüber dem Hofeingang liegt immer die Sála als größter Raum des Hauses, der den Reichtum des Besitzers bezeugte und in dem Gäste empfangen wurden. Auf einer niedrigen hölzernen Empore, dem Soufás, schliefen nachts der Hausherr und seine engste Familie, der Unterbau diente als Lagerraum. Rhodische Keramikteller und Mitbringsel von den Handelsreisen zierten die Wände.
Kein einziges Kapitänshaus in Líndos ist zum Museum geworden. Einige der alten Häuser sind zu Ferienhäusern geworden, in anderen haben sich Restaurants angesiedelt. Viele sind heute weiß gekalkt. Einzelne der typischen Elemente sind aber über das ganze Dorf verstreut. In der Captain's House Bar am Weg hinauf zur Akropolis (Odos Akropoleos 243, tgl. ab 10 Uhr) können Hausgäste eine besonders schöne Fassade bewundern und auch in eine leicht museal hergerichtete Sála hineingehen.

Zum Vergnügen des Publikums

Theater, Terastoon

Von der antiken Stadt Líndos unterhalb der Akropolis konnten Archäologen nur wenig ans Licht bringen, denn die sicherlich vorhandenen antiken Spuren liegen unter der jetzigen Bebauung. Im südöstlichen Teil des Ortes sind allerdings noch die Reste eines antiken **Theaters** wahrscheinlich aus dem 4. Jh. v. Chr. erhalten, das aus dem Felshang herausgearbeitet wurde und 1800 Zuschauern Platz bot. Das Theater verfügte über eine kreisförmige Orchestra und ein davor liegendes Bühnenhaus.
Das Tetrastoon, die große Säulenhalle links vor dem Theater, war als **Aufenthalts- und Festraum** für ebenfalls 1800 Zuschauer ausgelegt. Es besaß vier geschlossene Außenwände und einen großen Hof. Das Theater und Tetrastoon standen wohl im Zusammenhang mit den dionysischen Festen in Líndos.
An der Ostseite des Tetrastoons sieht man die wenigen **Fragmente einer frühchristlichen Kirche**. Hier fand man die bedeutende lindische Tempelchronik, die heute im Kopenhagener Nationalmuseum aufbewahrt wird.

Auch Badevergnügen

Pállas-Bucht

Ágios-Pávlos-Bucht

Auch auf Badefreuden braucht man in Líndos nicht zu verzichten. Unterhalb des Ortes erstreckt sich die schöne Pállas-Bucht mit dem Main Beach und dem kleineren Pállas Beach, bei dem auch die Ausflugsboote von Rhodos-Stadt, Faliráki und Kolýmbia anlegen. Auf der Rückseite der Akropolis bietet zudem die herrliche Ágios Pávlos-Bucht einen winzigen Sandstrand mit horrenden Preisen für Liegen und Schirme. Hier soll der **Apostel Paulus** an Land gegangen sein, um die Bewohner von Líndos zum Christentum zu bekehren. Zur Erinnerung daran wurde in der Bucht eine Kapelle errichtet.

In der Ágios-Pávlos-Bucht soll der Apostel Paulus gelandet sein.

Nicht das Grab des Tyrannen

Grab des Kleoboulos

Wenn die Sonne nicht allzu stark brennt, kann man auch eine völlig schattenlose Wanderung zum sogenannten Grab des Kleoboulos im Nordosten der Pallas-Bucht unternehmen. Der Rundbau hat allerdings nichts mit dem Tyrannen Kleoboulos zu tun, sondern stammt wahrscheinlich aus hellenistischer Zeit. Er weist einen Durchmesser von 9 m auf. Auf einem runden Sockel erheben sich drei unterschiedlich hohe Quaderschichten bis zu dem etwas hervortretenden Gesims. Der Eingang im Nordwesten führt in die Grabkammer, die von einem sogenannten falschen Gewölbe aus vorkragenden Steinlagen bedeckt ist. Die apsisähnliche Ausbuchtung an der hinteren Seite macht deutlich, dass das Grab später als Kirche genutzt wurde.

Rund um Líndos

Gut als Badeort geeignet

Péfki (Πεύκοι)

Die Feriensiedlung Péfki ist Ende der 1980er-Jahre entstanden. In den letzten Jahren kam es zu einem regelrechten Bauboom auf touristischem Gebiet: Hotels, Apartmenthäuser, Geschäfte, Restaurants und Bars entstanden. Der Ort eignet sich gut für einen Badeurlaub, denn die touristischen Highlights von Péfki sind sein **Sandstrand** und viele kleine Badebuchten.

Schwarze Gegend

Lárdos (Λάρδος)

Nach dem in der Gegend häufig vorkommenden, inseltypischen schwarzen Granit wurde Lárdos in einer fruchtbaren Küstenebene benannt. Um die Platía gruppieren sich Kafenía und Tavernen mit einfacher guter Küche. Empfehlenswert zum Baden ist der Sandstrand Glístra (4 km südlich), der noch weitgehend unverbaut ist.

Einsame Landschaft

Láerma (Λάερμα)

Die 13 km lange, nach Nordwesten verlaufende Straße von Lárdos nach Láerma führt durch eine beeindruckende Landschaft. Láerma ist einsam inmitten von Olivenhainen und Getreidefeldern eingebettet. Die meisten Urlauber, die hierherkommen, sind am Kloster Thári interessiert. Das Dorf selbst hat vor allem eine gute Taverne zu bieten: Im Tákis direkt an der Dorfkirche zaubert ein gut Deutsch sprechender Koch täglich wechselnde, kreativ interpretierte rhodische Gerichte auf die Tische.

Heilung einer Prinzessin

Thári (Θάρι)

Die Gründung des Klosters Thári, das dem Erzengel Michael geweiht ist, geht auf eine **Legende** zurück: Eine Prinzessin aus Konstantinopel, die an einer unheilbaren Krankheit litt, war nach Rhodos gekommen, um in Einsamkeit zu sterben. Im Traum erschien ihr der Erzengel Michael und sagte: »Echis thari (habe Mut), du wirst gesund.« Nach ihrer Genesung gründete die Prinzessin aus Dankbarkeit das Kloster. Heute leben in dem Kloster wieder Mönche, die auch karitativ tätig sind.

Einen malerischen Anblick bietet die in verschiedenen Bauphasen entstandene Kirche in dem mit Blumen geschmückten Klosterhof. Der Altarraum mit einer außen dreiseitig ausgebildeten Apsis geht wahrscheinlich auf das 13. Jh. zurück, während der Kuppelraum mit kurzen Querarmen vermutlich im 14./15. Jh. und das tonnengewölbte Langhaus wohl im 17. Jh. angefügt wurden. Besonders schön ist die Tambourkuppel mit Blendarkaden und konchenförmigen Nischen. Von den **Fresken** in der Kirche stammen die ältesten aus dem frühen 14. Jh., zum größeren Teil jedoch aus dem Jahr 1506 und die restlichen von 1620. Sie stellen im Langhaus Heilige und Kirchenväter sowie Szenen aus dem Leben Christi dar. Von der Ausstattung sind zudem die monumentale Erzengel-Michael-Ikone rechts im Kuppelraum und die prächtig geschnitzte Ikonostase bemerkenswert.

Tgl. meist 8.00 Uhr bis Sonnenuntergang

Eine andere Welt

Ipsení (Ιψενή)

Nur wenige Kilometer landeinwärts von der Hauptstraße kann man Rhodos von einer ganz anderen Seite erleben und die Abgeschiedenheit in einer fast unberührten waldreichen Landschaft genießen. Dazu lädt auch der kleine gepflegte Hof des Klosters Ipsení (19. Jh.)

ein, der mit Chochláki-(Kieselstein-)Pflaster belegt sowie mit Orangenbäumen und Blumen bepflanzt ist. Die Klosterkirche geht auf das Jahr 1855 und der Glockenturm erst auf 1963 zurück.
Mai - Okt. 9.00 - 13.30, 17.00 - 20.30, Nov. - Apr. 9.00 - 13.30, 16.30 - 19.00 Uhr

Vor allem All-inclusive-Tourismus

Kiotári (Κιοτάρι)

In Kiotári (10 km südlich von Lárdos) ist in den beiden letzten Jahrzehnten eine ganze Reihe großer All-inclusive-Hotelanlagen entstanden. Weil deren Gäste wenig Geld außerhalb der Hotels ausgeben, hat die Entwicklung neuer Tavernen und Geschäfte mit den steigenden Übernachtungszahlen nicht Schritt gehalten. Vielfältig ist jedoch das Wassersportangebot entlang des langen, zumeist grobsandig-kiesigen Strandes. Bestes Restaurant vor Ort ist die Taverne Mourella an der Uferstraße.

Kunsthistorisches Kleinod

Asklipío (Ασκλιείο)

Die Hauptattraktion von Asklipío westlich von Kiotári ist die mächtige **Kirche Kímisis tis Theotókou** (»Mariä Entschlafung«) in der Dorfmitte, eines der bedeutendsten Gotteshäuser von Rhodos. Der Kirchplatz ist mit einem typisch rhodischen Chochláki-(Kieselstein-)Boden belegt. Das Gotteshaus auf lateinischem Kreuzgrundriss wurde wohl eher im 13. oder 14. Jh. erbaut als 1060, wie über dem Westeingang steht. Im 17./18. Jh. kamen an den Seiten des spitztonnigen Langhauses zwei rechteckige, mit starken Kreuzrippengewölben versehene Räume hinzu. Den Vierungsraum schließt eine Kuppel ab. Im 17. Jh. – zwei Stifterinschriften nennen die Jahreszahlen 1646 und 1677 – wurde der Innenraum ganz mit Fresken ausgemalt. Einer näheren Betrachtung wert sind die Darstellungen aus dem Leben Christi und der Muttergottes und im südlichen Querarm seltene Szenen aus der Apokalypse. Gezeigt werden dabei beispielsweise die vier Apokalyptischen Reiter und der aus der Tiefe der Erde aufsteigende Antichrist. Den Altarraum trennt eine prächtig geschnitzte Ikonostase ab. In dem kleinen **Museum** neben der Kirche sind sakrale Gegenstände, Bibeln und Ikonen ausgestellt. Außerdem wird das bäuerliche Leben anhand von landwirtschaftlichen Geräten lebendig.
Von der wahrscheinlich aus dem 15. Jh. stammenden **Burg** auf einem Felsen über dem Dorf sind noch geringe Mauerreste erhalten.
Museum: tgl. 9.00 - 18.00 Uhr; Eintritt: 2 €

Noch recht ruhiger Ferienort

Gennádi (Γεννάδι)

Der südlichste Ferienort an der Ostküste ist Gennádi. Trotz des langen Sandstrandes hat es noch keine Touristenströme angezogen, wodurch der Ort (bisher) recht ruhig und unspektakulär geblieben ist. Einzige Attraktion in Gennádi ist die wohl originellste Beach Bar der ganzen Insel, das Mojito.

6X UNTERSCHÄTZT

Genau hinsehen, nicht daran vorbeigehen, einfach probieren!

1. BILDERSTÖCKE AM STRASSENRAND

Bilderstöcke stehen häufig am Straßenrand. Jeder ist individuell gestaltet – schauen Sie doch einfach mal rein. Häufig finden Sie darin leere Schnapsflaschen, darin wird Öl fürs Ewige Licht aufbewahrt.

2. UHREN-RECYCLING

Defekte alte Uhren gehören nicht in den Müll. Zumindest nicht für den Juwelier **Nikos Vassilaras** in der Omirou 42 in der Altstadt von Rhodos: Der verarbeitet sie zu modischen Schmuck-Unikaten.

3. PLÜSCHIGE KUSCHELTIERE

Viele Rhodier sind leidenschaftliche Sammler. Der Betreiber des **Fun Trains** von Kiotári zum Beispiel liebt Plüschtiere aller Art. Damit dekoriert er seinen Minizug auf Gummirädern, dem Sie bestimmt begegnen werden. (►**S. 86**)

4. FLEISSIGE BIENEN

Die vielen bunten Bienenstöcke auf den Feldern und in den Wäldern sind sicherlich fotogener als die moderne Imkerei von Pastisáda, aber nirgends sonst erfahren Sie mehr über die Bienenzucht als dort. (►**S. 130**)

5. EIGENE VERGANGENHEIT

Im mit viel Liebe gestalteten **Toy Museum** von Archípoli finden auch Sie sicher Spielzeuge und Spiele wieder, die Sie in Ihrer Kindheit geliebt haben. Mit manchen darf man hier sogar wieder spielen (►**S. 70**)

6. MUSEUMSGARTEN

Reisegruppen können zwar im Archäologischen Museum in Rhodos-Stadt nerven, doch dem Museumsgarten schenken Sie keine Aufmerksamkeit. Da können Sie gut chillen und nebenbei Kunstwerke von Rang in aller Stille betrachten. (►**S. 108**)

★★ PETALOÚDES

Mitte Juni – Mitte Sept. tgl. 8 – 19 Uhr, sonst bis Sonnenuntergang
Eintritt: Mitte Juni – Mitte Sept. 5 €, April – Mitte Juni und Mitte Sept. – Okt. 3 €, im Winter frei (jeweils inklusive Museum)

Der israelische Satiriker Ephraim Kishon (1924 – 2005) hat schon vor 50 Jahren das Schmetterlingstal von Rhodos einem vor allem deutschen Publikum bekannt gemacht. Unter dem Titel »Im Tal der Millionen Schmetterlinge« beschrieb er da, dass er so gut wie keinen dort gesehen habe. Aber wahrscheinlich kam er zur falschen Jahreszeit. Wer heute im Juli und August dorthin fährt und das üppig grüne Tal durchwandert, wird Zehntausende von ihnen vorfinden.

Unzählige Schmetterlinge

Die Fahrt zum Tal von Petaloúdes lohnt aber auch in den restlichen Sommermonaten allein der schönen Landschaft wegen. Und außerdem locken ganz in der Nähe auch noch ein kleiner Zoo und ein exzellentes Weingut, durch das man bei rechtzeitiger Anmeldung sogar reiten kann.

Auf bequemen und schattigen Wegen

Spaziergang durchs Tal

Das Schmetterlingstal besitzt drei Eingänge. Um den Andrang von Busgruppen zu vermeiden, betritt man es am besten bei der einzigen Taverne im Tal am unteren Eingang und läuft so weit über den mittleren Eingang hinweg weiter, wie man Lust hat. Geht man bis ganz bis zum oberen Eingang und auf gleichem Weg zurück, benötigt man dafür etwa 80 bis 100 Minuten. Das Tal ist durch einen gepflegten Weg mit vielen Stufen und einigen hölzernen Brücken gut erschlossen und dank eines dichten Blätterdachs auch im Hochsommer noch angenehm begehbar. Eine Flasche Wasser sollte man aber mitnehmen.

Schönheit mit verschiedenen Namen

Euplagia quadripunctaria

Die Schmetterlinge, die das Tal von Petaloúdes im Sommer so zahlreich bevölkern, werden auf Deutsch »Spanische Flagge«, »Russischer Bär« oder auch »Gepunkteter Harlekin« genannt. Es sind Nachtfalter aus der Familie der Eulenfalter. Sie kommen auch anderswo in Süd- und sogar in Mitteleuropa bis hinauf in den Harz vor, jedoch nirgends sonst in so großen Populationen. Sie lieben wahrscheinlich die in Petaloúdes so zahlreichen Orientalischen Amberbäume (Liquidambar orientalis) und deren leicht nach Vanille duftendes Harz. An ihren Blättern und Ästen sitzen sie den größten Teil des Tages über. Sie sollten auf keinen Fall aufgescheucht werden, denn sie brauchen ihre ganze Kraft für die Fortpflanzung. Wer nicht das Glück hat, die Tiere in freier Natur fliegen zu sehen, kann sich

Noch ein Stückchen weiter im Petaloúdes-Tal, und bald flattern herrliche Schmetterlinge umher.

vom Wirt der Taverne am unteren Taleingang präparierte Exemplare zeigen lassen. Ein wenig weitere Informationen gibt auch das Naturkundliche Museum am unteren Taleingang.

Rund um Petaloúdes

Nicht nur Strauße

Rhodos Farma

Was als Straußenpark begann, ist inzwischen zu einem kleinen Tierpark herangewachsen, der sich jetzt schlicht »Farma« nennt. Neben etwa 100 Straußenvögeln leben hier nun auch Stachelschweine und Esel, Schafe und Moufflons, Ponys und Kamele, Kängurus, Lamas, Wildschweine und anderes Getier. Weit und breit ist kein Dorf zu sehen, man spaziert durch schönste Natur. Im Farmrestaurant stehen natürlich auch Straußenomelettes auf der Karte.

Rechts oberhalb der Straße von der Westküste nach Petaloúdes, gut ausgeschildert | Tel. 22 41 08 17 17 | Apri – Okt. tgl. 9 – 19 Uhr
Eintritt: 11 €, Kinder (3–12 J.) 8 €

Französisch inspirierte Weine

Weingut Triandáfillou

200 m, bevor man die Ostrich Farm erreicht, sieht man links die Einfahrt zum weitläufigen, sehr gepflegten Weingut von Iasonas Triandáfillou, der einer alteingesessenen Winzerfamilie entstammt. Er selbst hat Oinologie in Bordeaux studiert und ist bemüht, Premium-Weine zu erzeugen. Verkosten kann man sie in der Taverne des Weinguts; in Restaurants und Supermärkten der Insel sind sie nicht erhältlich. Auch eigener Tresterschnaps, ähnlich dem italienischen Grappa, wird hier gebrannt. Wer genug Zeit mitbringt, kann nach dem Inhaber fragen, der dann seine Philosophie erklärt. Nach Vorreservierung werden auch kurze Kochkurse angeboten.

Rechts oberhalb der Straße von der Westküste nach Petaloúdes, 200 m vor dem Tierpark | meist tagsüber geöffnet | nur persönliche Kontaktaufnahme erwünscht

★★ RHODOS-STADT

G 1

Griechisch: Ρόδος | **Einwohnerzahl:** 57 000

Die Inselhauptstadt nimmt die gesamte Nordspitze der Insel ein. Ägäis und östliches Mittelmeer gehen hier ineinander über. In der nur 18 km breiten Wasserstraße zwischen der Stadt und der kleinasiatischen Küste herrscht stets viel Betrieb: Frachter und Tanker, Kreuzfahrtgiganten und kleine Jachten sind unterwegs. Viel Betrieb herrscht auch in der Stadt selbst. Fast die Hälfte der Inselbevölkerung lebt hier, zahlreiche Hotels machen die Metropole auch zum Urlaubsort. Strand ist ja da. Alle Inselurlauber und über eine halbe Million Kreuzfahrer kommen zu Tagesbesuchen hierher. Was sie lockt, ist vor allem die Altstadt. Keine andere in Europa ist so intakt erhalten. Innerhalb ihrer über 4 km langen Stadtmauern begibt man sich auf eine Zeitenreise durch alle Epochen der 2400 Jahre alten Metropole.

Einzigartig geschlossenes Bauensemble

Schon seit 1988 steht die Altstadt auf der Liste des UNESCO-Weltkulturerbes. Aber auch außerhalb der Altstadt gibt es einzigartige Architektur: Die italienischen Besatzer haben das Ufer der westlichen Neustadt in den 1920 und 1930er-Jahren mit teils wuchtigen, teils romantisch verspielten Bauten geschmückt, viele Bäume gepflanzt und schon die ersten touristischen Einrichtungen geschaffen. So werden Alt- und Neustadt zu einem Gesamterlebnis, das Interessantes genug auch für mehrere Tage bietet und die Inselmetropole zu einem guten Städtereiseziel in jeder Jahreszeit macht.

Heute beherrscht der Großmeisterpalast nur noch optisch die Stadt.

Erster Überblick

Die Altstadt grenzt direkt ans Meer und die verschiedenen Häfen der Stadt. Landseitig wird sie vollständig von einer Neustadt umfasst. Nach Westen hin ziehen sich von der Altstadt und dem besonders fotogenen **Mandráki-Hafen** aus die italienischen Bauten, deren Auftakt das orientalisch anmutende Marktgebäude der Néa Agorá bildet. Vom Mandráki-Hafen bis zur Nordwestspitze der Insel und von dort bis an den südlichen Stadtrand reichen die breiten Stadtstrände. Der größte Teil dieser westlichen Neustadt wird von Hotels, Cafés, Restaurants, Bars und Geschäften für Touristen geprägt. Die östliche **Altstadt** hingegen ist überwiegend Wohngebiet der Einheimischen. Am südlichen Rand der Neubauviertel erhebt sich über der Westküste der Monte Smith. Auf ihm stand einst die Akropolis der Stadt. Busse fahren von allen Urlaubsorten in die Stadt, ihre Endstation ist die zentral gelegene Néa Agorá am Übergang zwischen westlicher Neu- und historischer Altstadt.

Die Stadt in der Vergangenheit

Frühzeit

Die **Gründung von Rhodos-Stadt** fällt in das Jahr **408 v. Chr.**, als die drei rhodischen Städte Iálissos, Kámiros und Líndos den Synoikismos, den Zusammenschluss zu einem Gesamtstaat, vollzogen. Es wurde ein rechtwinkliges Straßensystem nach dem Prinzip des

Stadtplaners Hippodamos von Milet angelegt. Die Straßenzüge, von denen einige noch mit den heutigen identisch sind, versah man mit technisch ausgereiften Be- und Entwässerungsleitungen. Die neue Hauptstadt, in topografisch und strategisch äußerst günstiger Lage, war von nun an das politische, wirtschaftliche und kulturelle Zentrum der Insel. Rhodos hatte in seiner Blütezeit im 3./2. Jh. v. Chr. 60 000 bis 80 000 Einwohner. Ein **Erdbeben** (227 v. Chr.) zerstörte große Teile der erst knapp 200 Jahre alten Stadt. Die römische Epoche und ein weiteres schweres Erdbeben 142 n. Chr. waren Ursachen für den Niedergang der Stadt.

Unter dem Johanniterorden (►Baedeker Wissen S. 158)

Die antike Stadtanlage blieb bis zur **Zeit der Johanniter** bestehen. Der Orden erhielt dann nur einen Teilbereich dieser Anlage und umgab ihn mit einer Festung. Von 1309 bis 1523 baute er Rhodos zu einer der **stärksten Festungen Europas** aus. Sie galt als eine der schönsten Städte des östlichen Mittelmeers. Rhodos besaß ursprünglich nur eine befestigte Hafenanlage, den Embório-Hafen, der von den Rittern durch Mauern und Wehrtürme sehr verstärkt wurde. Den Kern der Stadt bildete der Großmeisterpalast an ihrem höchsten Punkt im Nordwesten. Eine sich von Westen nach Osten ziehende Innenmauer teilte sie in zwei Bereiche: Der nördliche kleinere Teil der Ritter, **Kolachium** genannt, schloss den Großmeisterpalast, die Herbergen der Landsmannschaften (Zungen), das Hospital und die Wohnhäuser der Ritter ein. Der südliche größere Bereich, **Ville oder Burgus** genannt, bildete das eigentliche Wohnviertel der Rhodier. Neben den Griechen hatten sich auch Handelsherren, Bankiers, Reeder, Handwerker und Soldaten aus ganz Westeuropa in der Stadt niedergelassen. Im Ostteil von Rhodos wohnten die **Juden** (Handwerker, Händler und Ärzte) in einem eigenen Viertel. Rund um die Stadt erstreckten sich die berühmten **Gärten von Rhodos** mit ihren zahllosen Obstbäumen. Im Jahr 1465 unterteilte der Großmeister Raymond Zacosta die Festungsmauern in acht Abschnitte, die bei einer feindlichen Belagerung jeweils von einer Zunge zu verteidigen waren. Trotz der erdrückenden Übermacht konnten die Johanniter den Angriff der türkischen Flotte 1480 zurückschlagen.

Türkenherrschaft

1522 jedoch eroberten die Türken unter **Sultan Suleiman** nach einem mörderischen Kampf die Stadt. Da die Griechen daraufhin die Ritterstadt verlassen mussten, bauten sie sich außerhalb, entlang der Reste der antiken Straßen, ihre Häuser, dort, wo sich heute die Neustadt erstreckt.

Italienische Besatzung

Als die Italiener Rhodos 1912 besetzten, befand sich die Stadt Rhodos in einem erbärmlichen Zustand. Als Nachzügler in der Kolonialisierung der Welt träumten sie von einer Wiederbelebung des antiken römischen Mare-nostrum-Gedankens. Aber sie sahen sich nicht nur als legitime Nachfolger der alten Römer, sondern auch des Johanniterordens. In dem spielten die Italiener ja eine wichtige Rolle. Darum säuberten sie das Umfeld der Altstadt fast vollständig von osmanischen Bauten und befreiten die Bauten der Ritterzeit von osmanischem Beiwerk. Andrerseits schwebte ihnen eine neue mediterrane Architektur vor, die auch die orientalische am Mittelmeer mit einbeziehen musste. Darum bewahrten sie die Moscheen vor dem Abriss und entwickelten eine **neue Architekturform**, in der venezianische, gotische, byzantinische und orientalische Formen eklektisch miteinander verschmolzen. Der faschistische Monumentalismus kam erst in den späten 1930er-Jahren zum Tragen, als der italienische Faschismus sich nach deutschem Vorbild wandelte. Die italienischen Besatzungsjahre waren für die Inselbevölkerung sicherlich hart – doch zur Schönheit der heutigen Stadt haben sie wesentlich beigetragen.

 Stadtmauern und Stadttore

Wie viel mühevolle Arbeit steckt in den Bauten?

Befestigungen

Niemand hat die Steinquader gezählt, die vor allem Sträflinge und Sklaven aufeinanderschichten mussten, um die etwa 4 km langen Stadtmauern von Rhodos mitsamt all ihrer Tore, Türme und Bastio-

Respekteinflößender geht es kaum: das Amboise-Tor, der Zugang in die Altstadt

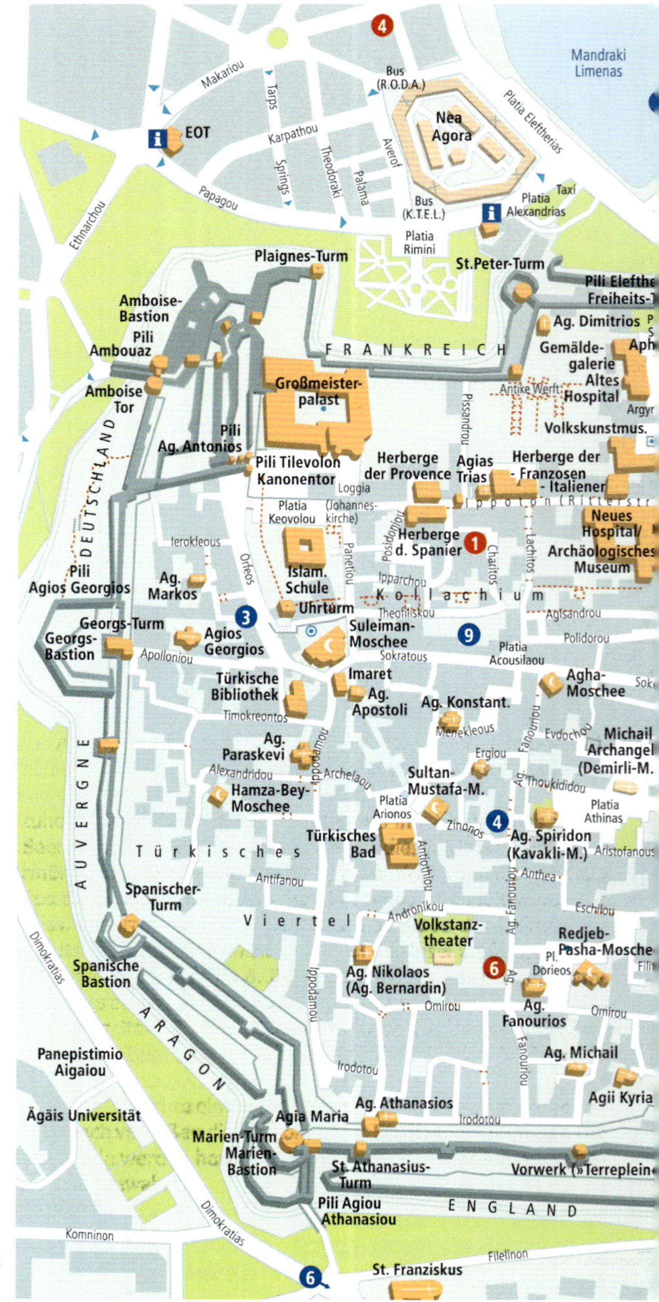
4
Mandraki
Limenas
Makariou
Tarps
Bus
(R.O.D.A.)
Platia Eleftherias
EOT
Karpathou
Nea
Agora
Averof
Theodoraki
Springs
Palama
Papagou
Bus
(K.T.E.L.)
Platia
Alexandrias
Taxi
Ethnarchou
Platia
Rimini
Plaignes-Turm
St.Peter-Turm
Amboise-
Bastion
Pili
Ambouaz
Ag. Dimitrios
F R A N K R E I C H
Gemälde-
galerie
Altes
Hospital
Antike Werft
Großmeister-
palast
Amboise
Tor
Pissandrou
Volkskunstmus.
Pili
Ag. Antonios
Pili Tilevolon
Kanonentor
Herberge
der Provence
Agias
Trias
Herberge der
Franzosen
Italiener
Loggia
Platia
Keovolou
(Johannes-
kirche)
Neues
Hospital/
Archäologisches
Museum
D E U T S C H L A N D
Ierokleous
Orfeos
Islam.
Schule
Panetiou
Posidoniou
Herberge
d. Spanier
1
Charitos
Lachitos
Pili
Agios Georgios
Ag.
Markos
Ipparchou
K o l l a c h i u m
Uhrturm
Theofiliskou
Agisandrou
3
Georgs-Turm
Georgs-
Bastion
Agios
Georgios
Apolloniou
Suleiman-
Moschee
9
Platia
Acousilaou
Polidorou
Sokratous
Türkische
Bibliothek
Imaret
Ag.
Apostoli
Ag. Konstant.
Agha-
Moschee
Timokreontos
Menekleous
Evdochou
Michail
Archangel
(Demirli-M.
Ag.
Paraskevi
Ippodamou
Ergiou
Fanouriou
Alexandridou
Archelaou
Sultan-
Mustafa-M.
Ag. Thoukididou
Hamza-Bey-
Moschee
Platia
Arionos
Platia
Athinas
A U V E R G N E
Zinonos
4
Türkisches
Bad
Ag. Spiridon
(Kavakli-M.)
Aristofanous
T ü r k i s c h e s
Antiothiou
Anthea
Antifanou
Spanischer-
Turm
V i e r t e l
Andronikou
Ag. Fanouriou
Volkstanz-
theater
Eschilou
Redjeb-
Pasha-Mosche
Dimokratias
Pl.
Dorieos
6
Spanische
Bastion
Ippodamou
Ag. Nikolaos
(Ag. Bernardin)
Omirou
Ag.
Fanourios
Omirou
A R A G O N
Panepistimio
Aigaiou
Irodotou
Fanouriou
Ag. Michail
Agii Kyria
Ägäis Universität
Ag. Athanasios
Agia Maria
Irodotou
Marien-Turm
Marien-
Bastion
St. Athanasius-
Turm
Vorwerk (»Terreplein«
Pili Agiou
Athanasiou
E N G L A N D
Dimokratias
Komninon
Filelinon
6
St. Franziskus

1 Alexis 4 Seasons
2 Pame Antama
3 Mama Sofia
4 Marco Polo
5 Kontiki Next
6 Aegean Fish
9 Socratous Garden
1 Avalon
3 Cava d'Oro
4 Ermis
5 Minos
6 Paris
Autofähren
Pili Ag. Pavlos
Paulus-Bastion
Naillac-Turm
Mühlenturm (Engelsturm)
Kreuzfahrt-schiffe
Pili Navarinou
Arsenaltor
Fischer-hafen
Embórikos
100 m
©BAEDEKER
Limenas
(Handelshafen)
Zollamt
Mühlenmole
Thalassini
Marine-Tor
Akti
K A S T I L I E N
Pili Milon/
Pili Agias
Ekaterinis
Mühlen-Tor
Panagia tis Nikis
Platia Pisidorou
Antike Mauern
Agios Pantaleimon
Sachtouri
Aristotelous
Pili Ag. Ekaterina
Marien-Tor
Katharinen-hospital
Ag. Ekaterina
Konstantinou
Rodiu
Pl. Martyron Evreon
Holocaust-Denkmal
Ibrahim-Pasha-M.
Panagia tou Bourgou
Thiseos
Kisthiniou
EO Rodou Lindou
I T A L I E N
RHODOS ALTSTADT
J ü d i s c h e s
V i e r t e l
Haus v. Katalonien
Simmou
Byzantiou
Dimosthenous
Perikleous
Kahal-Shalom-Synag.
Alchadef
Akandia-Tor
Pili Akandia
Fidiou
Gavala
Kleovoulinis
Platia Panagiotu Rodiu
Tavriskou
Ekatonos
Praxitelous
Agia Triada (Dolaply-M.)
Ag. Ekaterini
Triptolemou
Irinis
Caretto-Bastion
Ag. Marina
Efthimiou
Archiepiskopou
Pythagora
PROVENCE
Vironos
Kanada
Koskinou-Tor
Johannes-Bastion

RHODOS-STADT ERLEBEN

EOT
Infos zu Öffnungszeiten, Bus- und Schiffsverbindungen sowie Stadtpläne, keine Zimmervermittlung
Archiepiskopou Makariou/
Papagou 2, Tel: 22 41 04 43 35
www.ando.gr/eot
Mo. - Fr. 8.00 - 14.45 Uhr

GEMEINDE
Die Stadtgemeinde unterhält mehrere Touristen-Informationsbüros mit je nach Saison und Lage unterschiedlichen Öffnungszeiten:
- Platía Rímini (nahe Néa Agorá)
- Platía Mousíou (am unteren Beginn der Ritterstraße)
- Pilí Ambouáz (auf der Neustadtseite des Zugangs)
- Cruise Terminal (nur während der Liegezeit von Kreuzfahrtschiffen geöffnet)

STADTBESICHTIGUNG

HOP ON/HOP OFF
Mit dem Cabrio-Doppeldeckerbus geht es eine Stunde lang rund um die Altstadt, durch die verschiedenen Neustadtviertel und hinauf auf die Akropolis. An elf Haltestellen kann der Fahrgast beliebig ein- und aussteigen. Die Busse verkehren zwischen 8.30 und 17/18 Uhr stündlich (Preis: 15 €).
Tarpon Springs 42
Neustadt
Tel. 22 41 03 97 81
www.saistravel.gr

SEGWAY TOURS
Wenn Sie mindestens 12 Jahre alt sind und zwischen 46 und 113 kg wiegen, können Sie an geführten Segway-Touren teilnehmen. Die Elektrogefährte mit zwei Rädern an einer Achse werden nur durch Gewichtsverlagerung beschleunigt, gebremst und gelenkt. Die Touren dauern ab 2 Std. (ab 59 €).
Rhodos by Segway
Ippodamou 37
Altstadt
Tel. 69 79 32 80 32
www.rhodosbysegway.com

ALTSTADT
Innerhalb der mittelalterlichen Mauern ist die breite Gasse vom Juden-Tor bis zur Suleiman-Moschee und zum Amboise-Tor zur Shopping-Meile geworden. Im Angebot sind vor allem Souvenirs aller Art, griechische Naturprodukte von Kosmetik bis Olivenöl und Schmuck jeder Art. Die bis zur Jahrtausendwende hohe Zahl von Pelzgeschäften hat stark abgenommen, viele einstige Pelzhändler gehen mit der Zeit und bieten jetzt eher Lederkleidung an.
Vier Geschäfte fallen aus dem Rahmen des Üblichen:

BLANC DU NIL
Modische Sommertextilien für Sie und Ihn, aus feinster ägyptischer Baumwolle und nur in Weiß.
Pindarou/Alchadef

HARIS COTTON
Aus Baumwolle und Leinen sind alle Textilien und auch Accessoires in dieser Filiale eines renommierten Athener Modeschöpferpaares.
Platia Ippokratous

KABERIS
Kaffeesorten aller Art, im Laden selbst täglich frisch geröstet.
Sokratous 77

KAMIROS

Ladenatelier zweier rhodischer Sattler. Alle Taschen und Gürtel, Hundeleinen und Sandalen sind garantiert handgearbeitet.
Sokratous 175

WESTLICHE NEUSTADT

Rhodier zieht es zum ausgiebigen Shopping zur Platía Kíprou gleich oberhalb der Néa Agora. In ihrem Umfeld bieten zahlreiche Geschäfte alle namhaften Labels der modernen Modewelt an, sind die schicksten Schuhgeschäfte angesiedelt. Kaufhäuser gibt es nicht, fast alle Läden werden von rhodischen Inhabern geführt. Eine Besonderheit sind die vielen Fachgeschäfte für Regenschirme und Handgepäck. Lange waren Regenschirme auf Rhodos von der Umsatzsteuer befreit, seitdem verlässt kaum ein Grieche die Insel ohne neuen Schirm. Für die Aufnahme von Handgepäck ins Sortiment sorgte die neue Tarifgestaltung vieler Fluggesellschaften.

ÖSTLICHE UND SÜDLICHE NEUSTADT

In der östlichen Neustadt gibt es nur einfache Geschäfte für den täglichen Bedarf der Einheimischen. Große Supermärkte liegen am Stadtausgang an der Nationalstraße Richtung Líndos. Da kann man nicht nur relativ preiswert Lebensmittel für sich selbst kaufen, sondern auch Lebensmittelspenden für die sozial Schwachen der Insel deponieren.

ALTSTADT

Nur wenige Schritte abseits der Haupturlauberachse treffen sich im Umfeld zweier Moscheen die zumeist jüngeren Rhodier, die gängige Discos meiden wollen. Hier sitzt man bei guter Musik mit Freunden zusammen. In einigen Musik-Clubs ist manchmal auch Live-Musik angesagt. Hauptzentrum ist das Umfeld der Ibrahim-Moschee, ein Nebenzentrum der Platz vor der Mustafa-Moschee.

WESTLICHE NEUSTADT

Im Hotelviertel zwischen Altstadt, Aquarium und Westküste häufen sich Music Clubs, Bars und Diskotheken. Ihre Zielgruppe sind vor allem ausländische Urlauber.

KRITIKA

Große Nightclubs mit nahezu ausschließlich griechischer Musik liegen an der Westküstenstraße gleich hinter der südlichen Stadtgrenze. Zu griechischer Live-Musik trifft man sich mit Freunden und Familie kurz vor Mitternacht, trinkt vor allem Whisky und tanzt, wenn einem danach ist.

❶ ALEXIS 4 SEASONS €€€€

Das Restaurant mit Platz für mehrere Hundert Gäste auf verschiedenen Ebenen in einem riesigen Garten und auf einer Dachterrasse mit Hafenblick hat sich der kreativen mediterranen Küche verschrieben und serviert vor allem Fisch und Meeresfrüchte auf feinem englischem Porzellan.
Aristotelous 33
Tel. 22 41 07 05 22
www.alexis4seasons.com

❷ PAME ANTAMA €€

Das etwas versteckt in der Altstadt gelegene Abendlokal ist ein Treffpunkt der rhodischen alternativen und studentischen Szene. In sehr lockerer Atmosphäre trifft man sich hier zum Essen, Trinken, Spielen, Lesen und Musikhören. Die aus Karpathos stammende, im wallonischen Teil Belgiens aufgewachsene Wirtin Marína und ihr in Rhodos verwurzelter Koch Níkos sind ebenso entspannt wie die griechischen Gäste.

Gekocht wird stets frisch, häufig mit einem Touch der asiatischen Küche.
ab 19 Uhr geöffnet
Sofokleous 38
Tel. 69 47 76 64 14

❸ MAMA SOFIA €€€

Auf den ersten Blick wirkt das Restaurant an einer der touristischen Hauptachsen der Altstadt vielleicht recht touristisch. Der Eindruck täuscht jedoch: Hier leben drei Generationen einer ursprünglich von der kleinen Nachbarinsel Tilos stammenden Familie echt griechische Gastfreundschaft. Mama Sofia, stets gekleidet wie eine Dame mit Stil, steht in der Küche, die Söhne Stavros und Jannis sowie der Enkel Sotiris im Service nehmen sich für jeden Gast viel Zeit. Lassen Sie sich hier doch einmal eine ganz individuelle Fisch- und Meeresfrüchteplatte servieren: Sagen Sie einfach, wie viel Sie ausgeben wollen und lassen Sie sich dann angenehm überraschen. Und wenn es ihnen im Hauptrestaurant doch einmal zu voll und quirlig ist, setzen Sie sich einfach nebenan in die kleine, feine und intimere Weinstube: Das Angebot dort ist das gleiche.
Orfeos 28
Tel. 22 41 02 4 49

❹ MARCO POLO €€€

Das von schon lange auf Rhodos ansässigen Italienern geführte, kleine und feine Restaurant liegt an einer der stimmungsvollsten Altstadtgassen. Das Haus selbst war ursprünglich von Türken bewohnt. Der kleine Garten ist ebenso romantisch wie die kleinen Gasträume. Das Essen ist mediterran und kreativ griechisch; die Portionen sind relativ klein.
Agiou Fanouriou 40 – 42
www.marcopoloMasnion.gr

❺ KONTIKI NEXT €€€

In diesem Floating-Restaurant im Mandráki-Hafen spürt man stets einen leichten Wellenschlag, ob beim feinen mediterranen Essen auf dem Unter- oder in der Cocktailbar auf dem Oberdeck. Vor allem abends ist der Blick auf die Néa Agorá und die Altstadtmauern grandios.
Mandrakí-Hafen
Tel. 22 41 03 08 26

❻ AEGEAN FISH €€

Die Atmosphäre ist simpel bis urig, der Fisch frisch und preiswert: Aegean Fish ist eine Art Fischmarkt mit integrierter SB-Taverne. Jeder Fisch, der am Marktstand ausliegt, kann bestellt werden und wird nach Wunsch ohne Aufpreis gebraten oder gegrillt. Weitere Fischgerichte, Salate, Beilagen und Getränke holt man sich selbst am Tresen.
Neustadt, Klavdiou Pepper 1
Tel. 2 24 40 33 90 97

❼ AKTAION €€ (►KARTE S. 117)

Das ehemalige Offizierskasino aus italienischer Besatzungszeit wurde nach Kriegsende zum Treffpunkt der feineren rhodischen Gesellschaft. Auf der großen Terrasse sitzen die Gäste unter schattigen Bäumen mit Blick auf den Mandráki-Hafen. Auf dem angeschlossenen großen Spielplatz werden die Kinder der Gäste betreut, die zwischendurch auch ein wenig shoppen gehen möchten. Ältere Herren treffen sich zu morgendlichen Diskussionen, Damen lieben den Kuchen und das Eis. Die gute Küche ist modern griechisch und international.
Neustadt, Platia Eleftherias
Tel. 22 41 02 92 82

❽ KOUKOS €€ (►KARTE S. 117)

Von den vielen gesichtslosen Lokalen in der touristischen Neustadt hebt sich der »Kuckuck« schon durch seine an die Kykladen erinnernde Architektur ab. Warum nicht – es gibt ja auch in Norddeutschland Hofbrau-

häuser. Auf der schmalen Terrasse an einer Fußgängergasse sitzt der Gast ganz griechisch direkt einer Kirche gegenüber. Drinnen haben die Räume ganz unterschiedliches Flair – vom britischen Pub bis zum modernen Bistro. Die Speise- und Getränkekarte ist so vielfältig wie das Ambiente, von Fingerfood bis hin zu griechischen Platten für die ganze Tischgesellschaft ist alles zu haben.
Mandilara 20
Neustadt
Tel. 22 41 07 30 22

9 SOCRATOUS GARDEN €€

Im einzigen großen Gartenlokal inmitten der Altstadt sitzen Sie wie in einer Oase in der Steinwüste – ob nur für einen Drink, ein Eis oder ein akzeptables Essen. Der Papagei ist meist lauter als die Musikbeschallung, Wasser plätschert in Brunnen, ein paar Bäume spenden natürlichen Schatten, und der Service ist fast immer gut gelaunt.
Sokratous 124
Tel. 22 41 02 01 53

1 AVALON €€€ – €€€€

Weitaus komfortabler als einst die Ritter wohnen Sie in diesem kleinen Boutique-Hotel mit sehr geräumigen Zimmern ganz nahe der Ritterstraße. Im lauschigen Innenhof wird gefrühstückt. Inhaberin Déspina kümmert sich dezent, aber engagiert um die Anliegen ihrer Gäste. Sie schickt auch einen Mitarbeiter mit Caddy ans Stadttor, um Sie und Ihr Gepäck abzuholen.
Odos Charitos 9
Tel. 22 41 03 14 38
www.avalonrhodes.gr, 6 Zi.

2 IBISCUS €€€ (►KARTE S. 117)

Wer auf ein paar Strandstunden vor der Hoteltür und gute Parkmöglichkeiten für den Mietwagen gleich am Hotel auch beim Stadturlaub nicht verzichten mag, wohnt in diesem siebengeschossigen Hotel direkt an der Uferstraße bestens. Es wurde zwar schon 1961 erbaut, aber mehrfach modernisiert. Zum Haus gehören auch ein Pool, ein kleiner Spa-Bereich und eine Fahrradvermietung. Die Altstadt ist nur 10 – 15 Gehminuten entfernt.
Nissirou 17, Neustadt
Tel. 22 41 02 44 21
www.ibiscushotel.com, 207 Zi.

3 CAVA D'ORO €€

Das kleine Hotel in einem der ältesten Häuser des ehemaligen jüdischen Viertels bietet Ihnen als Einziges einen privaten Zugang auf einen Abschnitt der Stadtmauer. Auch der kleine Innenhof mit Tischen und Stühlen grenzt direkt ans mittelalterliche Festungswerk. Die Zimmer sind zwar relativ klein, haben aber durch unverputztes Mauerwerk viel historisches Flair. Man spricht perfekt Deutsch: Inhaberin Birgid stammt von der Mosel. In einem benachbarten Altstadthaus werden auch stilvolle Apartments vermietet.
Odos Kistiniou 15, Altstadt
Tel. 22 41 03 69 80
www.cavadoro.com, 16 Zi.

4 ERMIS €€ (►KARTE S. 117)

Das kleine Hotel hat die ideale Lage im Zentrum der Stadt. Zum Mandráki-Hafen und der Néa Agorá geht man eine Minute, in die Altstadt fünf. Linienbusse in fast alle Inseldörfer halten nur 150 m entfernt, die Balkons der Zimmer in den oberen Etagen bieten Meerblick. Viele Gäste sind Griechen, die auf der Durchreise zu kleineren Nachbarinseln sind, entsprechend griechisch ist die Atmosphäre im Haus. Einzige Wermutstropfen sind der fensterlose Frühstücksraum und das stark kuchenlastige Frühstück.

Nik. Plastira 5, Neustadt
Tel. 22 41 02 76 77
www.hermesrhodes.gr, 35 Zi.

5 MINOS €€
Der große Pluspunkt der schlichten, dreigeschossigen Pension ist ihr Dachgarten mit herrlichem Blick über die ganze Altstadt auf das Meer. Touristen verirren sich in diesen Teil der Altstadt nur selten.
Omirou 5, Altstadt
Tel. 2241031813
www.minospension.com, 12 Zi.

6 PARIS € – €€
Das zweigeschossige Hotel liegt an einem großen, gepflasterten Hof an einer der schönsten Gassen im Herzen der Altstadt. Der Hof ist mit seiner Bar ein schöner Rückzugsort, die Zimmer können in unterschiedlichen Größen gebucht werden.
Fanouriou 88
Tel. 22 41 02 63 56
www.paris-hotel-rhodes.gr
18 Zi.

nen aufzuschichten. Keiner hat bisher nachgerechnet, wie viele Arbeitsstunden nötig waren, um den tiefen Wallgraben vor den Mauern auszuheben und auf der anderen Seite die Contrescarpe anzulegen. Verzeichnet wurden nur die Namen der Großmeister, die die Arbeiten in Auftrag gaben und kontrollierten. Die Johanniter waren jedoch nicht die Ersten, die ihre Stadt befestigten. Schon in der Antike war die gesamte Stadt von Mauern umgeben. In byzantinischer Zeit war zumindest das spätere Collachio, das Viertel der Ritter, eine Festung.

Gigantischer Zugang ins Machtzentrum

Amboise-Tor

Am schönsten und stimmungsvollsten ist der Übergang von der Neu- in die Altstadt durch das mächtige Tor, das Großmeister Emery d'Amboise von 1502 bis 1512 errichten ließ. Erst geleiten Sie noch schlichte Souvenirstände in einer Scharte durch die Contrescarpe hinab, dann überqueren Sie den breiten Wallgraben auf einer Brücke. Vor Ihnen überragt der Großmeisterpalast das imponierende Tor mit zwei mächtigen halbrunden Türmen. Über dem Tordurchgang hält auf einem Relief ein Engel das Ordenswappen und das des Großmeisters d'Amboise. Dann treten Sie in den dunklen, zweimal abknickenden Tordurchgang hinein, der Sie auf eine baumbestandene Terrasse unmittelbar vor der Mauer des Großmeisterpalastes führt. Hier sitzen meist rhodische Maler, wollen Sie porträtieren oder karikieren.

Finanziert von einem Großmeister

Marine-Tor

Das fotogenste der rhodischen Stadttore ist wohl das Marine-Tor. Seine Öffnung wird innen und außen von zwei hohen halbrunden Türmen mit geböschten Basen flankiert. Sein Finanzier war der Großmeister Pierre d'Aubusson, dessen Wappen zusammen mit der Jahreszahl 1478, dem Ordenswappen und dem des französischen Königshauses über der Außenseite des Tors angebracht ist. Darüber lässt ein schlecht erhaltenes Relief noch die Heilige Jungfrau mit Johannes dem Täufer und dem Apostel Petrus erkennen.

Ritterviertel

Zum Schutz der Keuschheit

Abgeschirmtes Quartier

Bei allem, was die Johanniterritter für die Entwicklung der Insel und ihre heutige Attraktivität leisteten, waren sie doch fremde Besatzer und mussten Aufstände der Einheimischen fürchten. Auch deswegen lebten sie getrennt von der griechisch-orthodoxen Bevölkerung in einem eigenen Viertel der Altstadt, dem Collachio. Eine Mauer schirmte sie von den Griechen ab. Diese Mauer diente aber auch dazu, den Rittern die Einhaltung ihres Keuschheitsgelübdes zu erleichtern. Außerhalb ihres Dienstes durften sie zudem das Collachio nur zu Pferd und mindestens zu zweit verlassen. Die zentralen Gebäude im Ritterviertel waren der Großmeisterpalast und das Ordenshospital. Beide waren durch die Ritterstraße miteinander verbunden. Diese Ritterstraße steht in ihrer Gesamtheit unter besonderem Schutz und ist völlig kommerzfrei. An allen anderen Gassen des Collachio, dessen südliche Grenze in etwa die heutige Sokratous-Straße bildete, haben sich heute hingegen Geschäfte, Lokale und ein paar kleine Hotels angesiedelt.

Vom Hafen in die Altstadt

Platia Simis

Vom Mandráki-Hafen aus betritt man Altstadt und Ritterviertel vom Simi-Platz aus. Hier erhob sich seit dem 3. Jh. v. Chr. ein Aphrodite-Tempel, von dem nur noch die Grundmauern und ein paar Architekturfragmente erhalten blieben.

Auch einmal moderne griechische Kunst

Städtische Kunstgalerie

Über den Arkaden eines lang gestreckten Gebäudes zur Rechten ist seit 1964 die Städtische Kunstgalerie angesiedelt. Man hat hier die seltene Gelegenheit, auch einmal moderne Werke zu sehen. Inzwischen sind ihre Bestände und Aktivitäten so stark angewachsen, dass sie im Winter über zwei und im Sommer sogar über drei weitere Standorte verfügt. Sammelgebiete sind die neugriechische Kunst des 19. und 20. Jh.s sowie zeitgenössische griechische Kunst.

Wo einst Kranke gepflegt wurden

Altes Hospital

Das Alte Hospital an der Westseite des Argyrokastrou-Platzes ließ Großmeister Roger de Pins Mitte des 14. Jh.s erbauen. In dem von Zinnen bekrönten Gebäudeteil war einst der Haupteingang im Erdgeschoss, später wurden eine Freitreppe und ein gesonderter Zugang ins Obergeschoss gebaut, wo die Apsis der Hospitalkapelle ein wenig hervortritt. Der linke Flügel des Hospitals mit einem breiten Bogen im Erdgeschoss und einer dreibogigen Arkade im Obergeschoss ist ein Anbau des 20. Jh.s. Als das Hospital zu klein wurde, baute man das Neue Hospital (►S. 109).

Einblick in die Wohnkultur früherer Zeiten

Museum für Dekorative Kunst

Keramik, Webarbeiten, Stickereien und Schnitzereien von den Dodekanes-Inseln aus türkischer Zeit zeigt das Museum für Dekorative Kunst an der Südseite des Argyrokastrou-Platzes. Auch typisch rhodische Teller sind ausgestellt, mit denen die Wände der Häuser geschmückt waren. Mit prächtigen Trachten und Möbeln ist das 18. Jh. vertreten. Besonders schön ist eine Truhe mit reichem Schnitzdekor auf rotem Grund. Die Gläser und Fayencen stammen vor allem aus Venedig. Der Sperveri ist ein Vorhang, der das Brautbett verhüllte, das Abataros ein hohes hölzernes Podest, das als Schlafstelle für die ganze Familie und als Aufbewahrungsort für Vorräte diente. In dem nachgebildeten Wohnraum eines rhodischen Hauses mit Kamin und Webstuhl fühlt man sich in vergangene Zeiten versetzt.

Juli, Aug. Mi. – Mo. 9.00 – 17 Uhr, in den anderen Monaten meist geschl. | Eintritt: 3 €

Von einer Ritterherberge zum Café

Herberge der Auvergne

Die Ostseite des Argyrokastrou-Platzes wird von der Ende des 15. Jh.s errichteten Herberge der Ritter der Auvergne eingenommen. Im Untergeschoss befanden sich gewölbte Magazinräume, und das Obergeschoss ist von einer Loggia mit Arkaden gegliedert. Heute dient die Herberge mit ihrem stimmungsvollen Innenhof als ein auch bei den Einheimischen sehr beliebtes Café-Restaurant.

Die Kirche wurde römisch-katholisch

Panagía tou Kástrou

Geht man vom Argyrokastrou-Platz durch den Torbogen, kommt man zur kleinen hübschen Platia Mousieou (»Museumsplatz«) mit Chochláki-(Kieselstein-)Boden, an dem die byzantinische Kirche Panagía tou Kástrou steht. Sie wurde im 13. Jh. als Kreuzkuppelkirche erbaut. Zu Beginn der Ritterzeit widmete man das Gotteshaus für den römisch-katholischen Ritus um. Von 1319 bis 1346 erfolgte der Umbau zu einer dreischiffigen Basilika mit gotischem Kreuzrippengewölbe. Im westlichen Teil des Mittelschiffes sind noch einige Freskenfragmente vorhanden. In türkischer Zeit verwandelte man die Basilika in eine Moschee.

April – Okt. Di. – So. 9 – 17 Uhr | Eintritt: 2 €

Ritterstraße

Vorbild für die EU?

Viele Landsmannschaften

Michail Gorbatschow prägte 1987 den Begriff von Europa als gemeinsames Haus aller Europäer. Die Johanniterritter waren dessen Realisierung in der Ritterstraße von Rhodos schon ganz nahe gekommen.

Die Ritterstraße vermittelt noch heute ein anschauliches Bild vom Leben der Johanniter.

An der schnurgeraden, vom Hospital zum Großmeisterpalast leicht ansteigenden Straße standen lückenlos aneinander gebaut Auberges der verschiedenen Landsmannschaften (Zungen) des Ordens. Jede bewahrte ihre quasi-nationalen Eigenarten, gehorchte aber gemeinsamen Regeln und verfolgte ein gemeinsames Ziel. Daraus kann man vielleicht noch heute lernen.

Hier haben die Ritter zusammen gegessen

Herbergen

Herbergen im heutigen Sinn waren diese Auberges nicht. Niemand wohnte und schlief hier, aber hier nahm man gemeinsam wie in einem Kloster seine Mahlzeiten ein. In den Auberges wurden offizielle Besprechungen abgehalten und Gäste empfangen. Jede Auberge hatte ihren eigenen Garten und Brunnen. In osmanischer Zeit zogen dann Würdenträger und reiche Kaufleute in die Herbergen ein, manchen Fenstern wurden hölzerne Erker vorgesetzt, aus denen Frauen durch Gitter dem Treiben auf der Gasse zuschauen konnten. Die Explosion des Pulvermagazins in der Ordenskirche im Jahr 1856 zog einige Gebäude im oberen Bereich schwer in Mitleidenschaft. Die Italiener befreiten die Auberges wieder von allen osmanischen Veränderungen und ersetzten einen Teil der beschädigten mittelalterlichen Gemäuer durch angemessene Rekonstruktionen.
Eine genaue Zuordnung der einzelnen Gebäude ist nicht in allen Fällen möglich, da zeitgenössische schriftliche Quellen darüber kaum Auskunft geben. Nur die Wappen und Inschriften ermöglichen relativ sichere Interpretationen.

Innenbesichtigungen der Herbergen sind nicht gestattet.

Blieben im Besitz des Landes

Herbergen von Frankreich und Italien

Fast alle Gebäude an der Ritterstraße werden heute von verschiedenen archäologischen Instituten genutzt. Nur zwei von ihnen haben noch einen Bezug zu ihren Bauherren: Die Herbergen der Zungen von Frankreich und Italien. Sie beherbergen heute die Konsulate diese beiden Länder, die häufig ihre Landesflagge und die Europäische Flagge gehisst haben. Ein recht kleines, spitzbogiges Portal führt in den Innenhof der Herberge von Italien.

Großmeisterpalast

Mai – Okt. tgl. 8.00 – 19.40, Nov. – April Mi. – Mo. 8.30 – 14.30 Uhr
Eintritt: 8 €

Nicht-original, aber beeindruckend

Regierungssitz der Johanniter

Er gilt als ein Muss, ist aber ein Nachbau: Der anscheinend mittelalterliche Palast auf dem höchsten Punkt der Altstadt. Wuchtig und abweisend ragt er fast direkt über dem Mandráki-Hafen auf und lässt Stadtbesucher auf dem Weg vom Amboise-Tor ins Ritterviertel klein erscheinen. Auch wenn fast nichts an in ihm aus der Original-Ritterzeit ist, vermittelt ein Rundgang durch sein Obergeschoss etwas von der Macht und dem Prunk des Ordens. Hier residierte der auf Lebenszeit gewählte Ordensfürst, hier fanden offizielle **Empfänge und Versammlungen** statt. Wer aus dem Fenster schaute, blickte auf die Ordensgaleeren und Handelsschiffe im Hafen und auf das gegenüberliegende Kleinasien, wo als Hauptfeinde schon die Osmanen herrschten. Kulturhistorisch wertvoll wird der Palast heute durch die vielen hier zu sehenden antiken Objekte, die ihn zu einem zweiten archäologischen Museum machen.

Von Faschisten zur Machtdemonstration wiedererrichtet

Wie entstand der Bau?

In seiner heutigen Form ist der Großmeisterpalast ein Werk des faschistischen italienischen Gouverneurs Cesare Maria de Vecchi und seiner Architekten. Vom Vorgängerbau des Ritterordens aus dem 14. Jh. standen Anfang des 20. Jh.s nur noch Ruinen. Die wenigen noch nutzbaren Räume im Erdgeschoss dienten Türken und Italienern als Gefängnis, ein Obergeschoss gab es nicht mehr. Historische Bauzeichnungen existierten nicht, zeitgenössische Abbildungen nur spärlich als Miniaturmalereien im Codex Caoursin (1480). An die Stelle historischer Quellen trat die damals aktuelle Ideologie. Zum einen sollten die schon in der Zeit des römischen Imperiums engen Beziehungen zum Dodekanes betont werden, zum anderen sollte der Palast **Benito Mussolini** als seiner vermeintlichen Bedeutung gemäße Residenz dienen, falls er einmal nach Rhodos käme – was nie geschah. Bemerkenswert ist die kurze Bauzeit von 1937 bis 1940.

Wehrhafter, monumentaler Zugang

Rundgang

Vom oberen Ende der Ritterstraße aus treten Sie auf den südlichen Vorhof des Großmeisterpalastes, in dessen nordwestlicher Ecke der einzige Zugang auf die Stadtmauer liegt. Das monumentale Hauptportal wird von zwei halbrunden Türmen mit auskragenden Zinnen flankiert. Der Tordurchgang mit dem Ticketschalter führt in den zentralen Innenhof, 50 m lang und 40 m breit. Unter seinen Arkaden haben die Italiener acht späthellenistische Statuen aufgestellt, die von italienischen Archäologen im Odeon auf der Insel Kos gefunden wurden. Runde, wie Brunnen wirkende Marmorschächte in der Hofmitte setzten die Italiener über die zehn großen unterirdischen Räume, in denen die Ritter Getreidevorräte für Belagerungszeiten bunkerten.

Die Architekten planten fantasievoll

Obergeschoss

Vom Hauptportal führt eine breite Freitreppe hinauf in die Beletage des Palastes. Aus historischen Quellen weiß man, dass hier die **Repräsentationsräume des Ordens** und die **Privatgemächer des Großmeisters** lagen. Alle Wände waren unverputzt, aber entweder bemalt oder mit Tapisserien behängt. Auch die verschiedenen Farb-

töne der Steinquader sind schon äußerst schmückend. Bemalt waren auch die Holzdecken, und die Böden waren mit Marmorplatten oder Keramikkacheln bedeckt. Details verraten die Quellen nicht. Die italienischen »Restauratoren« waren also weitgehend auf ihre Fantasie angewiesen und konnten die neue Aufgabe in den Mittelpunkt stellen: Mussolini als Residenz zu dienen, falls er einmal nach Rhodos kommen würde.
Ganz wichtig war den Italienern, ihre historischen Beziehungen zu den Inseln des Dodekanes zu betonen, um so auch ihren Herrschaftsanspruch zu untermauern. Ein wesentliches Element dabei stellten die von ihnen ausgegrabenen und nach Rhodos verbrachten **Mosaike** von der Insel Kos dar, die damals ja ebenfalls zu Italien gehörte. Die meisten von ihnen stammen aus späthellenistischer, römischer und frühchristlicher Zeit. Sie schmücken jetzt in mehreren Räumen die Böden. Eine direkte Verbindung zwischen Rhodos und Rom stellt die Kopie der berühmten Laokoon-Gruppe in Saal II des Obergeschosses her. Das Original steht schon lange in den Vatikanischen Museen der italienischen Hauptstadt. Das späthellenistische Werk wurde von den rhodischen Bildhauern Agesandros, Athanodoros und Polydoros geschaffen.

Wirtschaftsleben der Johanniter

Byzantine Exhibition

Nach dem Rundgang durchs Obergeschoss gehen Sie nun wieder über die Freitreppe ins Erdgeschoss zurück. Hier wird die permanente Ausstellung Byzantine Exhibition präsentiert. Rhodos vom 4. Jh. bis zur türkischen Eroberung ist ihr zeitlicher Rahmen. Gleich zu Beginn stoßen Sie auf Überraschendes: Tontöpfe aus einer Zuckerraffinerie des Ordens aus dem 15. Jahrhundert. Rohrzucker war für den Orden vor der Entdeckung Amerikas ein wichtiges Exportprodukt. Die reichhaltige Keramiksammlung umfasst auch mittelalterliche Teller und Schüsseln aus Italien, Spanien, Syrien und Zypern, die die weit reichenden Handelsbeziehungen der Johanniter belegen. Vom Motiv her besonders interessant ist ein Bildnis der stillenden Gottesmutter (beide 14. Jh.). Achten Sie auf die Brust Mariens: Anders als bei den vielen, zur gleichen Zeit auch im römisch-katholischen Bereich beliebten Darstellungen der Maria lactans geht es dem Ikonenmaler nicht um die Abbildung der Realität, sondern um eine theologische Aussage: Mit dem Jesuskind ist Gott wahrhaft Mensch geworden, darum wurde es wie jedes Neugeborene gestillt.

Umfassender Überblick über die rhodische Geschichte

»Rhodos 2400«

Der spannendste Bereich des Großmeisterpalastes ist die permanente, aber aus Kostengründen nur im Sommer geöffnete Sonderausstellung »Rhodos 2400« auf der Nordseite des Innenhofs. In den sechs Sälen geht es um die Frühzeit der 2400 Jahre alten Stadt Rhodos. Zu sehen sind hier vor allem **neuere Funde der Archäologen**.

OBEN: Der Großmeisterpalast ist das Symbol für Macht und Größe des Johanniterordens.

LINKS: Eine sehr berührende Abschiedsszene: die Stele von Krito und Timarista im Archäologischen Museum (► S. 111)

Gleich im 1. Saal möchten Sie vielleicht die bemalten Keramik-Esel aus dem 12. Jh. am liebsten mit nach Hause nehmen: Jeder Esel trägt zwei Flaschen und einen Kessel. In den Kessel wurde Flüssigkeit als Trankopfer an die Götter eingefüllt, das dann aus dem Maul ausgegossen werden konnte. Nicht minder schön sind die goldenen Ohrringe (Nr. 111) aus dem frühen 4. Jh. v. Chr., eine bronzene Pfanne mit einem Schwanenkopf als Griff und eine Grabstele mit dem lebensgroßen Relief eines jungen Vaters, der gerade einen Hahn berührt, den ein Knabe ihm auf zwei Händen offeriert.
Im 2. Saal unterstreicht eine moderne Karte eindrucksvoll die Größe der antiken Stadt: Ihre ummauerte Fläche war viermal größer als die Stadt der Ritterzeit. Auch über den **antiken Alltag** erfährt man in diesem Saal etwas: In einer freistehenden Vitrine in der Raummitte sind neun antike »Wahlscheine« ausgestellt. Auf solch einem Kleroterion waren der Vorname des Wahlberechtigten, der Name seines Vaters und sein Wohnort notiert. Ebenfalls ausgestellt sind Ton- und Bleirohre der antiken Wasserversorgung und Kanalisation. Man erfährt, dass die unterirdischen Kanäle der antiken Stadt bis zu 2 m hoch waren. Funde aus verschiedenen Heiligtümern sind im 3. Saal zu sehen. Besonders schön ist eine bronzene Zikade (Nr. 90). Zweimal ist der **Sonnengott Helios** präsent: als kleiner Terrakotta-Kopf (150/100 v. Chr.), an dem einst goldene Strahlen befestigt waren, und dann als Amphorenfragment, auf dem Helios in seiner Quadriga dargestellt ist (330/320 v. Chr.).
Dem **rhodischen Wohnhaus** widmet sich der 4. Saal. Vom manchmal schlechten Geschmack der Römer künden Öllampen, deren Docht aus einem tönernen Penis hervorschaut. Wegen seiner Einzigartigkeit sensationell ist das Hecataeum in einer frei stehenden Vitrine: Eine der Mondgöttin Hekate geweihte Stele, auf der ihr Antlitz in drei Richtungen blickt, so die drei Mondphasen symbolisierend.
Die beiden abschließenden Säle illustrieren dann den privaten Alltag in der Antike. Hier können Sie sehen, welche Kämme und Knöpfe, Kosmetiktöpfchen und welchen Schmuck die wohlhabende Dame vor 2000 Jahren liebte. Webgewichte, Nadeln und sogar ein transportabler Backofen zeugen von häuslichen Tätigkeiten. Auch Kinderspielzeug ist ausgestellt.

Archäologisches Museum

Mai – Okt. tgl. 8 – 19.40 Uhr, Eintritt: 8 €, Nov. – April Mi. – Mo. 8.30 – 14.40 Uhr, Eintritt: 4 € | Einige Ausstellungsräume sind nur geöffnet: Mai – Okt. tgl. 9 – 16.50 Uhr

Zum Schauen und Entspannen

Gesamtkunstwerk

Schönheit, Krankheit und Tod begegnen sich in diesem Museum auf engstem Raum. Die in sich selbst verliebte Aphrodite und die um ihre

Mutter trauernde Krito sind sich ganz nah. Grabplatten an den Wänden erinnern an Ritter, die in diesem ehemaligen Ordenshospital demütig Kranke pflegten, aber zu Pyramiden aufgeschichtete Kanonenkugeln erzählen von ihrer zweiten Aufgabe: zu kämpfen, zu töten und Beute zu machen. Anders als in vielen Museen sonst können Sie hier im üppigen Garten, im großen und im kleinen Innenhof Auszeiten zum Nachdenken und -empfinden nehmen und so leicht mehrere Stunden in diesen mittelalterlichen Gemäuern verbringen.

Ein modernes Krankenhaus

Neues Hospital

Weil das Alte Hospital (►S. 101) zu klein geworden war, wurde 1440 unter Großmeister Jean de Lastic mit dem Bau eines neuen, viel größeren begonnen. Der Ritter aus der Auvergne hatte aus eigener Tasche 10 000 Gulden dafür bereitgestellt. Erst 49 Jahre später war es fertig. Sie betreten das Portal durch einen gotischen Torweg mit Kreuzrippengewölbe und stehen dann sogleich auf dem großen Innenhof, den zweigeschossige Arkaden säumen. Im Untergeschoss waren einst Stallungen und Lagerräume untergebracht. Der **Innenhof** ist typisch rhodisch mit Kieseln gepflastert. Aus Tod bringenden steinernen Kugeln, die einst mit Katapulten auf Feinde geschleudert wurden, hat man hübsche Pyramiden errichtet. Blickfang ist ein liegender Löwe aus Marmor, der einen Stierkopf in seinen Pranken hält. Er zierte einst ein hellenistisches Grab. Davor sehen Sie ein Mosaik mit Fischen und Vogel. Unter den Arkaden des Erdgeschosses sind antike Spolien ausgestellt, darunter auch ein Sarkophag. Dieses aus dem Altgriechischen abgeleitete Wort bedeutet treffend »Fleischfresser«.

Fortschrittliche Krankenpflege

Großer Krankensaal

Eine Treppe führt ins Obergeschoss hinauf. Durch eine nur kleine Maueröffnung treten Sie in den Großen Krankensaal ein. Der Raumeindruck ist überwältigend, zumal der Saal nahezu leer ist. 51 m ist er lang, 12 m breit, 8 m hoch. Zu Ritterzeiten standen hier die Betten zwar in mehreren Reihen dicht an dicht, doch jedes besaß einen eigenen Vorhang. Nicht nur das Karten- und Würfelspiel, sondern auch jedwede weltliche Lektüre waren den Kranken verboten. Dafür fand allmorgendlich in der kleinen Kapelle des Krankensaals eine Messe statt. Entlang der Wände sind heute Grabplatten aus dem 15. Jh. aufgestellt. Auch die des deutschen Ritters Benno von Lichtenberg ist darunter, der 1480 während einer Belagerung starb.

Meisterwerke der Kunst

Aphrodite, Krito und Timarista

In der Südwestecke des Großen Krankensaals führt eine Pforte in mehrere kleine Nebenräume, die in Ritterzeiten u. a. als Küche und Speisesäle genutzt wurden. Sie bilden heute den Kern des Archäologischen Museums. Die allgemein bekanntesten Objekte hier sind zwei marmorne **Aphrodite-Statuen**: Sie hängen tausendfach als Ansichtskarten in allen Souvenirgeschäften. Die eine nackte Schönheit kauert seit etwa 100 v. Chr. und spielt mit den Händen in ihrem Haar, statt es keusch über ihren Busen zu drapieren. Die andere, heute armlose Aphrodite ist fast 200 Jahre älter und hat viel Zeit im Hafenwasser von Rhodos verbracht, bevor sie geborgen wurde. Sie gibt sich sehr viel schamhafter. Offenbar wollte sie gerade mit der rechten Hand ihre Brust bedecken und mit der linken das Gewand festhalten, das ihr gerade heruntergerutscht ist.

Darstellungen wie diese wären im frühen 5. Jh. v. Chr. noch nicht möglich gewesen, als die antike Klassik noch auf ihrem Höhepunkt war. Ihr ging es nicht um »Momentaufnahmen«, sondern um die Verewigung tiefster menschlicher Wesensarten und Gefühle. Die Grabstele von Krito und Timarista aus der Zeit um 420/410 v. Chr. ist dafür ein Musterbeispiel (▶Magischer Moment).

Noch viel weiter von der hellenistischen Kunst entfernt ist die archaische Kunst, für die die beiden kopflosen **Jünglingsstatuen** (Kouroi) aus der 2. Hälfte des 6. Jh.s v. Chr. charakteristisch sind: Sie sind noch relativ starr, repräsentieren einen Typus und keine bestimmte Person. Bewegung deuten sie nur an, führen sie aber nicht aus. Im krassen Gegensatz zu ihnen steht dann wieder der Marmorkopf des Sonnengottes Helios aus der 1. Hälfte des 2. Jh.s v. Chr., also auch aus späthellenistischer Zeit: Wehendes Haar, gedankenvoller Blick und halb geöffnete Lippen lassen vermuten, dass er gerade mit der Lenkung des Vierergespanns seines Sonnenwagens beschäftigt ist. Löcher im Haar legen nahe, das goldene Strahlen aus edlem Metall sein Haupt umkränzten.

Spezielle Räume für besondere Kranke?

Oberer Arkadengang

Am oberen Arkadengang liegen außer dem Großen Krankensaal und seinem Küchentrakt auch noch 15 weitere kleine Räume, deren einstige Funktion unbekannt ist. Vielleicht waren es spezielle Räume für Kranke mit ansteckenden Krankheiten, für Kinder oder für kranke Frauen, die im Großen Krankensaal keine Aufnahme fanden. Literatur und Quellen schweigen sich zu diesem Thema aus. Heute wird in diesen Räumen eine sehr umfassende Sammlung rhodischer Keramik aus drei Jahrtausenden gezeigt, die aber nur bei speziellem Interesse an Vasenmalerei den Zeitaufwand lohnt.

Ganz eigene Atmosphäre

Garten

Unbedingt zu empfehlen ist aber der Gang über die große Terrasse des Obergeschosses in den angenehmerweise nicht zu penibel gepflegten Garten des Hospitals. Auf der Terrasse haben zahlreiche Löwenskulpturen aus verschiedenen antiken Jahrhunderten Aufstellung gefunden. Dem Garten dienen antike Sarkophage als Schmuck, Sitzbänke laden zum Verweilen ein. In einer offenen Halle hängen

EWIGE TRAUER

Kein anderes Kunstwerk im Archäologischen Museum von Rhodos vermittelt das Wesen der klassischen griechischen Kunst so perfekt wie die Grabstele von Krito und Timarista. Die ein Kopftuch tragende Mutter Timarista ist gestorben. Ganz dicht vor ihr steht ihre Tochter Krito mit gesenktem Kopf. Mit ihrer rechten Hand will sie die Dahinscheidende noch einmal berühren. Die blickt sie offen an, ist – wie Arm- und Beinstellung verraten – aber schon bereit, die Welt der Irdischen zu verlassen. Die Szene wirkt individualisiert und intim und erfasst doch den Moment des endgültigen Abschieds in seinem innersten Wesen.

großflächige Mosaike an den Wänden. Sie schmückten im 3. Jh. v. Chr. die Böden des »Andron« genannten Bankettzimmers rhodischer Männer in ihren Stadthäusern. Besonders schön ist die grauweiße Darstellung eines Kentauren. Das Mischwesen aus Mensch und Pferd kommt gerade von der Jagd und hält in der Rechten einen erbeuteten Hasen.

Einfluss der minoischen Kultur

Stein- und Bronzezeit

Von der nordwestlichen Ecke des Gartens führt eine Treppe hinauf in eine nur im Sommerhalbjahr geöffnete Ausstellung mit dem Thema »Rhodos von der Jungstein- bis zur Bronzezeit«. Besonders interessant wird sie, wenn Sie schon auf Kreta oder Santorin waren. Der Einfluss der dortigen minoischen Kultur (2000 – 1400 v. Chr.) auf Rhodos wird hier nämlich deutlich gemacht. Die Keramikfunde stammen zumeist von der Ausgrabung einer – heute nicht mehr zu besichtigenden – minoischen Siedlung mit Friedhof. Auch ein Pferdeskelett sowie Stier- und Ziegenschädel sind zu sehen: Sie stammen wahrscheinlich von Opfern, die die minoischen Rhodier darbrachten, als der gewaltige Vulkanausbruch von Santorin 1430 v. Chr. Aschewolken auch bis hierher trieb.

Meistens Funde von Friedhöfen

Mykener auf Rhodos

Eine Etage tiefer und ebenfalls direkt vom Garten aus zugänglich widmet sich eine weitere Sommerausstellung dem Rhodos der mykenischen Zeit (1600 – 1200 v.Chr.). Die meisten der hier ausgestellten Objekte wurden auf einem der 33 Friedhöfe jener Epoche ausgegraben. Sehr anschaulich ist die Rekonstruktion eines Grabungsfunds: Sechs Skelette liegen hier so zwischen ihren Grabbeigaben, wie sie sich den Archäologen bei ihrer Entdeckung zeigten. Besonders schön sind ein bemalter Stierkopf-Rhyton (Trankopfergefäß) aus Keramik und ein großer Krater mit der Darstellung eines Streitwagens mit vorgespanntem Pferd. Seltsam muten winzige Sarkophage an, die nur zur Aufnahme der Asche eines Toten bestimmt waren und ab dem 2. Jh. v. Chr. preiswert in Masse produziert wurden. Wohl weltweit einzigartig ist die **Vasenmalerei** (14. Jh.) des Master of Animals: Zwischen zwei großen, senkrecht stehenden Tieren ist dieser »Herr der Tiere« mit einem Diadem auf dem Kopf dargestellt.

Totenbestattung in Tongefäßen

Archaische Pithária

Wenn Sie das Museum wieder durch den gotischen Torweg verlassen haben und sich nach links wenden, wartet in einem Erdgeschossraum des Alten Hospitals im Sommer noch eine kleine, im Ticketpreis inbegriffene Sonderausstellung auf Sie: Hier wurden über ein Dutzend archaische Pitharia, mannshohe Tongefäße in Vasenform, aus der Zeit zwischen 625 und 525 v. Chr. aufgestellt. Einst waren in ihnen Tote in Hockstellung begraben.

 Griechisch-türkische Altstadt

Italiener verhinderten den Abriss der Moscheen

Wie lebten Griechen und Türken zusammen?

Im weitaus größten Teil der Altstadt lebten während der Ritterzeit die Griechen. Schon Mitte des 16. Jh.s hatten sich aber auch über 1000 türkische Familien hier niedergelassen. Ab dem Ende des 17. Jh.s mussten die Griechen vor Einbruch der Dunkelheit die ummauerte Stadt verlassen: Die Osmanen fürchteten Volksaufstände. Wohnrecht besaßen hier fortan nur noch Moslems und in ihrem eigenen großen Viertel die Juden. Viele griechisch-orthodoxe Kirchen und Kapellen wurden ab dem 16. Jh. durch Hinzufügen eines Minaretts und eines Mihrab in **Moscheen** verwandelt, einige Moscheen auch ganz neu erbaut. Insgesamt gab es in der Altstadt wahrscheinlich etwa 40 islamische Gotteshäuser.

Nach dem Abzug der Türken 1912 wurden die meisten Kirchen wieder von den orthodoxen Christen in Besitz genommen. Die Italiener verhinderten jedoch den anderswo in Griechenland nach der Befreiung oft üblichen Abriss der Moscheen und Minarette, sodass die Altstadt noch immer wie eine orientalische Perle wirkt. Die einzige Altstadt-Moschee, die Moslems heute noch zum Gebet offensteht, ist die Ibrahim-Pascha-Moschee. Der Ruf eines Muezzins erklingt aber auch dort nicht mehr.

BAEDEKER ÜBERRASCHENDES

6X DURCHATMEN

Entspannen, wohlfühlen, runterkommen

1. IN KLÖSTERLICHER STILLE

Das Kloster **Thári** liegt in völliger Waldeinsamkeit. Bleiben Sie doch einfach ein Weilchen im Klosterhof sitzen – wahrscheinlich offeriert Ihnen dann einer der Mönche einen Kaffee. (►**S. 85**)

2. WOHLFÜHLEN IN LINDOS

Ob ein Stündchen zwischendurch oder einen ganzen Tag lang – in einem alten Kapitänshaus im Zentrum von Líndos widmet man sich gern ganz Ihrem Wohlbefinden. (►**S. 75**)

3. MITTEN IN RHODOS-ALTSTADT

Ein Papagei begrüßt Sie, wenn Sie von der trubeligen Sokrates-Straße durchs unscheinbare Tor in den **Socratous Garden** eintreten. Bei leiser Musik und frischem Saft wissen Füße und Seele die Pause zu schätzen. (►**S. 99**)

4. FISCHE FÜTTERN

Fish Spas sind auf Rhodos groß in Mode. Kleine Fische knabbern Ihnen die Hornhaut von den Füßen, die Sie entspannt in einer Art Aquarium baden. Danach noch eine Fußmassage – und Sie sind wieder ganz fit!

5. YOGA AUF DEM PADDLE BOARD

In **Stegná** geht's aufs Paddle Board. Wenn Sie auf dem trendigen Brett den Sonnengruß nicht schaffen, tun's auch zehn Minuten im Shavasana-Modus, um die innere Mitte wiederzufinden. (►**S. 52**)

6. EINFACH NUR ZUSCHAUEN

Das **Aktaion** in Rhodos-Stadt ist ein Kaffeehaus alten Schlages. Hier spielen alte Herren schon morgens Karten und diskutieren die Politik, treffen sich Anwälte mit ihren Klienten, sitzen gut situierte Damen beim Kaffeeklatsch mit viel Süßem. (►**S. 98**)

In die türkische Vergangenheit

Was ist zu sehen?

Ein mindestens halbtägiger, sehr abwechslungsreicher Rundgang könnte am Amboise-Tor beginnen und zunächst einmal die Hauptachse der Altstadt von Uhrturm und Suleiman-Moschee über die Odos Sokratous bis zum Platz der hebräischen Märtyrer mit dem Holocaust-Denkmal hinunterführen. Danach geht es in einer Art Zickzack durch den südlichen Teil der Altstadt vorbei an mehreren Moscheen und dem ehemaligen türkischen Hamam wieder zurück zur Suleiman-Moschee. Unterwegs gibt es zahlreiche Möglichkeiten zur Einkehr und auch abseits der Hauptachse noch gelegentlich zum Shopping in kleinen Läden.

Überblick über die Altstadt

Uhrturm

Über der Odos Orfeos, die vom Amboise-Tor zur Suleiman-Moschee führt, ragt ein Uhrturm auf. Er wurde 1852 auf den Grundmauern eines Eckturms der Collachio-Mauer errichtet. Es lohnt sich hinaufzusteigen, um einen Gesamtüberblick über die Altstadt zu gewinnen.

April – Okt. tgl. 9 – 23 Uhr | Eintritt: 5 € inkl. Erfrischungsgetränk

Benannt nach dem Eroberer der Insel

Suleiman-Moschee

Das hoch am oberen Ende der Odos Sokratous aufragende Minarett der Suleiman-Moschee ist eines der Wahrzeichen von Rhodos. Benannt ist das Gotteshaus nach Sultan Suleiman dem Prächtigen, dem Eroberer der Insel. Die von ihm hier errichtete Moschee wurde allerdings 1808 durch diesen Neubau ersetzt. Dessen Minarett musste wegen Baufälligkeit abgetragen werden. Im Zug verbesserter griechisch-türkischer Beziehungen und wohl auch seiner touristischen Attraktivität wegen erbaute man es neu in seiner jetzigen Form.

Innenbesichtigung nicht möglich

Kostbare orientalische Handschriften

Hafiz-Ahmed-Agha-Bibliothek

Die türkische Hafiz-Ahmed-Agha-Bibliothek gegenüber der Moschee geht auf das frühe 13. Jh. zurück und wurde 1794 neu gegründet. Bei der Besichtigung kommt man zunächst in einen kleinen, blumengeschmückten Innenhof. Die Bibliothek verwahrt kostbare türkische und arabische Handschriften, darunter handgeschriebene Korane.

Mai – Okt. Mo. – Sa. 9.30 – 16 Uhr | Eintritt: frei

Ausrichtung des Baus in Richtung Mekka

Agha-Moschee

Etwa in der Mitte der Sokratous ragt schräg unterhalb des markanten Café Karpathos das Obergeschoss der kleinen, von der Bauform her sehr ungewöhnlichen Agha-Moschee (1820) mit einer Ecke über die Gasse. So konnte man den Mihrab, wie vorgeschrieben, in Richtung Mekka ausrichten. Schräg gegenüber (Haus Nr. 76) wartet das **älteste Kafenío der Altstadt** mit hölzerner Fassade, bunten Glasfenstern und Kieselsteinmosaikboden im Innern auf bessere Tage.

Reges Treiben

Platia Ippokratous

Der kleine Platz mit Brunnen in der Mitte am unteren Ende der Sokratous ist der geschäftigste Platz in der Altstadt. Von den teilweise mehrstöckigen Terrassen von Cafés und Tavernen blickt man über das nahe Marine-Tor auf das Meer und das bunte Treiben unter sich. Kellner versuchen, Gäste für ihr Lokal zu gewinnen. »Kráchtes« nennt man auf Griechisch diese Art von Aufreißern. Anderswo sitzt man ebenso schön und weitaus preiswerter. Ganz umsonst lassen sich viele Stadtbummler sogar auf der breiten Freitreppe nieder, die auf eine Terrasse der **Kastellania** hinaufführt. Der 1503 erstellte Bau beherbergte in Ritterszeiten die Marktverwaltung und ein Handelsgericht. Heute nutzt es die Stadtbibliothek von Rhodos.

Die älteste Moschee der Insel

Ibrahim-Pasha-Moschee

Wer nicht zunächst durch das jüdische Viertel gehen möchte, kommt durch eine kleine Gasse zur einzigen noch täglich von der moslemischen Inselgemeinde genutzten Moschee. 1531 erbaut, ist sie das älteste noch original erhaltene islamische Gotteshaus der Insel. Der zugehörige Reinigungsbrunnen ist im besten Zustand. Im Umfeld der Moschee trifft sich abends vor allem die griechische Jugend in kleinen Musiklokalen, Bars und Diskotheken, die meist ausschließlich moderne griechische Musik auflegen.

Außerhalb der Gebetszeiten sporadisch geöffnet | beim Besuch Schuhe ausziehen!

Das Herz der Stadt schlägt am Ippokratous-Platz.

Immer eingerüstet

Redjeb-Pasha-Moschee

Folgt der Besucher der schmalen Odos Sofokleous südwärts, gelangt er über die Platia Aristomenous zur Platia Dories, an dem die Redjeb-Pasha-Moschee von 1588 ihren Platz gefunden hat. Für ihren Bau nutzten die Türken Bauteile aus byzantinischer und ritterlicher Zeit. Das Gotteshaus mit seinen kielbogenförmigen Arkaden ist seit Jahrzehnten eingerüstet, doch Renovierungsarbeiten werden nicht durchgeführt.

Keine Innenbesichtigung möglich

»Versenkte« alte Kirche

Ágios Fanoúrios

Mit ihrer Apsis stößt die Kirche Ágios Fanoúrious an die Platia Dorieos. Der hl. Fanoúrios wird vor allem angerufen, wenn man etwas vergessen oder verloren hat. Der Bau liegt unter dem Bodenniveau der Ritterzeit und wird auch deshalb meist ins 9. Jh. datiert. Die stark verrußten Fresken im Innern stammen jedoch erst aus dem 13. bis 15. Jahrhundert.

Tagsüber geöffnet, Eintritt frei

Noch eine Moschee

Platia Arionos

Wendet man sich nach Verlassen der Kirche nach rechts, zweigt schon kurz darauf die ganz enge, verwinkelte Gasse Zinonos nach links oben ab. Sie mündet kurz darauf direkt zwischen der **Sultan-Mustafa-Moschee** und dem ehemaligen Türkischen Bad auf die Platia Arionos. Moschee und Hamam entstanden um 1770 und werden beide heute nicht mehr genutzt.

Moschee: keine Innenbesichtigung möglich

Jüdisches Viertel

Schwer zerstört

Verschiedene Bauten

Das ehemalige jüdische Viertel der Altstadt wurde von den Bomben des Zweiten Weltkriegs besonders schwer getroffen: Auch deswegen gibt es dort jetzt den einzigen Parkplatz innerhalb der mittelalterlichen Mauern. Bei einem Rundgang stößt man nicht nur auf Erinnerungen an die früheren jüdischen Bewohner, sondern auch auf einige Bauten der Johanniterritter.

Spätes Denkmal für die Judenverfolgung

Holocaust-Denkmal

Erst 2002 konnte sich die Gemeinde Rhodos dazu durchringen, den Holocaust-Opfern des Dodekanes ein Denkmal auf der Platia Martiron Evreon (»Platz der Hebräischen Märtyrer«) zu errichten. In sechs Sprachen wird darauf der Toten gedacht: Außer auf Hebräisch, Griechisch, Englisch, Französisch und Italienisch auch auf Ladino, der Sprache der rhodischen Juden.

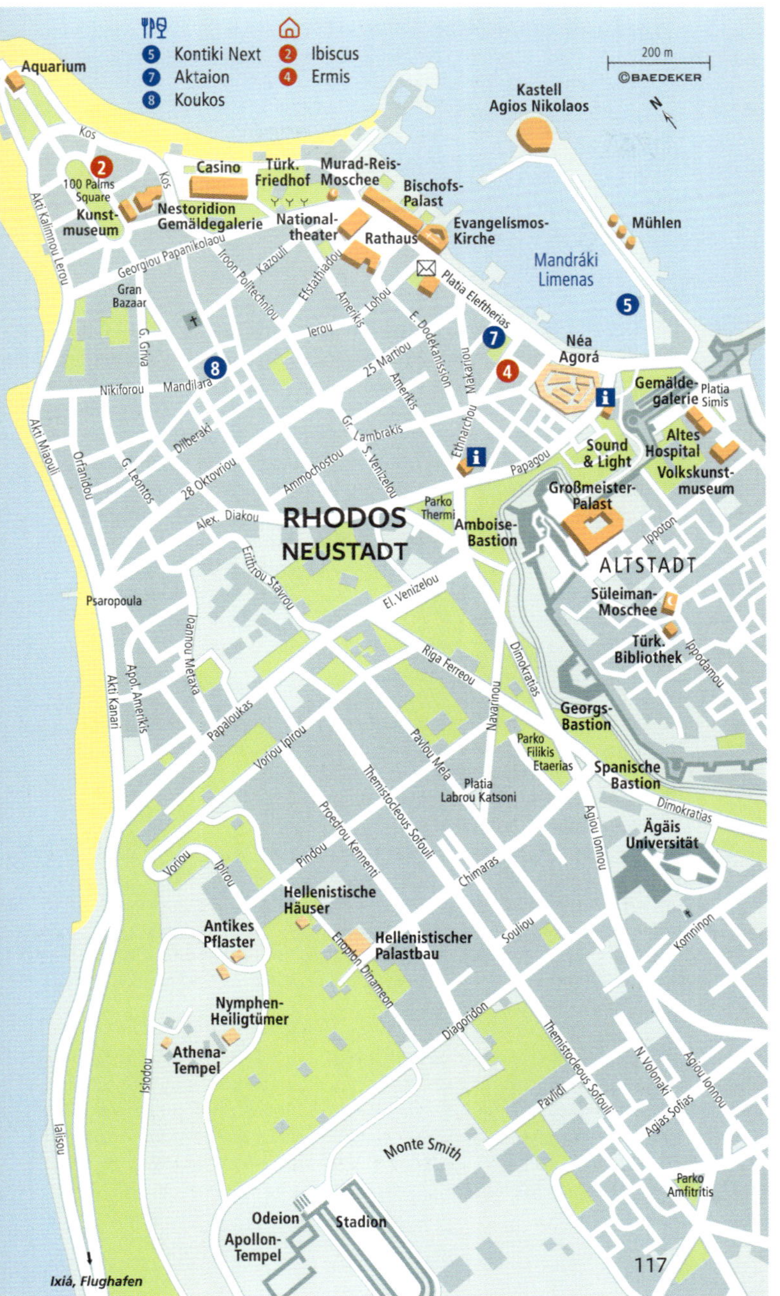
Kontiki Next
Aktaion
Koukos
Ibiscus
Ermis
200 m
©BAEDEKER
Aquarium
Kastell Agios Nikolaos
Casino
Türk. Friedhof
Murad-Reis-Moschee
Bischofs-Palast
100 Palms Square
Kunst-museum
Nestoridion Gemäldegalerie
National-theater
Rathaus
Evangelísmos-Kirche
Mühlen
Mandráki Limenas
Gran Bazaar
Néa Agorá
Gemälde-galerie
Platia Simis
Altes Hospital
Volkskunst-museum
Sound & Light
Großmeister-Palast
Parko Thermi
Amboise-Bastion
RHODOS NEUSTADT
ALTSTADT
Süleiman-Moschee
Türk. Bibliothek
Georgs-Bastion
Parko Filikis Etaerias
Spanische Bastion
Platia Labrou Katsoni
Ägäis Universität
Hellenistische Häuser
Hellenistischer Palastbau
Antikes Pflaster
Nymphen-Heiligtümer
Athena-Tempel
Monte Smith
Odeion
Stadion
Apollon-Tempel
Parko Amfitritis
Ixiá, Flughafen

Fragen Sie das jüdische Gemeindemitglied

Synagoge Kahal-Shalom

Die einzig verbliebene von einst sechs Synagogen der Stadt wurde 1577 erbaut. Die Frauenempore baute man erst in den 1930er-Jahren ein; vorher beteten die Frauen in einem Nebenraum an der Südseite. Ein Gemeindemitglied steht Besuchern stets für Fragen und Erklärungen zur Verfügung. Im Mittelpunkt des angeschlossenen kleinen **Museums** stehen Dokumente zum Holocaust und frühe Fotografien aus dem jüdischen Viertel. (Das ist Rhodos ▶ S. 12)

Odos Simmiou 2 | Mai – Okt. So. – Fr. 10 – 15 Uhr | Eintritt: 4 €
www.rhodesjewishmuseum.org

Vom Gäste- zum Armenhaus

Katharinen-hospiz

Das Hospiz wurde bereits 1392 als Gästehaus des Ritterordens eröffnet und nach der türkischen Belagerung von 1480 neu gestaltet. Bis zum Beginn von Restaurierungsarbeiten 1986 lebten hier noch 16 arme rhodische Familien. Jetzt ist der Bau mit mehreren Innenhöfen nur noch für Konzerte und andere Veranstaltungen geöffnet.

Schön präsentierte Ruinen

Panagía tou Boúrgou

Fast wie ein Platz neu gestaltet wurden die Ruinen der gotischen Marienkirche, von der neben Pfeilerbasen vor allem die drei Ostapsiden erhalten blieben. In ihnen ist auch noch das Kreuzrippengewölbe des 14. Jh.s zu erkennen.

Neustadt

Einheimische und Touristen teilen sich das Gebiet

Zweigeteiltes Stadtviertel

Die Neustadt der Inselmetropole ist deutlich zweigeteilt. In der östlichen Hälfte wohnen die meisten Einheimischen. Die westliche Hälfte ist stark touristisch geprägt und dank ihrer Strände auch bei Badeurlaubern beliebt. Wirklich sehenswert ist hier nur die Uferzone zwischen der Nordspitze der Insel mit dem Aquarium und dem Mandráki-Hafen. Dort haben italienische Architekten in den 1920er- und 1930-Jahren viele beeindruckende Gebäude erstellt, zudem sorgt ein kleiner türkischer Friedhof für einen romantischen Farbtupfer. Zwei Stunden kann man für den Spaziergang in diesem Neustadtbereich gut ansetzen, den die Italiener als »Gartenstadt« und auch schon als Urlauberattraktion konzipierten.

Stand hier der Koloss von Rhodos?

Mandráki-Hafen

Bilderbuch-Rhodos: Ausflugsschiffe, Segeljachten und Motorboote liegen an den Kais, gut vor Wind und Wellen geschützt wie Schafe in einem Pferch vor Wölfen. Deswegen trägt der Hafen auch seinen Namen Mandráki: »Pferchlein«. Auf der langen Mole zum offenen Meer hin stehen Windmühlen (15. Jh.) mit roten Hauben, an der Molen-

OBEN: Hier soll er gestanden haben, der Koloss von Rhodos ...

LINKS: ... und so stellte man ihn sich Jahrhunderte später vor.

KOLOSS VON RHODOS

Sie zählte zu den sieben Weltwundern des Altertums: die gigantische Statue des Sonnengottes Helios. Die Rhodier stellten sie 292 v. Chr. am Hafen ihrer Hauptstadt als Siegesdenkmal auf, nachdem sie ihre Insel 305 v. Chr. gegen die gewaltige Übermacht des Diadochen Demetrios Poiokretes verteidigen konnten. Der Koloss stürzte schon 223 v. Chr. bei einem Erdbeben ein, die Reste wurden im 7. Jh. nach Syrien gebracht und eingeschmolzen.

1 Die Statue
32 m hoch soll sie gewesen sein – laut den antiken Schriften des Plinius u. a. – und auf einem 10 m hohen Sockel gestanden haben. Der Kopf allein muss demnach 4,30 m hoch, der erhobene Arm etwa 10 m lang gewesen sein. Errichtet wurde sie innerhalb von 12 Jahren unter Leitung des Erzgießers Chares von Líndos.

2 Das Gerüst
Eisenstangen wurden tief im Fundament verankert. Ein korbartiges Geflecht mit Querversteifungen bildete wohl das Gerüst. Darum herum wurde eine 1–2 cm dicke Bronzehaut gelegt. 45 t Eisen und 75 bis 150 t Bronze wurden verbaut. Im Innern waren Steine als Ballast aufgetürmt. Wahrscheinlich schichtete man jeweils um ein fertig gestelltes Bronzeteil Erde auf, um darauf stehend den Guss des nächsten Stückes des Kolosses durchzuführen.

3 Die Strahlenkrone
Die Haare des Sonnengottes und seine Strahlenkrone waren vergoldet. Ankommende Schiffe sollen sie so schon von Weitem im Sonnenlicht schimmern gesehen haben. Jeder Strahl besaß eine Länge von etwa 1,70 m.

4 Die Nase
Um sich nochmals einen Begriff von den Ausmaßen des Kolosses zu machen: Allein die Nase soll 90 cm lang gewesen sein.

5 Der Standort
Lange hat man diskutiert und gestritten, wo er wohl gestanden haben mag: Manche vermuteten ihn gar mitten in der Altstadt, eine These, die heute widerlegt ist. Aber ob er am Kriegshafen (dem heutigen Mandráki-Hafen) oder dort auf der Mole gestanden hat – was die wahrscheinlichste These ist – lässt sich schwer beweisen. Denn bis heute hat man keine Überreste gefunden.

BAEDEKER WISSEN

GIGANTEN

Der Koloss von Rhodos war in der Antike ein monumentaler Gigant. Trotz der damals begrenzten technischen Mittel erreichte er fast die Größe der Freiheitsstatue ohne deren Sockel. Im Vergleich mit neueren Statuen aus Asien ist er jedoch nur ein Zwerg unter den Riesen.

▶ Koloss von Rhodos

Kolossalstatuen gab es schon lange bevor sie als solche bezeichnet wurden, etwa in Ägypten oder Mesopotamien. Das griechische »koloss« bedeutet nur »Figur«. Als Bezeichnung für eine riesige Statue taucht der Begriff tatsächlich erst mit dem Koloss von Rhodos auf.

Baubeginn	Anfang 3. Jh. v. Chr.
Bauzeit	ca. 12 Jahre
Höhe	ca. 30 – 35 m
Material	Bronze & Stein

▶ Es geht noch größer:
Kolossalstatuen weltweit

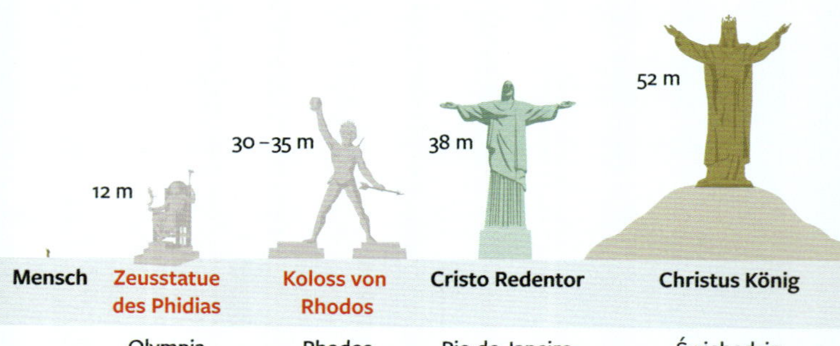

Mensch	Zeusstatue des Phidias	Koloss von Rhodos	Cristo Redentor	Christus König
	Olympia	Rhodos	Rio de Janeiro	Świebodzin
	440 v. Chr.	3. Jh. v. Chr.	1931, Brasilien	2010, Polen

Die Sieben Weltwunder der Antike

- Tempel der Artemis in Ephesos
- Mausoleum von Halikarnassos
- Hängende Gärten der Semiramis von Babylon
- Pyramiden von Gizeh
- Leuchtturm von Alexandria
- Zeusstatue des Phidias in Olympia
- Koloss von Rhodos

GRIECHENLAND
TÜRKEI
IRAK
ÄGYPTEN

Zeusstatue des Phidias
Wie der Koloss von Rhodos zählte die Zeusstatue von Olympia zu den Sieben Weltwundern. Das Werk des Bildhauers Phidias wurde um 360 n. Chr. nach Konstantinopel gebracht, wo es 465 einem Brand zum Opfer fiel.

aubeginn	440 v. Chr.
auzeit	ca. 10 Jahre
öhe	ca. 12 m
aterial	Holz, Gold & Elfenbein

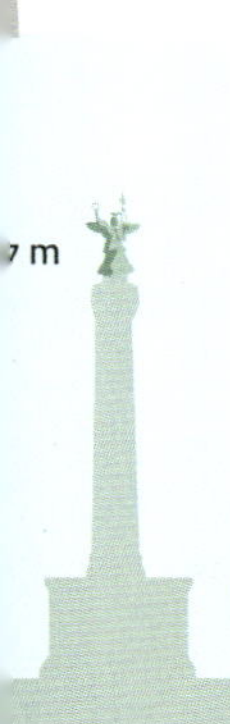

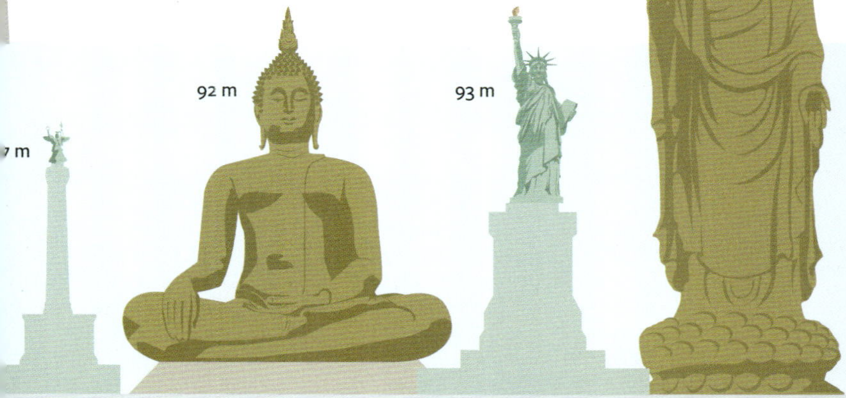

Siegessäule	Luang Por Yai	Freiheitsstatue	Spring Temple Buddha
Berlin	Wat Muang	New York	Lushan
73, Deutschland	2009, Thailand	1886, USA	2002, China

DER TAG BEGINNT

Wenn Sonnengott Helios die Tagesreise über das Firmament beginnt, steigt er zwischen Anatolien und seiner Insel Rhodos aus dem Meer. Sie stehen vor der Kirche Evangelismós und blicken auf Hirsch und Hirschkuh auf ihren Säulen, an deren Stelle einst Helios als Koloss von Rhodos die Hafeneinfahrt überspannte. Angler versuchen da ihr frühes Glück. Dahinter zeichnen sich die Umrisse der kleinen Hafenfestung des hl. Nikolaus ab, der Fischer und Seefahrer beschützt. Ganz in der Ferne nimmt das Taurus-Gebirge Gestalt an. Die Sonne ficht das alles nicht an. Sie geht ihren gewohnten, Leben spendenden Gang.

spitze krönen Zinnen die Mauern der kleinen Hafenfestung **Ágios Nikólaos** aus der Zeit um 1500, die natürlich Nikolaus, dem Schutzheiligen der Fischer und Seefahrer, geweiht ist. Von da aus ist der Blick auf die Stadtkulisse am schönsten: Hinter der orientalisch anmutenden Kuppel des Marktgebäudes erhebt sich wuchtig der Großmeisterpalast. Weiter rechts schließen sich an die Markthalle italienische Verwaltungsbauten an: Offizierskasino, Nationalbank und Hauptpost. In der Südwestecke des Hafenbeckens gehört der hohe Turm zur Kirche Evangelismós. Zwischen dieser und der Nikolaus-Festung markieren zwei Säulen die Hafeneinfahrt. Auf ihnen stehen **Elafós und Elafína**, Hirsch und Hirschkuh, als Wappentiere der Insel. Erhob sich an ihrer Stelle einst der Koloss von Rhodos, eines der sieben Weltwunder der Antike?

Néa Agorá

Zentrum des Marktlebens

Der »Neue Markt« aus der italienischen Besatzungszeit ist ein außergewöhnliches Ensemble. Verantwortlicher Architekt war der 1923 nach Rhodos gekommene **Florestano di Fausto**, der die Neustadt von Rhodos zu einer Gartenstadt machen wollte. Eklektizismus war der Grundpfeiler seiner Ideen. Ein hohes, an orientalische Städte erinnerndes Tor bildet den auf den Hafen ausgerichteten Haupteingang. An der Hafenfassade reihen sich Cafés mit hohem Hüftgoldfaktor aneinander, und im Tordurchgang versorgen zwei Kioske auch Nachtschwärmer mit allem, was man so braucht, aktuelle internationale Presse inklusive.

Als unregelmäßiges Sechseck zieht sich das Marktgebäude um einen großen, nicht überdachten Innenhof herum. Orientalische Hofmoscheen lieferten den italienischen Architekten die Anregung dafür. Ein überkuppelter Bau im Innenhof diente einst als Fischmarkt. Im Marktgebäude sind kleine Geschäfte, Cafés und Grillstuben angesiedelt, deren Tische und Stühle zum Teil auch auf dem Innenhof stehen – hier kann man insbesondere an windigen Tagen gut rasten. Vor der Südwestfront der Néa Agorá liegt der rhodische Fernbusbahnhof – das sorgt für zusätzliches Leben in und um die Néa Agorá.

Evangelismós

Kopie der Ordenskirche

Vorbei am ehemaligen Offizierskasino (heute Café Aktaion ►S. 98), an der Nationalbank und der Hauptpost – drei eher monumentalen als verspielten Bauten – kommen Sie zur Kirche Evangelismos (1925), der Bischofskirche der Insel, die unmittelbar mit dem Bischofspalast verbunden ist. Die dreischiffe Basilika ist äußerlich eine freie Rekonstruktion der Ordenskirche aus dem 14. Jh., die einst gegenüber dem Großmeisterpalast stand und 1856 durch eine Explosion völlig zerstört wurde. Die Italiener feierten in ihr römisch-katholische Messen. Nach dem Zweiten Weltkrieg wurde die Kirche dem orthodoxen Bistum übereignet und von einem der namhaftesten neugriechischen Maler, **Fotis Kontoglou** (1896 – 1965), vollständig im traditionellen byzantinischen Stil ausgemalt. Außerhalb von Gottesdiensten haben Besucher heute leider nur Zutritt zum hintersten Teil des Gotteshauses und können somit viele der Wandmalereien nur aus größerem Abstand betrachten.

Der heutige **Bischofspalast** (1926), der sich lückenlos an die Kirche anschließt, diente den Italienern als Gouverneurspalast. Zur einen Seite hin wirkt er wie eine gotische Loggia, zur anderem wie eine Kopie der Fassade des Dogenpalastes von Venedig.

Kirche: tgl. 7 – 12, 17 – 19.30 Uhr | Eintritt: frei

Theater

Nachahmung der Macht und Größe der Ritter

Mit all ihren Neubauten verfolgten die Italiener ein Ziel: Ihr neues Rhodos sollte ebenso imposant und schön sein wie die mittelalterli-

Über den Yachthafen hinweg geht der Blick zur Kuppel der Néa Agorá.

che Altstadt, an deren Größe ihre Vorfahren, die italienischen Ritter, ja maßgeblichen Anteil hatten. Darum musste auch ein stattliches Theater errichtet werden. Es steht gegenüber dem Bischofspalast. Zum Bautenensemble hier gehört noch das Rathaus.

Pause gefällig?

Beach Clubs

An den Bischofspalast schließt sich meerseitig ein großer freier Raum an, der als Parkplatz genutzt wird. Hier können Sie gut eine Pause einlegen: im von den Italienern als Night Club erbauten Elli Beach Club oder gleich nebenan in der Baron Beach Lounge. Kaffees und Drinks werden hier auch an den Liegestühlen serviert, denn vor den beiden Lokalen beginnt der Elli Beach, der erste Urlauberstrand auf Rhodos überhaupt. Schon die Italiener drehten hier Filme, die für einen Badeurlaub auf Rhodos warben.

Friedhof als idyllischer Platz?

Türkischer Friedhof

Gegenüber vom Elli Beach Club ist der Zugang zum historischen Türkischen Friedhof der Stadt, der sich ebenfalls zur Entschleunigung eignet. Die Italiener integrierten den Friedhof und seine Moschee ganz bewusst als idyllisch-orientalischen Flecken in ihr Gartenstadt-Konzept. Unter hohen Palmen und Eukalyptusbäumen stehen Grabsteine, die Inschriften in arabischer Schrift tragen; manche sind auch mit einem Turban bekrönt und weisen so den Toten als Würdenträger des Osmanischen Reiches aus. In den Sarkophagen in den sechseckigen Bauten (Türben) wurden hochgestellte Persönlichkeiten begraben. In der größten Türbe ist der 1522 bei der Belagerung von Rhodos gefallene osmanische Admiral Murrad Reis bestattet. Nach ihm benannt ist auch die jetzt funktionslose Moschee hier.

Friedhof tagsüber frei zugänglich | Spende erbeten

Berühmtheiten haben hier übernachtet

Hotel des Roses

Vom Elli Beach Club bis zum Aquarium können Sie entspannt der Uferpromenade oberhalb des Strandes folgen. Der sehr markante Bau linker Hand ist das Hotel des Roses, als Albergho delle Rose das **Luxushotel der Italiener** auf Rhodos und auch noch in den ersten Jahren nach dem Zweiten Weltkrieg eines der Grand Hotels der Levante. Architekt Florestano di Fausto hatte in den 1920er-Jahren durch Stuckornamente orientalisch anmutende Akzente gesetzt. Die fehlen heute, denn schon sein Nachfolger Armando Bernabiti, der auch für Rathaus, Theater, Bank und Post verantwortlich zeichnete, bevorzugte einen schnörkelloseren Stil und ließ viele romantische Spielereien entfernen. Zeitgeschichtlich interessant: 1949 fanden hier unter der Regie der UNO die Friedensverhandlungen zwischen Israel und seinen arabischen Nachbarn statt. Der griechische Staatsmann Eleftherios Venizelos, der israelische Verteidigungsminister Moshe Dayan und der griechische Multimilliardär Aristotelis Onassis, der zyprische Erzbischof Makarios III. und Winston Churchill gehörten schon zu seinen Gästen. Als Hotel fungiert der große Prachtbau noch immer; auch ein Spielkasino ist darin untergebracht.

Heinmische Meereswelt

Aquarium

Das von den Italienern in den 1930er-Jahren nach Plänen von Armando Bernabiti erbaute Aquarium markiert die Nordwestspitze der Insel. In seinen in den Fels eingelassenen Becken tummeln sich überwiegend in griechischen Gewässern heimische Fische und Meerestiere.

April – Okt. tgl. 9 – 20.00 Uhr, Nov. – März tgl. 9 – 16.30 Uhr
Eintritt: 5,50 € | rhodes-aquarium.hcmr.gr

Auch einmal moderne Kunst

Nestorídion Mélathron

Südlich des Aquariums ist die Platia Charitou der wohl schönste Platz in der Neustadt. Nicht umsonst wird er auch »100 Palms Square« genannt. Straßencafés gibt es hier aber nicht. Dafür gibt es am Platz das Nestorídion Mélathron, ein Museum für moderne neugriechische Kunst. Alle Stilrichtungen des 20. Jh.s vom Expressionismus bis zur Pop Art sind vertreten, und ein neuer Flügel ist Sonderausstellungen zeitgenössischer griechischer Kunst vorbehalten. Untergebracht ist das Museum in einem weiteren ehemaligen Luxushotel aus den 1930er-Jahren, als die Insel jährlich bis zu 50 000 nicht-griechische Touristen zählte.

Für einen Sonnenuntergang

Akropolis

Die antike Inselmetropole war viermal größer als die Altstadt der Ritter und Türken. Ihre Akropolis stand auf einem Hügel im äußersten Südwesten des antiken Stadtgebiets, dem heutigen Monte Smith. Weiter im Osten dehnte sich die antike Nekropolis über eine riesige Fläche bis zum Meer hin aus. Akropolis und Nekropolis sind heute nur noch für archäologisch besonders Interessierte einen Besuch wert. Für Urlauber, die in der Stadt Rhodos wohnen, mag auch ein Akropolis-Spaziergang zur Zeit des Sonnenuntergangs reizvoll sein, denn von dort oben aus hat man einen weiten Blick entlang der Westküste.

Hauptbauten auf der Akropolis sind ein Stadion, ein Odeon und die Ruine eines Tempels. Das **Stadion** aus dem 3. Jh. v. Chr. wurde von den Italienern nahezu vollständig rekonstruiert.

Vom **Odeon** aus römischer Zeit, das einst 800 Besuchern bei den Aufführungen Platz bot, sind nur noch die drei untersten Sitzreihen im Original erhalten.

Vom **Apollo-Pythios-Tempel** haben die italienischen Archäologen dreieinhalb Säulen mitsamt Architrav wieder aufgerichtet. Geht man von diesem Tempel auf der Asphaltstraße in Richtung Stadt bis zur Antennenstation, erkennt man zudem zu deren Füßen noch einige wenige Reste eines Tempels für Athena Polias und Zeus Polieus sowie ein Stück weiter beidseits der Straße die Anlage eines ursprünglich unterirdischen hellenistischen Nymphaions, einer den Nymphen geweihten Brunnenanlage.

Überblick über die Gräber

Nekropolis

Den besten Eindruck von der Vielzahl der in den Fels gehauenen Gräber erhält man, wenn man mit dem Linienbus über den Leoforos Kallitheas Richtung Faliráki fährt oder diese Straße von der Laikí Agorá, dem größten Wochenmarkt der Stadt, einige Hundert Meter weit Richtung Süden spaziert. Zur Linken breitet sich da der große heutige Hauptfriedhof aus, zu dem auch ein immer noch genutzter islamischer Friedhof gehört, zur Rechten reichen die Felsgräber bis unmittelbar an die Straße heran.

Vernachlässigtes Gelände

Rodíni-Park

Auch der **größte Park der Stadt** liegt auf dem Gelände der antiken Nekropolis. Als Naherholungsfläche erfüllt er wegen arger Vernachlässigung kaum noch seine Aufgabe. Kleine Wasserläufe, ursprünglich schön angelegte Wege und Pfade, einige Enten und Pfauen lassen nur noch erahnen, wie attraktiv die Grünanalage zur italienischen Besatzungszeit war.

Im obersten Teil des Parks zeugt das so genannte **Ptolemäergrab** (3. Jh. v. Chr.) von der einstigen Pracht antiker Grabmonumente. 21 Halbsäulen gliedern die Fassade.

6X

EINFACH UNBEZAHLBAR

Erlebnisse, die für Geld nicht zu bekommen sind

1. FREIE TAGE

Alle **Museen und archäologischen Stätten** gewähren an einigen Tagen im Jahr freien Zutritt. Das sind der erste Sonntag im Monat zwischen November und März, der 6. März, der 18. April, der 18. Mai, das letzte Wochenende im September und der 28. Oktober.

2. IM BACH BADEN

Zwischen Psínthos und Archípoli überquert die schmale Waldstraße einen ganzjährig Wasser führenden **Bach**. In dem plantscht niemand – außer Ihnen, wenn Sie Kindheitserinnerungen wachrufen wollen. (**S. 42**)

3. BELOHNUNG FÜR WINTERGÄSTE

Wer im Winter Urlaub auf Rhodos macht, wird nicht nur mit fast leeren Museen und Ausgrabungsstätten belohnt, sondern zahlt zwischen November und März auch nur das halbe Eintrittsgeld. Die Hotelpreise sind dann ohnehin sehr viel niedriger.

4. RESTEVERWERTUNG

Rhodische Portionen sind groß, da bleibt oft etwas über. Viele Einheimische nehmen Essensreste im **Doggy Bag** mit. Katzen und Hunde freuen sich überall auf der Insel über solche Futterspenden.

5. UMSONST – MAL ANDERS HERUM

In den großen Supermärkten der Insel gibt es hinter der Kasse einen Bereich, wo **Lebensmittel** und andere Güter für die immer mehr werdenden Armen der rhodischen Gesellschaft abgegeben werden können. Die bekommen die dann umsonst.

6. BEZIEHUNG KNÜPFEN

Etwas vergessen oder verloren? Eilen Sie zum **hl. Fanoúrios**! Der hilft beim Wiederfinden. Wenn nicht, hatte er gerade keine Zeit. Wenn doch, haben Sie eine Beziehung zu einem wichtigen griechischen Heiligen geknüpft.

Rund um Rhodos-Stadt

Koskinoú (Κοσκιού)

Hübsche Gassen und historische Häuser

Im historischen, völlig autofreien Dorfkern haben sich in Koskinoú noch viele Häuser aus dem 19. und frühen 20. Jh. an idyllischen Gassen erhalten. Viele Häuser besitzen klassizistische Portale und einen kleinen Innenhof mit Kieselmosaikboden. Eines dieser Häuser, das **Traditional House Koskinoú**, ist, traditionell möbliert, als kleines volkskundliches Museum zugänglich.

Mo – Fr 10 – 13, 17 – 20 Uhr, Eintritt: frei

Pastisáda (Παστίδα)

Honig, Honig, Honig

Direkt an der vierspurigen Schnellstraße von der West- zur Ostküste steht die größte und modernste Honigfabrik des Dodekanes, Melissokomikí Dodekánissou. Dort kann man sich nicht nur die Abfüllanlage ansehen, sondern auch ein modernes kleines Museum, das anschaulich von Bienen, Imkerei und Honig in Geschichte und Gegenwart erzählt. Zwei lebende Bienenvölker beobachtet man hinter sicherem Glas. Im angeschlossenen Laden gibt es allerlei Honigsorten in unterschiedlichen Verpackungsgrößen zu kaufen, dazu Kerzen aus Bienenwachs, Kosmetika und Liköre mit Honig.

Mo. – Fr. 8.30 – 15.30 Uhr | Eintritt: 3 €

★★ SÝMI (INSEL)

Griechisch: Σύμη | **Größe:** 63 km² | **Einwohnerzahl:** 2500

Sie haben bisher nur auf großen griechischen Inseln Ihren Urlaub verbracht? Dann lassen Sie sich einen Tagesausflug zum 42 km entfernten Sými auf keinen Fall entgehen! Nehmen Sie eine Notfallausrüstung mit: Vielleicht gefällt es Ihnen da ja so gut, dass Sie über Nacht bleiben wollen. Sind die täglichen Ausflugsboote von Rhodos her erst einmal weg, verfällt nämlich auch die lange Uferpromenade in eine Art Stand-by-Modus, die Sie freilich tagsüber auch schon in den Gassen der Oberstadt genießen können. Wenn Sie zwei Tage auf Sými verbringen, können Sie zudem die Nachbarbuchten des Hauptortes erkunden und dort baden. Aber auch bei den meisten Tagesausflügen sehen Sie außer dem Ort auch einen der größten Klosterkomplexe der griechischen Inselwelt, das dem Erzengel Michael geweihte Kloster Panormítis. Die meisten Ausflugsboote legen einen einstündigen Zwischenstopp ein.

Das kleine Sými liegt zwischen den nur 7 bis 8 km entfernten türkischen Halbinseln Resadiye (Knídos) und Bozburun (Tracheía). Trotzdem gehört es, wie die Griechen auch aus politischen Gründen immer wieder betonen, geologisch nicht zu Kleinasien Die Insel sitzt nicht dem Festlandsockel auf, sondern wird von den türkischen Küsten durch 250 bis 300 m tiefe Gewässer getrennt.

 Hauptort Sými

Einer der schönsten Orte Griechenlands

Ehemals reiche Stadt

Von See her betrachtet wirkt Sými steinig, kahl und unfruchtbar. Umso überraschender ist der Anblick bei der Einfahrt in die fjordartige Hafenbucht. Da liegt vor dem Reisenden ein Städtchen mit stattlichen, ziegelgedeckten Häusern. Sie ziehen sich um die Bucht herum und an deren Ende noch etwas ins Hinterland hinein, klettern den Hang bis zum Burgberg und einen von Windmühlen besetzten Hügelkamm empor. Man spürt, dass Sými einmal reich gewesen sein muss. Nur wenige Häuser sind Ruinen, den Simioten scheint es nicht schlecht zu gehen. Der **Tourismus** hat Sými neues Leben eingehaucht. Seit den 1970er-Jahren bringen täglich mehrere Ausflugsschiffe Tagesausflügler aus Rhodos herüber, inzwischen kommen häufig auch Ausflugsboote mit türkischen Touristen, die hier für

Sými-Stadt zeigt seine Schönheit erst richtig, wenn man in die Bucht eingefahren ist.

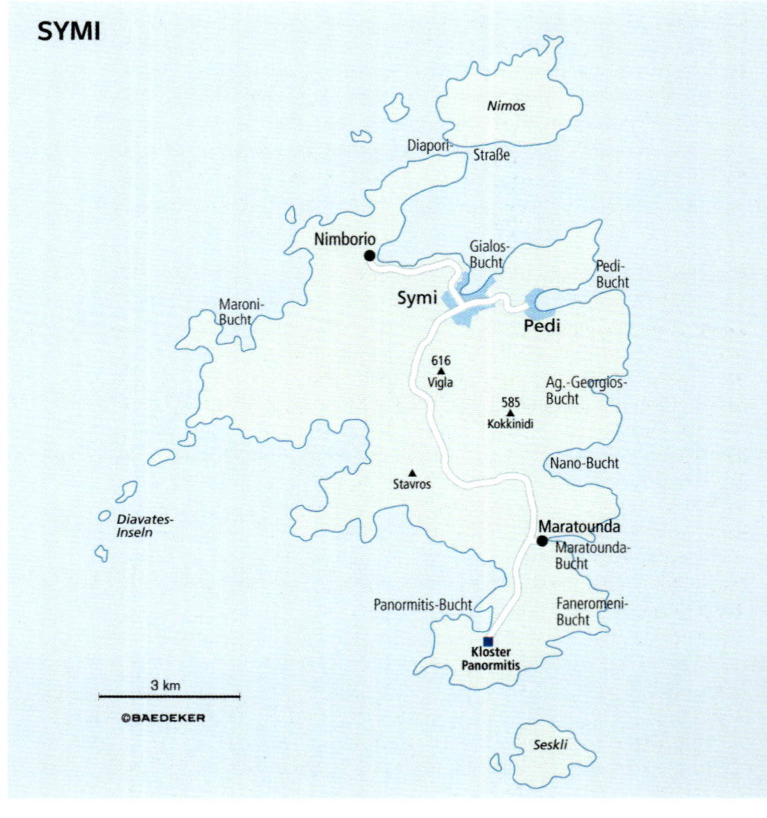

Speis und Trank viel mehr Geld ausgeben als die meisten anderen Europäer. An alle werden entlang der Hafenpromenade Naturschwämme aus Kálymnos und Florida oder Kräuter und Gewürze aus aller Herren Länder verkauft. Über 600 Fremdenbetten stehen zumeist in kleineren, historischen Häusern bereit – und so manch wohlhabender Ausländer hat auf Sými Haus- und Grundbesitz erworben. Luxusyachten sind im Hafen ein ganz gewöhnlicher Anblick geworden; entsprechend hoch ist das Preisniveau.

Niedergang durch die Italiener

... und Aufstieg mit dem Tourismus

Das Städtchen Sými mit seinen Vierteln Gialós (»Meeressaum«, gesprochen: Jalós) und Chorió (»Dorf«) oder Áno Sými (»Ober-Sými«) am Burgberg hat sich äußerlich weitgehend den Charakter vom Ende des 19. Jh.s erhalten. Damals fand über ein Zehntel seiner Bevölkerung Arbeit in der Schwammfischerei. Mehrere Werften bauten jährlich bis zu 500 kleine und große Segler, für die die Wälder Kleinasiens das nötige Holz lieferten. Der wirtschaftliche Niedergang kam mit der italienischen Besetzung, die Sými wie viele griechische Inseln des kleinasiatischen Hinterlandes beraubte. Bereits 1922 lebten auf der Insel nur noch 8000 Menschen. Viele weitere wanderten in den nächsten Jahrzehnten aus: nach Rhodos, Athen und in andere Regionen. Der Tourismus brachte in den1970er-Jahren die Wende.

Wohin in Sými-Stadt?

Zeichen des Wohlstands

Hafen

An der Hafeneinfahrt ragt seit 1881 ein frei stehender Uhrturm auf, der 1881 als Zeichen des städtischen Wohlstands errichtet wurde. Hier legen die Linienschiffe an. Das Gebäude der Hafenverwaltung ist ein typischer Bau aus der italienischen Besatzungszeit. Geht man von hier weiter ins Innere der Bucht, passiert man rechter Hand ein aus Beton gegossenes Relief, das eine Kopie des berühmten Schiffshecks an der Akropolis von Líndos darstellt und an die Übergabe des Dodekanes an Griechenland nach dem Zweiten Weltkrieg erinnert. Vorbei an Tavernen und Souvenirhändlern kommt man dann zu einer Brücke, hinter der sich landeinwärts ein weiter Platz erstreckt. Hier steht das Rathaus der Insel und hier waren bis zum Ersten Weltkrieg die meisten kleinen Inselwerften angesiedelt.

In die Oberstadt

Kalí Stráta

Jenseits der Brücke folgt das eigentliche Zentrum von Gialós mit einer winzigen Platía voller Tische und Stühle. Von hier führt ein breiter, gepflasterter Weg mit 387 Stufen hinauf in die Oberstadt. Er wird Kalí Stráta (»Gute Straße«) genannt, weil er der erste befestigte Weg im Städtchen war. Ähnliche Bezeichnungen für die historisch bedeutsamste Straße eines Ortes gibt es auch auf vielen anderen griechischen Inseln.

Mit Ausblick

Chorió/ Áno Sými

Im Zentrum der Oberstadt angekommen, ist die Taverne Geórgios nicht zu übersehen. Sehenswert ist 100 m weiter rechts an der Gasse gegenüber der Bar Gláros die Inselapotheke mit ihrer etwa 110 Jahre alten Originaleinrichtung. Wegweiser führen von hier zum nahen **Archäologischen Museum**. Es zeigt in fünf kleinen Räumen Webgewichte von der Bronzezeit bis zum Hellenismus, tönerne Totenmasken (5. Jh. v. Chr.), Fragmente von hellenistischen Skulpturen und Grabreliefs, byzantinische Keramik, einige Ikonen sowie Möbel, Trachten und Stickereien. Zum Museum gehört auch eines der schönsten Herrenhäuser der Insel, die Chatziagapitos Sala.

SÝMI ERLEBEN

www.symivisitor.com

Die Autofähren von Blue Star Ferries und die Katamarane von Dodekanissos Express legen nicht am Kloster Panormitis an (Fahrpläne: www.symivisitor.com, www.12ne.gr, www.bluestarferries.com). Über die Fahrpläne der Ausflugsboote informieren die Reiseleitung und Reisebüros.

MERAKLIS €€

Die Traditionstaverne der Insel ist schlicht wie ehedem geblieben und serviert typisch griechische Tavernenkost. Auch die Sými-Krabben sind hier meist zu haben: Krabben, noch kleiner als norddeutscher Granat. Sie werden im Ganzen gegessen. Die Wirtsleute Anna und Sotiris sind symiotisches Urgestein.
Protou Lochou
40 m vom Ufer an der Schmalseite des Hafenbeckens
Tel. 22 46 07 10 03

TRATA TRAWLER €€

Die Taverne von Anna, Stratos und ihren beiden Söhnen hat sich über viele Jahre hinweg gute Qualität bewahrt. Fisch und Lamm sind hier ebenso gut wie die kleinen Sými-Krabben. Auch das Ambiente ist so, wie man es von Griechenland erwartet.
Am untersten Ende der Kali Strata
Tel. 22 46 07 14 11

GEORGIO & MARIA €

Auch tagsüber bekommt man hier abseits vom Besucherstrom schlichtes griechisches Essen auf einer aussichtsreichen Terrasse. Auch Vegetarier kommen hier auf ihre niedrigen Kosten. Während der Saison erklingt Freitagabends öfters Live-Musik.
Kali Strata, Oberstadt
Tel. 22 46 07 19 84

NIREUS €€€

Das Hotel steht direkt am Uhrturm an der Hafenpromenade, die meisten Zimmer haben direkten Meerblick.
Am Uhrturm
Tel. 22 46 07 24 00
www.nireus-hotel.gr, 40 Z.

OPERA HOUSE €€

Die Studios und Apartments verteilen sich auf mehrere Gebäude in einer weiträumigen, teilweise gartenähnlichen Anlage. 200 m vom Ufer entfernt, ruhig.
Nahe dem Rathausplatz
Tel. 22 46 07 20 34
www.symioperahouse.gr
29 Z.

FIONA €

Die kleine, ruhig gelegene Pension ist ein Tipp für Sparsame. Hier wohnt man abseits des Massentourismus.
Chorió
Tel. 22 46 07 20 88
www.hotelfiona.com
8 Zi.

Des schönen Ausblicks wegen lohnt sich der kurze Anstieg durch enge Gassen zum **Kástro**. Die Deutschen hatten in der Burg aus der Johanniterzeit ein Munitionslager angelegt, das sie bei ihrem Abzug sprengten. Erhalten blieben nur einige mittelalterliche und hellenistische Mauerreste. Für archäologisch stark Interessierte lohnt ein Abstecher auf den Bergkamm mit den Windmühlen. Hinter der östlichsten Mühle sind noch zwei bis drei Lagen großer, gekurvter Steinblöcke zu sehen, die einst zu einem großen **Rundgrab** gehörten.

Archäologisches Museum: Mi. – Mo. 8.30 – 16 Uhr | Eintritt: 4 €

Wohin auf der Insel Sými

Nur ein Mosaikfußboden

Nimborió

In den beiden Nachbarbuchten von Sými liegen die beiden einzigen anderen Siedlungen der Insel. Ins ca. 3 km entfernte, auch »Emborió« genannte Nimborió kann man auf einem ausgeschilderten Pfad wandern oder mit Taxi und Mietfahrzeug über eine Uferstraße gelangen. In Nimborió gibt es eine Taverne und Pensionen, aber keinen Laden. Zur einzigen historischen Sehenswürdigkeit, den spärlichen Resten des **Mosaikfußbodens einer frühchristlichen Basilika**, geht man zunächst am steinigen Strand entlang bis zur Taverne, dann noch etwa 180 m weiter bis zu zwei Tamarisken. Hier geht es nach links in ein Trockenbachbett und dann nach etwa 30 m links die Stufen hinauf zu einer Dreifach-Kapelle. Unmittelbar nördlich davon wird das Mosaik von einem Dach geschützt. Oben erkennt man ein Wildschwein und Hirsche, in der Mitte zwei große Vögel und darunter einen Mann, der ein Kamel führt. Die Mosaike sind zwar grob gearbeitet, aber wegen des seltenen Kamels den Spaziergang wert.

Das einzige Strandhotel der Insel

Pédi

Pédi liegt östlich in einem 1300 m langen, sanft von Áno Sými zum Meer hin abfallenden Tal voller Olivenbäume. Am Strand entlang des inneren Buchtendes gibt es zwar keinen Naturschatten, aber einige gute Tavernen und das einzige echte Strandhotel der Insel. Taxiboote fahren von hier im Hochsommer zu weiteren kleinen Inselstränden.

Von Kapitänen gestiftete wundertätige Ikone

Kloster Panormítis

Völlig einsam ist die Lage des Klosters an der Westküste. Es gleicht einem Dorf, denn zum Kloster gehören ein eigener Schiffsanleger, eine große Taverne, ein Mini-Markt und Gästetrakte mit über 500 Betten für Pilger. Die kommen besonders zahlreich zu Pfingsten und am 7./8. November, wenn Kirchweih ist. Wann das dem Erzengel Michael geweihte Kloster gegründet wurde, ist unbekannt. Die jetzige Kirche wurde 1783 erbaut, der Glockenturm erst 1905. Das Kircheninnere malte man 1783 aus. Die wundertätige Ikone des Erzengels an der Ikonostase ist ganz mit Goldoklad überzogen. Eine Inschrift auf dem Schwert des Erzengels nennt als Stifter symiotische Kapitäne und das Jahr 1724. Eine Reihe guter Ikonen und von den Kapitänen aus fernen Ländern mitgebrachte, dem Erzengel geweihte Souvenirs sind im Klostermuseum zu sehen.

Tagsüber geöffnet, Eintritt: frei

H

HINTER-GRUND

Direkt, erstaunlich, fundiert

Unsere Hintergrundinformationen beantworten (fast) alle Ihre Fragen zu Rhodos.

In der Bucht Ágios Pávlos in Líndos soll einst der Apostel Paulus an Land gegangen sein. ▶

DIE INSEL UND IHRE MENSCHEN

Fremde sind auf Rhodos seit Jahrtausenden ein vertrauter Anblick, gehören ganz einfach zur Insel dazu. Schon viel früher als irgendwo sonst in der Ägäis setzte man hier bereits in den 1930er-Jahren auf den Tourismus als Einkommensquelle. Heute ist Griechenlands viertgrößte Insel perfekt auf Urlauber aus aller Welt eingestellt. Davon profitieren auch die vielen Dörfer abseits der Küste, die in grünen Tälern und an den Hängen der bis zu 1200 m hohen Inselberge liegen. In Ihnen können Sie sich ebenso wie in der völlig intakten Altstadt von Rhodos entspannt auf Zeitenreisen begeben.

Weltoffen und gut organisiert

Noch bis vor wenigen Jahren hatten Restaurants mit ausländischer Küche ohne Touristen außerhalb Athens kaum Überlebenschancen. Griechen essen noch heute am liebsten griechisch. Auf Rhodos war das schon vor 40 Jahren ganz anders: Da gingen auch die Einheimischen gern zum Chinesen, Thai oder Mexikaner. Man war allem Fremden gegenüber aufgeschlossen – und hatte dank des starken Tourismus auch das Geld dafür. Ebenso weltoffen zeigen sich die Rhodier schon lange Adam und Eva gegenüber: Anders als sonst auf griechischen Inseln gibt es hier einen offiziellen Strand für Nudisten. Und man versteht, dass die in aller Welt außer in Griechenland üblichen städtischen Touristeninformationsbüros eine Selbstverständlichkeit sein sollten: In der Stadt Rhodos gibt es gleich fünf davon. Alle Busfahrpläne, Öffnungszeiten von Museen und Sehenswürdigkeiten sowie Eintrittspreise sind leicht im Internet zu finden – was sonst in Hellas keineswegs selbstverständlich ist.

Wärme erwünscht

Perfektionisten sind freilich auch die Rhodier nicht. Busse und Schiffe fahren zwar fast immer pünktlich und geschäftliche Termine werden eingehalten, aber im Privatleben schätzt man eher das Ungefähre. Nur selten verabredet man sich z. B. für eine exakte Uhrzeit. Zunächst einmal wird nur der ungefähre Zeitraum (vormittags, mittags, nachmittags, abends) abgesprochen. Genaueres wird ganz kurzfristig vereinbart, wobei eine Karenzzeit von einer Stunde durchaus akzeptabel ist.

Viel wichtiger als Perfektion ist den meisten Rhodiern die **menschliche Wärme**. Sich mit Wangenküsschen zu begrüßen und zu verabschieden, ist selbst zwischen sich fast noch Fremden üblich, ganz allgemein spricht man sich – außer auf höherer offizieller Ebene – nur mit Vornamen an. Berührungsängste gibt es kaum: Dem Gast im Gespräch eine Hand auf die Schulter zu legen, ist durchaus üblich.

Menschliche Wärme ist etwas, was viele Griechen in Nord- und Mitteleuropa viel stärker als Sonnenwärme vermissen – und sei es nur in den äußeren Umgangsformen.

Nord-Süd-Gefälle

Weit über die Hälfte der 115 000 Rhodier lebt im äußersten Norden der Insel, der Hauptstadt und ihren Vororten. In Rhodos-Stadt nahm die touristische Entwicklung der Insel ihren Ausgang. Auch heute noch gibt es dort zahlreiche Hotels in der stimmungsvollen Altstadt und in Neubauvierteln.
Die großen, seit den 1970er-Jahren entstandenen **Touristenorte** und Hotelanlagen ziehen sich von der Stadt Rhodos an der Westküste entlang bis zum Flughafen. An der Ostküste reichen sie von der Stadt bis nach Faliráki. Erst in den 1990er-Jahren entwickelten sich dann die Orte zwischen Faliráki und Líndos zu Tourismuszentren. Im jetzigen Jahrtausend setzte sich der Ausbau der touristischen Infrastruktur von Líndos aus gen Süden bis nach Plimmíri fort. Im Klartext heißt das: Weitgehend untouristisch ist nur noch die Westküste zwischen dem Flughafen und Prassonísi an der Südspitze von Rhodos.

Sterben die Dörfer?

Während die Küstensiedlungen ständig größer wurden, haben sich die Binnendörfer der Insel in den letzten 50 Jahren zunehmend ent-

Durch die Abwanderung der Jungen blieben die Alten in den Dörfern zurück.

völkert. Ausnahmen bilden da nur Archángelos und Afándou, die als hauptstadtnahe Beinahe-Kleinstädte und untouristische Wohnorte für Einheimische attraktiv blieben. Die Entvölkerung der Binnendörfer setzte schon in den 1950er-Jahren mit der **Abwanderung** nach Mittel- und Nordeuropa, Amerika und Australien ein. Verstärkt wurde sie durch das der Jugend attraktiv erscheinende Job-Angebot in den Touristenorten an der Küste. In den Binnenorten verblieben nur noch ein paar Alte. Trotzdem sind viele der Binnendörfer optisch weitgehend intakt: Die einst Ausgewanderten und deren Kinder pflegen ihren Besitz als Sommerhaus und möglichen Alterssitz. Zudem ermöglichen Internetportale, Dorfhäuser und -wohnungen ohne viel Aufwand an Urlauber zu vermieten. So kann jetzt vielleicht den sterbenden Dörfern wieder neues Leben eingehaucht werden.

Im Dorf zu Gast

Ein halbes Stündchen durch ein Dorf im Binnenland zu schlendern, bereichert jeden Urlaub auf der Insel. Man sollte sich dabei allerdings nicht wie ein Pirat benehmen. Als archaisches Zeichen friedlicher Absichten grüßt man jeden, dem man begegnet, und setzt sich am besten zunächst einmal ins Dorf-Kafeníο. Da wird man garantiert gesehen, führt vielleicht schon ein Gespräch und geht danach nicht mehr als fremder Eindringling durch den Ort. Man hat ja bereits eine Referenz: Wirt oder Wirtin.

Rhodos – der Mittelpunkt der Erde?

Antike Theorien

Bekanntlich hat man sich schon in der Antike – spätestens seit Pythagoras im 6. Jh. v. Chr. – Gedanken um die wahre Gestalt der Erde gemacht. Für den Gelehrten bildete eine kugelförmige Erde das Zentrum des Kosmos, um das die Gestirne kreisen. **Eratosthenes von Kyrene** stellte im 3. Jh. v. Chr. eine Erdumfangsberechnung an, die vom heutigem Wert nur um 320 km differiert! Für ihn war Rhodos der Mittelpunkt der Erde. Auf seiner Karte liegt die Insel genau zwischen den »Säulen des Herakles« (Straße von Gibraltar) und den Quellen des Ganges sowie zwischen dem sagenhaften Thule im Norden und den Quellen des Nils im Süden.

Abwechslungsreiche Landschaft

Gebirge

Wie fast alle griechischen Inseln ist auch Rhodos äußerst gebirgig. Der nur von gut trainierten Bergwanderern zu erklimmende Atáviros im Inselzentrum steigt immerhin auf 1215 m hoch an. Bis dicht unter den wegen einer Antennenanlage nicht zugänglichen Profítis Ilías im Inselnorden führt sogar eine kurvenreiche Waldstraße und fast ganz oben kann man in nahezu 798 m Höhe in einem traditionsreichen Ho-

Am Kap Fóurni findet man duchaus noch ein stilles Plätzchen.

tel im alpinen Chalet-Stil Kaffee trinken, Torten essen und sogar übernachten. Das Rückgrat der Insel bildet ein langer Gebirgszug, der im Süden mit dem 563 m hohen Koukouliári beginnt und im Norden mit dem Psínthos (480 m) ausklingt.

Küsten und Wasserläufe

Die rhodische Küste ist im Vergleich mit anderen griechischen Inseln wenig gegliedert und fällt außer im Südwesten nur selten steil zum Meer hin ab. Dadurch gibt es viele leicht zugängliche, lange **Sand- und Kiesstrände**, auf denen der Wohlstand der Insel inzwischen beruht. Vor allem an der Ostküste kann der meist anfangs nur sanft ansteigende Küstenstreifen landwirtschaftlich genutzt werden. Kleine Ebenen und fruchtbare Hänge gibt es aber auch im Binnenland. Angebaut werden Getreide, Gemüse, Melonen, Oliven und Wein, in geschützten Lagen stehen auch Orangen- und Zitronenhaine. Die größte und einst fruchtbarste Ebene ist die von Kattaviá im äußersten Inselsüden. Hier wurde bis zum Zweiten Weltkrieg auch intensiv Seidenraupenzucht betrieben.
Vor allem an der Ostküste bilden nur nach Starkregen gefüllte, sehr breite Trockenbäche breite Täler. Ganzjährig Wasser führende Bäche gibt es kaum, zumal deren Wasser zunehmend für die Feldbewässerung genutzt werden. Dafür ist im Inselsüden auch ein großer Stausee neu entstanden. Grüne Oasen an Bachläufen sind die Eptá Pigés bei Kolýmbia und das Schmetterlingstal Petaloúdes.

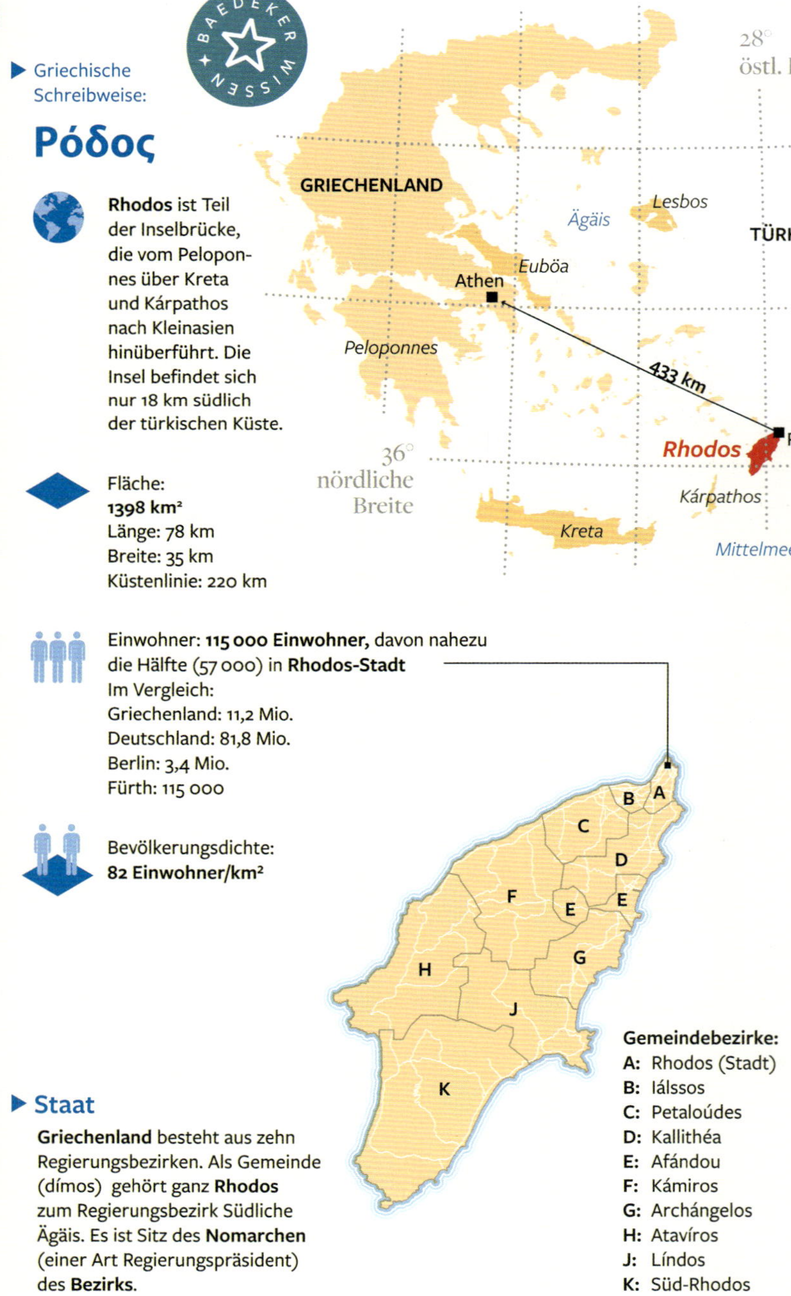

▶ Griechische Schreibweise:

Ρόδος

Rhodos ist Teil der Inselbrücke, die vom Peloponnes über Kreta und Kárpathos nach Kleinasien hinüberführt. Die Insel befindet sich nur 18 km südlich der türkischen Küste.

Fläche:
1398 km²
Länge: 78 km
Breite: 35 km
Küstenlinie: 220 km

Einwohner: **115 000 Einwohner,** davon nahezu die Hälfte (57 000) in **Rhodos-Stadt**
Im Vergleich:
Griechenland: 11,2 Mio.
Deutschland: 81,8 Mio.
Berlin: 3,4 Mio.
Fürth: 115 000

Bevölkerungsdichte:
82 Einwohner/km²

Gemeindebezirke:
A: Rhodos (Stadt)
B: Iálssos
C: Petaloúdes
D: Kallithéa
E: Afándou
F: Kámiros
G: Archángelos
H: Atavíros
J: Líndos
K: Süd-Rhodos

▶ Staat

Griechenland besteht aus zehn Regierungsbezirken. Als Gemeinde (dímos) gehört ganz **Rhodos** zum Regierungsbezirk Südliche Ägäis. Es ist Sitz des **Nomarchen** (einer Art Regierungspräsident) des **Bezirks**.

Klima

Rhodos gehört zur mediterranen Klimazone mit einer ausgeprägten sommerlichen Trockenzeit und einem verhältnismäßig mildem Winter.

Religion

Fast die gesamte Bevölkerung gehört der griechisch-orthodoxen Kirche an. Neben Muslimen gibt es auch wenige Juden und Katholiken.

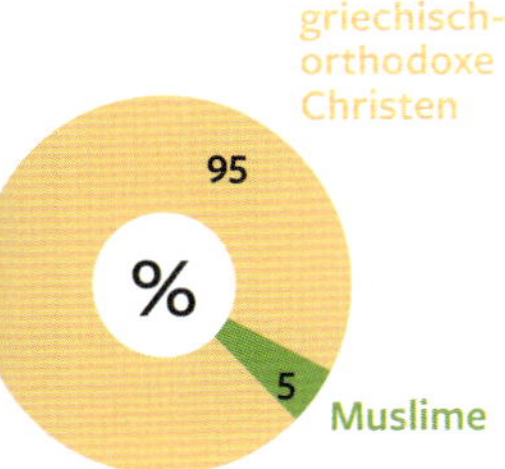

▶ Das Wetter

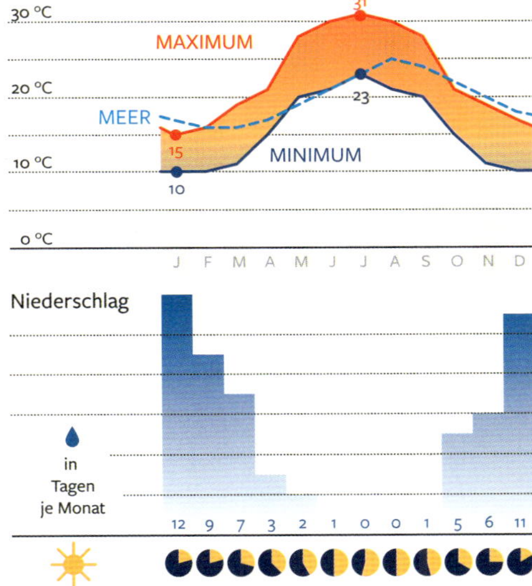

Die vier größten Inseln Griechenlands im Vergleich

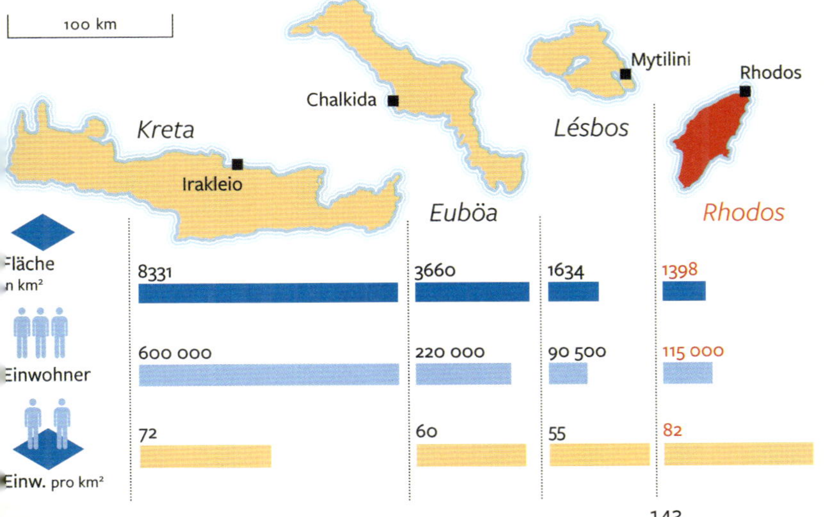

	Kreta	Euböa	Lésbos	Rhodos
Fläche in km²	8331	3660	1634	1398
Einwohner	600 000	220 000	90 500	115 000
Einw. pro km²	72	60	55	82

Umweltprobleme

Zurückgehende Wälder

Das natürliche Gleichgewicht auf Rhodos ist seit dem Altertum durch Menschenhand nachhaltig beeinträchtigt worden. Um Holz für den Haus- und Schiffbau bzw. für die Energiegewinnung zu erhalten und um Kulturland zu schaffen, holzte man die Pinienwälder und Zypressenbestände in beträchtlichem Maß ab. Auch die Sekundärvegetation (Frigána, Macchie) wurde stark zurückgedrängt. Dadurch waren der **Erosion** Tür und Tor geöffnet. Nun versucht man, durch Wiederaufforstung eine Bodenverbesserung herbeizuführen. Inzwischen ist wieder ein Drittel der Inselfläche mit Wald bedeckt. In den letzten Jahrzehnten kam es vor allem im Süden zu teils katastrophalen **Waldbränden**, deren Folgen für den Besucher immer wieder augenfällig sind. Zum einen entstanden die Brände aus Unachtsamkeit, zum anderen wurden sie absichtlich – vielleicht aufgrund von Bodenspekulation – gelegt.

Energie, Müll

Für die Stromversorgung der Insel sorgte bisher ein Erdölkraftwerk. Es soll in naher Zukunft durch ein neues Kraftwerk im Inselsüden nahe Prassonísi abgelöst werden. Wind- und Sonnenenergie spielen auf Rhodos noch immer eine untergeordnete Rolle. Müll kann in der Hauptstadt und größeren Gemeinden getrennt entsorgt werden. Sämtlicher Hausmüll wird auf Rhodos auf Deponien gelagert und verbrannt; eine moderne Müllverbrennungsanlage gibt es in ganz Griechenland nicht

Pflanzen

Frigána vorherrschend

Über ein Drittel der Insel wird noch immer von Wäldern bedeckt. Damit gehört Rhodos zu den waldreichsten Eilanden der Ägäis. Vorherrschende Bäume sind Kiefern, Pinien, Platanen und südländische Eichenarten, Zypressen und Kastanien. Wo der Wald im Lauf der Jahrtausende vernichtet wurde, hat sich die Frigána (auch: Garique) breitgemacht. Ihre Bäume und Büsche werden jedoch meist nicht über 2 m hoch. Vorherrschende Mitglieder dieser Pflanzengesellschaft sind Ginster-, Mastix-, Lorbeer- und diverse andere Hartlaubsträucher sowie Erdbeerbäume und Kermeseichen. Zahlreiche Kräuter setzen Duftnoten: Majoran und Oregano, Lavendel, Rosmarin, Thymian und Salbei. Ein typisches Gewächs in der Frigána sind auch **Zistrosen**. Sie sind nicht mit den Rosen verwandt, sondern gehören zu einer eigenen Familie, den Zistrosengewächsen (Cistaceae). Im Frühling blühen auf Rhodos nicht nur Zistrosen, sondern auch zahlreiche andere Blütenpflanzen und Büsche. Stellvertretend für die vielen Arten seien Bougainvillea, Hibiskus, Oleander, Jasmin, Pfingstrose, Schachblume, Ragwurz, Mohn und Ginster genannt.

Tiere

Bedrohter Wildbestand

Wild lebende Säugetiere gibt es auf Rhodos kaum noch. Am ehesten sieht man noch Rehe und Kaninchen. Wildschweine, Hasen, Füchse, Dachse, Marder und Wiesel zählen zum weiteren Bestand.

Dezimierte Vögel

Stark zurückgedrängt sind auch die Vögel. In den Bergen kann man noch einige Wanderfalken und Habichte beobachten. Vereinzelt schweben auch Lämmergeier durch die Lüfte. Zu den schönsten Vögeln auf Rhodos zählt der bunte Bienenfresser, der hier reichlich Nahrung findet. Auch Blauracken fühlen sich besonders an den felsigen Küstenabschnitten wohl. Häufiger sieht man Ammern, Dohlen und Elstern.

Einst Schlangeninsel

Harmlose **Eidechsen** tummeln sich auf etlichen Mauern in der Stadt und auf dem Land. Größte Echsenart ist der Harun, der bis zu 40 cm lang werden kann und normalerweise bei Störungen nicht flüchtet, sondern scheinbar leblos verharrt.
Rhodos war seit alters her als Insel der **Schlangen** verrufen. Sprachwissenschaftler glauben, dass sich der Inselname vom phönikischen Ausdruck »erod« (»Schlange«) herleiten lässt. Schlangen, auch Giftschlangen, kommen zwar heute noch vor, aber man bekommt sie kaum lebend zu Gesicht. Meist entdeckt man sie nur überfahren auf

Ziegen durchstreifen immer noch die Insel.

den Straßen. Noch sehr viel seltener sind Skorpione und Landschildkröten. Ein Inseltier, das man selten sieht, aber häufig deutlich hört, ist die Zikade. Ihr Zirpen kann wahrhaft ohrenbetäubend sein.

Nutztiere

Ziegen- und Schafherden durchstreifen noch immer das Inselinnere. Esel und Maultiere sind selten geworden und dienen inzwischen überwiegend nur noch touristischen Zwecken. Pferde werden zu Sportzwecken gehalten.

Bevölkerung: hauptsächlich Griechen

Kleinere Bevölkerungsgruppen

Außer christlichen Griechen leben auf Rhodos auch noch etwa 1900 muslimische Griechen, deren Vorfahren sich in osmanischer Zeit auf der Insel niedergelassen haben und sie auch im 20. Jh. nicht verließen. Zur gemeinsamen Glaubensausübung steht ihnen eine Moschee in der Altstadt von Rhodos offen. Besondere Rechte genießen sie nicht. Sie sind gut integriert; Eheschließungen zwischen Christen und Muslimen gibt es jedoch auch heute noch selten. Die **jüdische Bevölkerung** von Rhodos wurde durch die Deutschen im Zweiten Weltkrieg nahezu vollständig ermordet. Inzwischen gibt es wieder eine kleine jüdische Gemeinde mit einer Synagoge in der Altstadt. Eine gewisse Revitalisierung erfährt sie durch die zahlreichen Touristen aus Israel, von denen so mancher inzwischen auch Wohneigentum auf Rhodos besitzt.

Schon seit den 1990er-Jahren sind zahlreiche Albaner und andere Osteuropäer nach Rhodos gekommen, um Arbeit zu finden. Vor allem die Albaner sind geblieben und haben hier Familien gegründet. Von den vielen seit 2015 nach Griechenland eingeströmten **Flüchtlingen** wurden dagegen nur wenige auf Rhodos sesshaft. Der Bau eines Hotspots für Bootsflüchtlinge konnte auf Rhodos vermieden werden – mit den von der EU nicht gewünschten Migranten müssen jetzt die weiter nördlich gelegenen Inseln Kos, Leros, Samos, Chios und Lesbos klarkommen. Nicht unerheblich ist hingegen die Zahl von ausländischen Europäern, Russen und Israelis, die entweder Ehen mit Griechen eingegangen sind oder sich hier einen Zweitwohnsitz zugelegt haben.

Griechisch-orthodoxe Kirche: großer Einfluss

Bedeutung der Kirche

Nahezu die gesamte Bevölkerung von Rhodos gehört der griechisch-orthodoxen Kirche an. Kirche spielt in Griechenland immer noch eine bedeutende Rolle. Fast alle Bewohner sind getauft, kirchlich getraut und gehen zumindest an den hohen Feiertagen in den Gottesdienst. Die enge Beziehung der Griechen zur Kirche erklärt sich aus der jahr-

KAFFEEKLATSCH UNTER MÄNNERN

Das Kafenío, das traditionelle griechische Café, ist der Ort, wo sich die Männer treffen, stundenlang lesen, reden und Karten oder Tavli spielen – und das meist bei einem Tässchen griechischen Kaffees oder einem Ouzo.

Die Domäne des griechischen Mannes ist das Kafenío, eine Mischung aus **Kaffeehaus und Stammkneipe**, das es so gut wie in jedem Dorf gibt. Vor allem bei älteren Männern auf dem Land, aber auch in der Stadt hat sich die Gewohnheit erhalten, vor- oder nachmittags auf einen Schwatz im Kafenío vorbeizuschauen.
Man trifft sich hier und palavert über Politik und das Neueste aus dem Ort; besonders vor Wahlen wird es auch mal laut. Außerdem spielt man Karten oder Tavli, eine Art Backgammon, oder liest Zeitung. Oder die Männer lassen mit stoischer Ruhe das vom Islam übernommene Komboloi, eine Kette aus Perlen, Olivenholz, Bernstein, Silber oder Edelsteinen, spielerisch durch die Finger gleiten.

Kein Getränkezwang

Das wichtigste Getränk im Kafenío ist der griechische Kaffee, der **Kafés ellinikós**, den man ohne Zucker (sketos), leicht gezuckert (métrios) oder süß (glikós) bestellen kann. An dem Kaffee wird immer nur genippt, und zwar über einen langen Zeitraum, sodass er dabei kalt wird. Wem nicht nach Kaffee ist, der kann sich auch einen Ouzo oder Gliko tou Koutaliou bestellen, eine sirupartige Masse mit eingelegten Früchten. Einen Getränkezwang gibt es im Kafenío allerdings nicht, und es wird niemand schief angesehen, wenn er stundenlang bei einem Kaffee oder vor der Zeitung sitzt oder ins Tavli-Spiel vertieft ist. Auch Geschäfte werden im Kafenío abgeschlossen, wobei immer noch ein Handschlag bindend ist. Man geht in das Lokal, dessen Wirt die gleiche politische Einstellung wie man selbst hat. Die Kafenía sind oft nüchtern und einfach ausgestattet.
Die Jüngeren ziehen deshalb die schickeren Bars als Treffpunkte vor. Im Kafenío zeigt sich das griechische **Patriarchat** besonders deutlich. Der Besuch des Männerlokals ist Frauen zwar nicht verboten, aber für sie sind andere Treffpunkte vorgesehen. Ältere Paare und Familien gehen in die Zacharoplastía, die Konditoreien. Die Jugend versammelt sich wiederum in modernen Café-Bars, die man hier meistens »kafetéries« nennt.

hundertelangen muslimischen Fremdherrschaft – Rhodos war fast 400 Jahre von den Türken besetzt. In dieser Zeit waren die Bevölkerung und die Priester aufeinander angewiesen und schlossen sich unter dem Druck der andersgläubigen Besatzungsmacht eng zusammen. Dadurch entstand eine eigene kirchlich-volkstümliche Kultur, die besonders bei Kirchenfesten deutlich wird.

Priester: im Alltag gegenwärtig

An der Spitze der griechischen Staatskirche steht der Metropolit Athens, der zusammen mit zwölf weiteren Metropoliten die Kirche leitet. Rhodos ist Sitz eines Metropoliten. Er untersteht wie die übrigen drei Metropoliten des Dodekanes aber nicht dem Metropoliten Athens, sondern dem Ökumenischen Patriarchen von Konstantinopel (Istanbul/Türkei). Die griechischen **Priester** (pappás), die mit ihrer langen Haar- und Barttracht das Straßenbild mitprägen, dürfen heiraten, allerdings nur vor der Priesterweihe. Verheiratete Geistliche können allerdings weder in ein Kloster eintreten noch höhere Kirchenämter einnehmen.

Wirtschaft

Tourismus: Haupteinnahmequelle

Rhodos gehört mit rund 2 Mio. Besuchern pro Jahr zu den wichtigsten Urlaubsgebieten Griechenlands. Der Tourismus, der seit den 1970er-Jahren beständig, zeitweise explosionsartig boomte, ist die Haupteinnahmequelle der Insel und hat vor allem dem Norden bedeutenden Wohlstand gebracht. Die Menschen, die im Tourismus

Die Fischer können den Eigenbedarf der Insel nicht mehr decken.

beschäftigt sind, arbeiten zumeist während der Saison, die etwa ein halbes Jahr dauert, praktisch durchgehend. In dieser Zeit wird das Geld für das ganze Jahr verdient.

Landwirtschaft

Ein wichtiger Wirtschaftszweig der Insel ist immer noch die Landwirtschaft, die durch die klimatischen Verhältnisse ausgezeichnete Bedingungen hat. Teilweise sind zwei Ernten pro Jahr möglich. Vor allem Feldfrüchte wie Tomaten, Auberginen, Melonen und Kartoffeln werden – auch in Gewächshäusern – angebaut. Sie finden in Hotels und Restaurants Absatz oder gelangen in den Export. Zudem werden **Zitrusfrüchte**, **Oliven bzw. Olivenöl und Wein** ausgeführt. Die Landwirtschaftsbetriebe sind oft sehr klein und entsprechend schlecht ausgerüstet. Deshalb ist der Ertrag der Arbeit im Verhältnis zu der Anzahl von Menschen, die von der Landwirtschaft leben müssen, zu gering.

Fischerei

Die Fischerei spielt auf Rhodos nur noch eine untergeordnete Rolle. Den hohen sommerlichen Fischbedarf decken vor allem Fischzuchtbetriebe aus ganz Griechenland sowie Importe auch aus Asien und Südamerika. Wildfisch ist sehr viel teurer: Er stammt zumeist von kleinen, traditionellen Fischern der insel und den Eilanden wie Chálki und Tílos.

GESCHICHTE

Erste Zeugnisse der Besiedlung von Rhodos reichen fast 7000 Jahre zurück. In der Folge wird die Insel aufgrund ihrer strategischen Lage in der Ägäis immer wieder Ziel fremder Eroberer: Perser, Griechen, Römer, Byzantiner, Johanniter, Türken und Italiener streiten sich um die Vorherrschaft und drücken der kleinen Insel ihren Stempel auf. Erst im Jahr 1947 fällt Rhodos an Griechenland.

Vor- und Frühzeit

So fing alles an

Gefäßscherben sind die ältesten Zeugnisse der Besiedlung von Rhodos, die in das 5. Jt. v. Chr. datiert werden kann. Die Siedlungsplätze in der späten Jungsteinzeit sind einfach und kaum befestigt in Meeresnähe oder gar in Höhlen. Wahrscheinlich haben ostmittelmeerische Stämme wie Karer und Phöniker auf dem Weg in die Ägäis entlang der Küsten Handelsposten angelegt.

EPOCHEN

VOR- UND FRÜHZEIT

5. – 2. Jt. v. Chr.	Erste Besiedlung der Insel
1000 –750 v. Chr.	Entstehung der Stadtstaaten Iálissos, Kámiros und Líndos in dorischer Zeit

KLASSISCHE UND HELLENISTISCHE ÄRA (5. JH. – 292 V. CHR.

377 –358 v. Chr.	Rhodos gehörte zum 2. Attischen Seebund.
408 v. Chr.	Die rhodischen Städte vereinten sich zu einem Gesamtstaat und gründeten Rhodos-Stadt.
333 v. Chr.	Rhodos unterwarf sich Alexander dem Großen.
292 v. Chr.	Errichtung des Kolosses von Rhodos

RÖMISCHE EPOCHE (2. JH. V. CHR. – 3. JH. N. CHR.)

2./1. Jh. v. Chr.	Rhodos kooperierte mit den Römern.
42 v. Chr.	Eroberung und Plünderung der Insel durch Cassius
297 n. Chr.	Rhodos wurde Teil der römischen Pronvinz Insularum.

BYZANTINISCHE ZEIT (330 – 1309)

395	Rhodos kam zum Oströmischen Reich.
7. – 9. Jh.	Verschiedene Eroberer plünderten die Insel.
13. Jh.	Byzantinische Statthalter herrschten über Rhodos.

HERRSCHAFT DER JOHANNITER (1309 – 1522)

1306 – 1309	Der Johanniterorden eroberte Rhodos.
1480	Großmeister Pierre d' Aubusson wehrte die Belagerung der Türken ab.
1522	Die Johanniter wurden von den Türken vernichtend geschlagen und mussten die Insel verlassen.

OSMANISCHE HERRSCHAFT (1523 – 1912)

1523	Beginn der türkischen Herrschaft über Rhodos
1571	Ein Aufstand gegen die Türken wirde vereitelt

ITALIENISCHE EPOCHE (1912 – 1943)

1912	Die Italiener eroberten Rhodos
1923	Die Türkei verzichtete endgültig auf Rhodos.
1943	Kapitulation der Italiener

NEUGRIECHISCHE ZEIT

1947	Rhodos wurde Teil Griechenlands.
1967 – 1974	Griechenland unter Militärdiktatur
2010 – 2019	Griechenland leidet unter der Wirtschaftskrise.

Drei Machtzentren

In der Mitte des 2. Jt.s v. Chr. kamen **Mykener**, die Homer Achäer nennt, wahrscheinlich von Kreta auf die Insel und besiedelten Das Gebiet von Líndos, Iálissos und Kámiros.
Vielleicht schon vor der um die Jahrtausendwende einsetzenden Wanderung kommen **Dorer** unter ihrem sagenhaften Führer Tlepolemos nach Rhodos. In dorischer Zeit (1000 – 750 v. Chr.) entstanden **drei Stadtstaaten**: Iálissos mit dem Gebiet an der Nordspitze der Insel, Kámiros mit einem Küstenstreifen im Südwesten und Líndos mit dem größten Teil im Südosten. Deren Bewohner lebten offensichtlich in Frieden miteinander. Regierten anfänglich Könige die Stadtstaaten, so wurden sie später von adligen Oligarchien abgelöst, um dann zumindest in Líndos der Tyrannis zu weichen. Der Tyrann **Kleoboulos** (▶Interessante Menschen S. 175), der 40 Jahre lang über Líndos herrschte, zählt man sogar zu den Sieben Weisen des Altertums. Im Gegensatz zu Iálissos und Kámiros, die landwirtschaftlich geprägt waren, entwickelte sich Líndos zu einem bedeutenden Seehafen und Handelszentrum. Vor allem von Líndos gingen auch die rhodischen **Kolonisationen** aus, die von Sizilien bis ans Schwarze Meer reichen.

Aufschwung in archaischer Zeit

Rhodos erlebte in archaischer Zeit (750 – 500 v. Chr.) als Zwischenstation im Fernhandel zwischen östlichem und westlichem Mittelmeerraum einen wirtschaftlichen und kulturellen Aufschwung, der auch zu einem florierenden Keramikgewerbe und zur Prägung eigener Münzen führte.

Klassische Ära

Vormacht Athens

Als sich die **persische Großmacht** um 490 v. Chr. in die Ägäis ausweitete, unterwarf sich ihr Rhodos gezwungenermaßen, erleidete dadurch allerdings wirtschaftliche Einbußen und wurde zu Hilfsleistungen herangezogen, zum Beispiel durch Bereitstellung von Schiffen für die Perser in der **Schlacht von Salamis** (480 v. Chr.). Nach dem Seesieg Athens musste sich Rhodos allerdings wieder diesem unterordnen. So wurden die drei rhodischen Städte Líndos, Iálissos und Kámiros Mitte des 5. Jh.s Mitglieder des 1. Attisch-Delischen Seebundes und mußten immer höhere Tribute an Athen zahlen.

Stadtgründung von Rhodos

408 v. Chr. erfolgte zur besseren Verteidigung und der politischen Zusammenarbeit der **Synoikismos**, der Zusammenschluss der rhodischen Städte zu einem Gesamtstaat, und die Gründung der Stadt Rhodos auf dem Gebiet von Iálissos.

Unruhen

Das vierte vorchristliche Jahrhundert war zunächst von Unruhen geprägt. Rhodos geriet abwechselnd in den Machtbereich von **Sparta**,

Rhodos nahm 480 v. Chr. auf Seiten der Perser an der Schlacht von Salamis teil, in der die Griechen über die persische Flotte siegten.

das die Aristokratie unterstützt, und in den des demokratischen **Athen**, bis es 377 v. Chr. dem 2. Attischen Seebund beitrat. Bei einem Volksaufstand unter Führung des Demagogen Dorimachos gegen die Adligen wurden die herrschenden Diagoriden vernichtet. Unter dem Druck des persischen Satrapen Mausollos musste Rhodos 358 v. Chr. den Attischen Seebund wieder verlassen; drei Jahre später besetzte er die Insel. Nach dem Tod des Mausollos brachten die Karer die Insel für einige Zeit in ihren Besitz. Der **Handelstätigkeit** der Rhodier tat das jedoch keinen Abbruch. Die rhodischen Münzen mit dem strahlenbekränzten Helioskopf blieben als Zahlungsmittel im Dodekanes-Wirtschaftsraum begehrt.

Hellenistische Periode

Wirtschaftliche und kulturelle Blütezeit

In Abwägung der politischen Optionen schlugen sich die Rhodier 333 v. Chr. auf die Seite **Alexanders des Großen** und tolerierten die Besetzung durch makedonische Truppen. Nach dem Tod Alexanders führten die Diadochenkriege (305 v. Chr.) auch zur Belagerung von Rhodos, das sich weigerten, den übertriebenen Forderungen des Diadochen **Demetrios Poliorketes** (»Städtebezwinger«) Folge zu leisten. Mit nur realtiv wenigen Verteidigern zwangen die Rhodier den übermächtigen Demetrios zum Abzug. Als Siegesdenkmal errichteten sie unter Leitung des Erzgießers Chares von Líndos in zwölfjähriger Bauzeit bis 292 v. Chr. ein 32 m hohes Standbild des Sonnengottes Helios, das als **»Koloss von Rhodos«** zu den Sieben Weltwundern des Altertums zählte (▶Baedeker Wissen S. 120, 122). In dieser Zeit erlebte Rhodos mit seinen 60 000 bis 80 000 Bewohnern als Warenumschlagplatz für das gesamte östliche Mittelmeer einen großen wirtschaftlichen Aufschwung, der sich auch in der Belebung von Kunst und Wissenschaft niederschlug. Der **Epiker Apollonios Rhodios** (▶Interessante Menschen S. 174) verfasste seine berühmte »Argonautika«. Der Rhetor Aischines kam von Athen und begründet die später berühmte **Rhetorenschule**, die bis ins 1. Jh. v. Chr. ihre Anziehungskraft behielt, u. a. auch für Cato, Cicero und Caesar. Rhodos unterhielt eine **Handels- und Kriegsflotte** und bekämpfte die Seeräuberei. Das rhodische Seerecht wurd weithin übernommen. .

Römische Epoche

Kulturelles und geistiges Zentrum

Zunächst leisteten die Rhodier Rom mehrfach Hilfe bei kriegerischen Auseinandersetzungen, so gegen Philipp V. von Makedonien, worauf sie Besitzungen in Kleinasien erhielten. Da sie sich jedoch dem Makedonierkönig Perseus gegenüber wohlwollend verhalten, nahmen die Römer den Rhodiern nach dem Sieg über Perseus 168 v. Chr. ihr kleinasiatisches Gebiet wieder ab und erklärten die Insel Délos zum Freihafen. Dadurch gingen Rhodos beträchtliche Zolleinnahmen verloren, und der **wirtschaftliche Niedergang** begann. In dieser Zeit ist Rhodos trotz politischer und wirtschaftlicher Einbußen ein bedeutendes kulturelles und geistiges Zentrum. Zahlreiche namhafte Maler und Bildhauer arbeiteten auf der Insel und schufen so berühmte Werke wie die Nike von Samothrake oder die Laokoongruppe (▶Baedeker Wissen S. 167). Der Astronom Hipparch von Nikaia forschte in seinem Observatorium auf der Akropolis von Rhodos-Stadt, der Philosoph **Poseidonios** (▶Interessante Menschen S. 175, Baedeker Wissen S. 154) unterhielt eine eigene Schule.

Eingliederung ins Römerreich (31 v. Chr.)

Rhodos wird schließlich im römischen Bürgerkrieg von Cassius 42 v. Chr. erobert, der die Insel ihres Vermögens, ihrer Flotte und ihrer Kunstschätze beraubte sowie die bedeutendsten Bürger umbringen ließ. Die Eingliederung ins Römische Reich erfolgte dann nach und nach. Unter Augustus wird Rhodos 31 v. Chr. direkt dem römischen Herrscher und nicht einem Statthalter unterstellt, konnte die Insel fortan seinen Wohlstand mehren. Nach einem starken Erdbeben 155 n. Chr. mit verheerenden Auswirkungen wurde die Stadt Rhodos zwar schnell wieder aufgebaut, aber der alte Glanz war verloren. Unter Kaiser Diokletian verliert Rhodos seine Selbstständigkeit und wird 297 Teil der römischen Provincia Insularum.

POSEIDONIOS – DER UNIVERSALGELEHRTE

Poseidonios ist der antike Gelehrte in Reinkultur – nicht auf ein Gebiet beschränkt, sondern nach den Verbindungen zwischen den wissenschaftlichen Disziplinen suchend.

▶ **Der Philosoph: Erziehung zur Vernunft**
Mit seiner Auffassung, dass die Seele aus einem begehrenden, einem muthaften und einem vernünftigen Teil bestünde, kehrte Poseidonios zum Denken Platons zurück und stellte sich als Vertreter der mittleren Stoa gegen die Alt- Stoiker, für die die Seele nichts Irrationales hatte.
Das Irrationale der Seele aber verführe ihm zufolge den Menschen zu Affekten, dem man nur durch die Erziehung zur Vernunft begegnen könne.

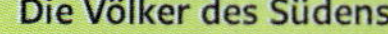

▶ **Der Ethnograf: Das Klima schafft unterschiedliche Völker**
Als Ergebnis seiner vielen Reisen stellte Poseidonios eine Theorie über das Wesen der Menschen auf:

Die Völker des Nordens
- stumpfer Geist
- Unbedachtheit
- Kampfesmut

Die Völker des Südens
- scharfer Geist
- große Findigkeit
- größere Feigheit

▶ Der Ingenieur: Mechanismus von Antikýthira

1900 bargen Taucher vor der Insel Antikýthira nordwestlich von Kreta einen antiken Gegenstand aus einem Schiffswrack. Er besteht aus über 32 Zahnrädern. Erst heute entschlüsseln Forscher sein Geheimnis – es sind die Reste eines analog rechnenden mechanischen Kalendariums. Man vermutet, dass Poseidonios an der Entwicklung beteiligt war.

durch Röntgennachweis erfasst

wissenschaftliche Rekonstruktion

Das Kalendarium
Von dem feinmechanischen Uhrwerk waren Sonnen-, Mond-, Eklipsen- und Olympiadenkalender ablesbar.

Weiterführende Informationen zum mechanischen Kalendarium unter www.nature.com

▶ Der Geograf: Die Berechnung des Erdumfangs

Poseidonios beobachtete in Alexandria den Stern Canopus. Dieser erschien auf einer Reise von Norden nach Süden zum ersten Mal nur für kurze Zeit über Rhodos. Er teilte den zwölfteiligen Tierkreis in je vier Teile und folgerte, dass der Canopus in Alexandria eine Kulminationshöhe von 1/48 des Tierkreises rreicht. Da Rhodos und Alexandria auf demselben Meridian egen, folgert er weiter, dass die Strecke dazwischen der 48. eil des ganzen Meridians ist, weil »der Horizont der hodier und der Horizont der Bewohner von Alexandria m den 48. Teil des Bogens der Kreisperipherie oneinander abweichen«. Die Entfernung Rhodos - lexandria beträgt 5000 Stadien, also ist der Erdumfang 000 x 48 = 240 000 Stadien, was je nach Definition 5 640 oder 37 800 km sind. Dertatsächliche Erdumfang eträgt 40 075 km.

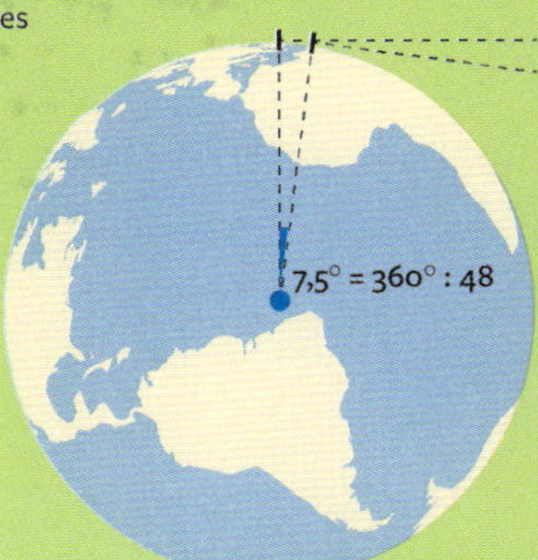

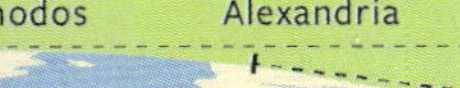

Christentum

In der Geschichte des Christentums spielt Rhodos früh eine bedeutende Rolle. Die Apostelgeschichte (21,1) berichtet, dass **Paulus** auf seiner dritten Missionsreise von Milet kommend auf der Insel landete. Frühchristliche Funde belegen, dass ab dem 2. Jh. n. Chr. eine kleine christliche Gemeinde bestand.

Byzantinische Zeit

Teilung des Römischen Reiches (395)

Bei der Teilung des Römischen Reiches 395 kam Rhodos zum Oströmischen Reich, spielte aber im politisch-wirtschaftlichen Gefüge des Byzantinischen Reiches eine geringe Rolle. Verschiedentlich wurde Rhodos von Naturkatastrophen heimgesucht, so ziehen schwere **Erdbeben** 345 und 515 die Insel in Mitleidenschaft. Hilfe versprach sich die Bevölkerung von der Religion – im 5. und 6. Jh. entstanden bedeutende Basiliken an mehreren Orten der Insel.

Eroberungen und Plünderungen

Mit dem 7. Jh. begann für Rhodos eine nur **spärlich dokumentierte Geschichtsepoche**, die bis zum Beginn des 14. Jh.s währte. Nur wenige bruchstückhafte Nachrichten byzantinischer Chronisten belegen, dass Rhodos immer wieder von fremden Eroberern besetzt und geplündert wurde: 620 von den Persern, 653 und 717 von den Sarazenen. Im Jahr 807 verwüstete Kalif Harun al-Raschid die Insel, nachdem es ihm nicht gelungen ist, Rhodos-Stadt einzunehmen.

Auswirkungen der Kreuzzüge

Als Abwehrmaßnahme gegen das Vordringen der islamisch-arabischen Herrschaft erlaubte der byzantinische Kaiser venezianischen Kaufleuten, auf Rhodos im Jahr 1082 eine Handelsniederlassung einzurichten.
Im Rahmen des **Ersten Kreuzzugs** (1096 – 1099) gewährt Rhodos den Kreuzfahrern Unterstützung. Viele Kreuzritter und Pilger machten auf dem Zug ins Heilige Land hier Zwischenstation.

Byzantinische Statthalter im 13. Jh.

Im Jahr 1204 begann ein lang andauernder Konflikt zwischen dem byzantinischen Kaiser und den Kreuzfahrern, als Konstantinopel durch die Kreuzritter erobert und geplündert wurde. Als Beute sprach man den beteiligten Venezianern Rhodos zu, doch kam ihnen der byzantinische Statthalter für den Dodekanes, Leo Gavalas, zuvor. Er besetzte die Insel und errichtet eine Alleinherrschaft. Nach seinem Tod 1240 übernahm sein Bruder Johann die inzwischen vom byzantinischen Kaiser gebilligte Herrschaft über die Insel. Von 1261 bis 1275 übergab Kaiser Michael VIII. Paleologos die Regierung von Rhodos an seinen Bruder. Danach wurde die Insel mit Billigung der byzantinischen Verwaltung zum **Spielball genuesischer Korsaren**, bis einer von ihnen kurzerhand die Insel mit Gewinn an den Johanniterorden abtrat.

Herrschaft der Johanniter

Schwierige erste Jahre

Die aus dem Heiligen Land vertriebenen Johanniter eroberten ab 1306 mit päpstlicher Zustimmung und genuesischer Piratenhilfe in einem dreijährigen Krieg gegen erbitterten Widerstand die Insel. Nach ihrem neuen Domizil nannten sie sich fortan Rhodiserritter (►Baedeker Wissen S. 158). Das erste Jahrzehnt der Herrschaft der Johanniter ist von vielen Unruhen geprägt. Zunächst waren die Rhodier nicht erfreut über die neuen Herren, allerdings schätzten sie ihre Kampfbereitschaft bei der Abwehr von Piraten- und Türkenangriffen. Der Orden wandelte sich schnell von einem Ritterheer in eine **Seestreitmacht**, die muslimische Kriegs- und Handelsschiffe kaperte. Dadurch verschaffte er sich dadurch Geld, womit er unter anderem auch die Festungsanlagen in Rhodos-Stadt erbaute.
Die Insel, die seit dem 7. Jh. bedeutungslos am148 östlichen Rand Europas gelegen hatte, gewann in den Jahren der Ritterherrschaft zunehmend an Bedeutung als **militärischer Vorposten des Abendlandes** und als wichtige **Station für den Handel** zwischen Europa und dem Orient. Handelswaren wie Parfüm, Safran, Kaviar, Pfeffer, Woll- und Seidenstoffe, Öl, Wein sowie Zucker wurden auf Rhodos umgeschlagen. Schlagkräftige Ordensgaleeren sichertn dabei die Seehandelswege und die Hoheitsgewässer der Insel. Die Rhodier hatten in bescheidenerem Maß teil am Wirtschaftsleben, allerdings lebten viele Bauern in den Siedlungen des Hinterlandes hauptsächlich von Ackerbau und Viehzucht, etliche von ihnen hatten den Status von Leibeigenen.
Historiker schätzen die Zahl der griechischen Inselbewohner auf rund 10 000, die Zahl der Ritter, meist französischer Herkunft, auf maximal 500 mit zusätzlich etwa 1000 Söldnern.

Militärische Erfolge

Unter wechselnden Großmeistern überfielen die Ordensritter in den folgenden 150 Jahren immer wieder muslimisches Gebiet und wehrten sich auf ihrer strategisch günstig gelegenen Insel meist erfolgreich gegen türkische Gegenangriffe.
Unter **Großmeister Ferdinand Héredia** (1376 – 1396) wurde Rhodos nach den neuesten wehrtechnischen Möglichkeiten befestigt. So gelang es, unter **Großmeister Jean de Lastic** (1437 – 1454), einen Angriff der Mamelucken auf Rhodos 1440 abzuwehren und der 40 Tage dauernden Belagerung von Rhodos-Stadt durch die Ägypter standzuhalten. Nach einem weiteren Angriff der Ägypter 1444 wird mit ihnen ein Friedensvertrag geschlossen. Durch diese militärischen Erfolge wächst das Ansehen der Johanniter, wodurch sie Zulauf und große finanzielle Mittel erhalten. Nach der Eroberung Konstantinopels durch die Türken 1453 – dem Ende des Byzantinischen Reiches – kam der Orden als letzter christlicher Außenposten immer mehr in Bedrängnis.

»DEN SCHWACHEN HILF!«

... heißt es im Ordensgebet der Johanniter. Gegründet in Jerusalem als Mönchsgemeinschaft zur Pflege von Kranken, übernahm der Orden zunehmend den bewaffneten Schutz christlicher Pilger und wandelte sich zum militärischen Ritterorden. Heute sind die protestantischen Johanniter wieder eine karitative Organisation mit vielen Aufgaben – wie die katholischen Malteser, mit denen sie dieselbe Wurzel teilen.

▶ **Von Jerusalem nach Europa**
Stationen der Johanniter

▶ **Die Geschichte der Johanniter**

1048 Gründung des Ordens vom Spital des heiligen Johannes in Jerusalem

Ballei Brandenburg entsteht ab **1318** bei Eberswalde

1291 Vertreibung aus Palästina, Niederlassung auf Zypern

Ballei Brandenburg wird um **1540** protestantisch

Reformation

1309 Eroberung von Rhodos.

1530 Übersiedlung nach Malta und Umbenennung in Malteser

1522 Rhodos kapituliert vor den Osmanen

Ohne Ehrenamt geht nichts
Mitarbeiter der Johanniter-Unfall-Hilfe e. V. (2015)

Anzahl	Bereich
33 998	Ehrenamt
20 013	Hauptamt
1610	Freiwilliges Soziales Jahr und BuFdi

Johanniter heute
Die Arbeit der Johanniter in Deutschland konzentriert sich auf den Rettungsdienst, Katastrophenschutz, ambulante Betreuung und Jugendarbeit. Die umfassende humanitäre Hilfe der Johanniter (Katastrophenvorsorge, Ernährung, Hygiene, Gesundheit, Wasser, soziale Programme) wird mit einem Blick auf internationale Programmprojekte deutlich.

Verteilung der Hilfen nach Kontinenten
(2015)

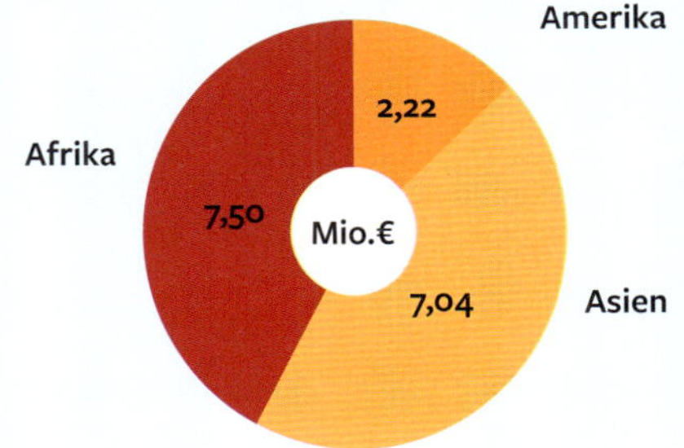

1309 - 1522
Niederlassung auf Rhodos

1291
Niederlassung auf Zypern

1187
Niederlassung in Akko

1048
Gründung in Jerusalem

Johanniter (evangelisch)

Viele Johanniter leisten Widerstand gegen das NS-Regime. Allein elf Ordensritter werden nach dem Attentat vom 20. Juli **1944** hingerichtet.

1951 Gründung der Johanniter-Hilfsgemeinschaften (JHG) in der Bundesrepublik Deutschland

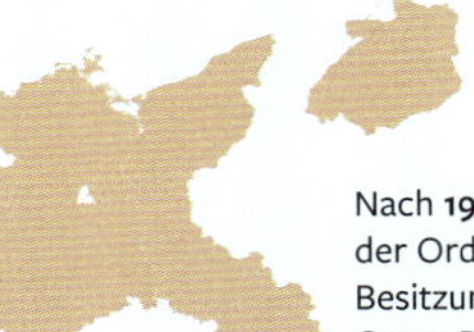

Nach **1945** verliert der Orden alle Besitzungen im Osten Deutschlands

Ab ca. **1852** versteht sich der Johanniterorden als nationale und internationale Hilfsorganisation

1952 Gründung der Johanniter-Unfall-Hilfe (JUH) in der Bundesrepublik Deutschland

Malteser (katholisch)

Großmeisterpalast: Von hier herrschte der Johanniterorden über die Insel.

Sieg über die Türken (1480)

Trotz der erdrückenden Übermacht siegten die Johanniter 1480 unter **Großmeister Pierre d' Aubusson** (1476 – 1503; ►Interessante Menschen S. 174) über die türkische Flotte unter Sultan Mohammed II., die Rhodos drei Monate belagert hat. Der **Legende** nach sollen sich die Türken zurückgezogen haben, weil am Himmel ein goldenes Kreuz mit Maria und Johannes dem Täufer erschien. Der Großmeister ließ die durch die Schlacht und ein Erdbeben weitgehend zerstörten Festungsbauten von Rhodos-Stadt wiederaufbauen. Ab 1503 kam es erneut zu türkischen Übergriffen auf Dörfer wie Archángelos, dessen Einwohner versklavt werden.

Vertreibung der Johanniter

Suleiman der Prächtige nutzte die Schwäche der europäischen Großmächte, um die Ordensritter endgültig von Rhodos zu vertreiben (►Das ist Rhodos S. 8). Die Türken belagerten 1522 die Ordensfestung, und es entbrannte ein mörderischer Kampf mit gewaltigem Kanonenhagel und Sprengsätzen. Man schätzt, dass den mehr als 100 000 Türken nur 7500 Verteidiger gegenüberstanden. Die Ordensritter mussten nach sechs Monaten vor der gigantischen Übermacht kapitulieren. Der Sultan gewährte den verbliebenen Rittern Abzug, die sich 1523 nach Kreta absetzten.

Osmanische Herrschaft

Verständigung möglich?

Die 390 Jahre währende türkische Herrschaft empfanden die Griechen allgemein als die schlimmste Zeit ihrer Geschichte, doch die Rhodier fanden durchaus Wege zur Verständigung. In der Kapitulationsurkunde zwischen den Johannitern und den Türken wurde den Rhodiern u. a. die freie Religionsausübung zugesichert und der Bau von Kirchen erlaubt. Nach wie vor war Rhodos ein wichtiger **Handels- und Flottenstützpunkt** im Osmanischen Reich. Wahrscheinlich erst Ende des 17. Jh.s, als die Aufstände gegen die Türken im griechischen Gebiet zunahmen, wurde angeordnet, dass Christen nicht in Rhodos-Stadt wohnen dürfen. Ebenfalls erst in späterer Zeit wurden einige wenige Kirchen in Moscheen umgewandelt. Zwischen Türken und Griechen fand keine Vermischung statt, doch Kleidung, Lebensweise und Volkskunst beeinflussten sich gegenseitig. Die Muslime lebten hauptsächlich in Rhodos-Stadt, sodass die meisten Dörfer christlich blieben. Die christlich-orthodoxe Bevölkerung hatte zwar geringere Rechte als die Türken, verfügte jedoch über weitgehende Selbstverwaltung.

Im Verlauf des 19. Jh.s verschärfte sich der Konflikt zwischen Griechen und Türken, unter anderem durch den Befreiungskampf auf dem griechischen Festland. Einer Statistik von 1890 zufolge lebten zu dieser Zeit rund 6800 Muslime, 20 300 Griechisch-Orthodoxe und 1500 Juden auf der Insel. Unser Bild von der türkischen Herrschaft auf Rhodos ist stark von den Schilderungen der Reisenden des 19. Jh.s geprägt. Diese berichteten, dass Rhodos-Stadt ohne Leben und die Wälder abgeholzt seien, zudem die Insel von den osmanischen Beamten ausgebeutet werde.

Italienische Epoche

Zusammenleben von Rhodiern und Italienern

Im Verlauf des **italienisch-türkischen Krieges** (1911/1912) besetzten italienische Truppen Rhodos, wobei sie nur auf geringen Widerstand der kleinen, schlecht ausgerüsteten türkischen Besatzung trafen. Sie wurden von den Bewohnern unterstützt, die sie zunächst als Befreier sahen. Die Insel war für die Italiener ein wichtiger Stützpunkt für ihre Kolonialpläne in Nordafrika. Als das italienische Versprechen der Autonomie jedoch nicht eingelöst wurde, kam es zu **Unruhen** in der Bevölkerung. In den Friedensverträgen von Sèvres (1920) und Lausanne (1923) verzichtete die Türkei endgültig zugunsten Italiens auf Rhodos. Italienische Handwerker, Kaufleute, Militärs und Landarbeiter wanderten ein, die 1936 ein Viertel der Bevölkerung ausmachen, aber schwer assimilierbar sind. Allerdings trug die italienische Herrschaft auch zum Ausbau des Straßennetzes, zur Wiederaufforstung vieler Gegenden und zur Restaurierung der Gebäude aus der Ritterzeit bei. Zudem förderte sie archäologische Ausgrabungen und Ausstellungen. Die verbesserten Reisemöglichkeiten schlugen sich in wachsenden Besucherzahlen auf der Insel nieder.

Zweiter Weltkrieg

Alliierte Verbände beschossen 1942 die italienischen Stützpunkte, ohne die Insel zu erobern. Seit 1940 flioh ein kleiner Teil der jüdischen Bewohner. Nach der Kapitulation der italienischen Truppen **1943 besetzen deutsche Truppen die Insel** und deportierten 1200 Juden in Konzentrationslager, wo die meisten umkamen. Die Briten landeten am 1. Mai 1945, worauf die deutsche Besatzung kapitulierte. Rhodos kam unter **britische Militärverwaltung**.

Neugriechische Zeit

Vereinigung mit Griechenland

Im **Pariser Friedensvertrag** (1947) kam Rhodos zu Griechenland, und Paul I. (reg. 1947 – 1964) wurde König. Die Bevölkerungszahl stieg aufgrund der Zuwanderung von Inselgriechen. Die Insel erlebte einen starken Wirtschaftsaufschwung und wurde zu einem der wichtigsten Fremdenverkehrszentren Griechenlands.

Griechische Entwicklung bis 1967

1952 trat Griechenland der **NATO** bei, und 1961 unterzeichnete Ministerpräsident **Konstantin Karamanlis** (1955 – 1964) einen Assoziierungsvertrag mit der EWG. 1967 zerbrach **Georgios Papandreous** Regierungsbündnis an den Intrigen des Hofes, den Erpressungen der Armee und den Erwartungen der westlichen Verbündeten.

Diktatur der Obristen

Mit dem **Armeeputsch** von 1967 errichteten die Obristen Papadopoulos und Pattakos ein Gewaltregime, das im In- und Ausland wachsenden Protest hervorrief. Als ein Gegenputsch des Königs Konstantin II. im Dezember 1967 scheiterte, regierte Papadopoulos als Diktator. Gegen die Bestimmungen der Verfassung veranlasste Papadopoulos 1973 die Abschaffung der Monarchie, ließ die **Republik** ausrufen und ernennt sich selbst zum Staatspräsidenten. Der anfängliche wirtschaftliche Aufschwung in dem durch Niedriglohn und Streikverbot geknebelten Land brach in der Ölkrise und der weltweiten Rezession 1973 völlig zusammen. Schwere **Studentenunruhen** in Athen leiteten den Niedergang der Diktatur ein, den auch ein noch rücksichtsloserer Militärcoup, bei dem im November Papadopoulos abgesetzt wurde, nicht mehr verhindern konnte. Der Versuch, Zypern vollständig in griechischen Besitz zu bringen, überforderte schließlich die Militärjunta und provoziert die Intervention der Türkei. In Anbetracht der drohenden Kriegsgefahr übergab das Militär 1974 dem aus dem Pariser Exil zurückgerufenen Ministerpräsidenten **Karamanlis** die Regierungsgewalt.

Volksentscheid für die Republik

Mit Karamanlis' »Regierung der nationalen Einheit« normalisierten sich die politischen Verhältnisse. Durch ein freies Plebiszit entschieden sich die Griechen 1974 endgültig für die Republik. 1975 trat eine neue **demokratische Verfassung** mit Grundrechtssicherungen in Kraft. Im Jahr 1980 wurde Griechenland wieder Vollmitglied der NATO, im Jahr darauf Mitglied der EG. Bei den Parlamentswahlen 1981 errang die Panhellenistische Sozialistische Bewegung (**PASOK**) unter **Andreas Papandreou** den Sieg. Die neue Führung betrieb zunächst eine Politik der nationalen Unabhängigkeit und Hinwendung zu den blockfreien Staaten. Die Wirtschaft festigte sich allmählich mit Hilfe des florierenden Fremdenverkehrs und der Handelsflotte.

1986 – 2022

Im Jahr 1986 erschütterten **Finanz- und Bestechungsskandale** die Regierung Papandreou. Nach einer vierjährigen Phase von Übergangsregierungen verschiedener Koalitionen unter Regie der zweiten großen Volkspartei Neue Demokratie (ND) gelang es der PASOK 1993, die Stimmenmehrheit wiederzugewinnen. 1996 trat Ministerpräsident Papandreou zurück; sein Nachfolger wurde **Konstantinos Simitis**. Sowohl 1996 als auch 2000 gewann die von ihm geführte PASOK knapp vor der ND. Doch bei den Parlamentswahlen 2004 löste die bisherige Oppositionspartei ND die PASOK ab. Neuer Ministerpräsident wurde **Kostas Karamanlis**. Bei vorgezogenen Neuwahlen 2009 errang die PASOK unter **Georgios Papandreou** einen deutli-

Alles stand auf Rot: Demonstration in Athen 2010 gegen die Sparmaßnahmen der Regierung wegen des drohenden Staatsbankrotts.

chen Wahlsieg. Schon gleich wurde klar, dass die konservative Vorgängerregierung das Ausmaß der griechischen **Finanzkrise** verschleiert hatte. Um das Land vor dem Staatsbankrott zu bewahren, sagten die EU-Staaten und der IWF Griechenland 2010 das erste Hilfsprogramm zu, verlangten aber strikte Sparmaßnahmen und die Privatisierung staatlicher Unternehmen. So wurden 13 Flughäfen auf 40 Jahre an die Frankfurter FRAPORT verpachtet, die griechische Eisenbahn an die italienische Staatseisenbahn FS verkauft. China kontrolliert nun die Containerhäfen von Athen und Thessaloniki, die deutsche Telekom den größten griechischen Telefonanbieter Cosmote. Zahlreiche Steuern wurden erhöht, Steuerschlupflöcher gestopft, Renten und die Bezüge öffentlich Bediensteter gekürzt. Streiks und Massendemonstrationen waren die Folge. Eine nach zwei Parlamentswahlen 2012 gebildete Regierungskoalition von Konservativen (ND), Sozialdemokraten (PASOK) und gemäßigten Linken (Dimar) unter Antonis Samaras bekam die Krise nicht in den Griff. 2015 gewann die linke SYRIZA unter Alexis Tsipras Neuwahlen und bildete mit der rechtspopulistischen ANEL eine Koalition. Ihr gelang es, ab 2018 keine Hilfsprogramme mehr in Anspruch nehmen zu müssen. Im Juli 2019 musste Tsipras nach vorgezogenen Neuwahlen sein Amt an den konservativen Kyriakos Mitsotakis abgeben. Er konnte am 20. August 2022 verkünden, dass Griechenland alle Kredite des Internationalen Währungsfonds (IWF) zurückgezahlt habe und jetzt keinerlei außerordentlicher Überwachung durch die EU mehr unterliege.

KUNSTGESCHICHTE

Als östlichste Insel Griechenlands lag Rhodos dem kulturell schon früh hochstehenden Vorderen Orient besonders nah. Sein Einfluss wird in Vorzeit und Antike auf der Insel besonders deutlich. Später sorgten viele fremde Herrn für vielfältige Einflüsse, allen voran Kreuzritter, Osmanen und schließlich auch das faschistische Italien.

Vor- und Frühgeschichte

Funde auch aus der Frühzeit

Keramik- und Steinwerkzeugfunde aus dem Neolithikum belegen eine Besiedlung der Insel seit etwa dem 5. Jt. v. Chr. In der zweiten Hälfte des 2. Jt. v. Chr. drückte die vom Peloponnes ausgehende, via Kreta nach Rhodos gebrachte mykenische Kultur auch Rhodos ihren Stempel auf, was vor allem Keramik- und Schmuckfunde aus mykenischen Nekropolen beweisen.

Auf den Untergang der mykenischen Kultur um 1200 v. Chr. folgen zunächst drei »dunkle Jahrhunderte«, in denen auf der Insel nichts mehr produziert wurde. Nach der Neubesiedlung der Insel durch griechische Dorer nahm auch die Töpferkunst einen bescheidenen Neuanfang. Zwischen etwa 900 und 700 v.Chr. entstehen nun Arbeiten im geometrischen Stil: Einfache Gefäße, die mit geometrischen Linien und Motiven, später dann auch zunehmend mit primitiven Strichzeichnungen von Tieren, Blüten und Menschen dekoriert sind.

Geometrischer Stil

Nach der Festigung der drei rhodischen Stadtstaaten und der Entwicklung intensiver Handelsbeziehungen mit Griechenland und dem Vorderen Orient enntwickelt sich Rhodos zu einem Zentrum der Keramikproduktion. Schalen, Kannen, Amphoren und Kratere wurden im orientalisierenden Stil mit Tierdarstellungen, Blüten- und Pflanzenmotiven geschmückt. Die orientalisierende Epoche klingt in der 2. Hälfte des 6. Jh.s aus. In der Folgezeit verloren die rhodischen Werkstätten ihre künstlerische Eigenständigkeit und ordneten sich dem Geschmack der attischen Vasenmalerei unter. Durch die Berührung mit dem Orient entwickelte sich auf Rhodos im 8./7. Jh. v. Chr. auch eine überregional bedeutende **Goldschmiedekunst**. Getriebene goldene Schmuckplättchen mit figürlichen Darstellungen, granulierte Rosetten mit applizierten Bienen oder Miniaturvögel aus Gold waren beliebte Exporterzeugnisse.

Orientalisierender Stil: Einfluss des Orients

Griechisch-römische Antike

Die Blütezeit der griechischen Kunst fällt in das 5. und 4. Jh. v. Christus. Großartige Tempelbauten, Theater und Meisterwerke plastischer Menschendarstellung aus Stein oder Bronze kennzeichnen diese Epoche, an der auch Rhodos in bescheidenem Maß teilhatte. Erst im 3. Jh. v. Chr. erreichte die Insel, inzwischen wirtschaftlich stark geworden, in der bildenden Kunst ihre große Blüte, die bis ins 1. Jh. v. Chr. andauerte.

Anteil an der griechischen Klassik?

Eine große Herausforderung für Stadtplaner und Architekten war die Gründung der **Stadt Rhodos** 408 v. Chr., die sich schnell zum neuen Zentrum der Insel entwickelte. Das nach den Stadtplanungsideen des Hippodamus von Milet mit einem sich rechtwinklig kreuzenden Straßensystem angelegte antike Rhodos ist heute nur noch schwer auszumachen. Im Südwesten der heutigen Stadt haben sich noch wenige Reste der einst imposanten **Akropolis** erhalten mit dem Tempel der Athena Polias und des Zeus Polieus sowie dem Apollo-Pythios-Tempel. In Hanglage befanden sich ein kleines Theater und unterhalb ein Stadion. Um einiges älter als Rhodos-Stadt ist die **antike Stadt Líndos**, wo sich schon früh mit dem **Athena-Lindia-Tempel** ein wichti-

Baukunst

ges Kultzentrum entwickelt hatte. Nachdem der alte Tempel einem Brand zum Opfer gefallen war, errichtete man 342 v. Chr. einen dorischen Tempel, der gegen 300 v. Chr. vergrößert wurde. Etwas später fügte man die Prozessionstreppe an und rundete das Bauensemble mit den Propyläen ab, deren Mittelteil eine breite Säulenfront ziert. Ende des 3. Jh.s v. Chr. erweiterte man die Akropolis noch um eine ausladende Stoa, eine 87 m breite Säulenhalle.

In **Kámiros**, einer der ältesten Städte der Insel, entstand nach einer Erdbebenkatastrophe 226 v. Chr. eine neue hellenistische Wohnstadt mit Agora (Marktplatz) und heiligem Bezirk. Kultmittelpunkt war das vermutlich Apollon Pythios geweihte Heiligtum. In den Wohnquartieren gab es schöne Atriumhäuser mit von Säulen und Pfeilern umstandenen Innenhöfen. Herausragende und zugleich charakteristische **Grabbauten** aus hellenistischer Zeit sind das Archókrates-Grab (um 225 v. Chr.) in Líndos und das sogenannte Ptolemäergrab in Rhodos-Stadt.

Höhepunkt: Skulptur

Einen hohen künstlerischen Standard erreichten die Bildhauerwerkstätten auf Rhodos in der Epoche des Hellenismus (Ende 4. bis Ende 1. Jh. v. Chr.), die sich im Reich Alexanders des Großen und seinen Nachfolgestaaten herausgebildet hatten. Götterstatuen, Figuren, mythologische Heroen, Grabstatuen und Reliefstelen wurden nicht nur in großer Zahl an den entsprechenden Plätzen der Insel aufgestellt, sondern auch exportiert. Dabei waren die rhodischen Meister gleichermaßen im Hohlgussverfahren der Bronze wie in der Bearbeitung des Marmors versiert. Berühmtheit erlangte der **Koloss von Rhodos** (►Baedeker Wissen S. 120, 122), ein bronzenes Monumentalstandbild.

Aber auch andere Werke rhodischer Künstler sind heute noch Anziehungspunkte in den europäischen Museen, wie die **Laokoon-Gruppe** und die **Nike von Samothrake** (►Baedeker-Wissen), ein Weihegeschenk von Rhodiern und Römern anlässlich des Seesieges im Jahr 190 v. Chr. über Antiochos III., oder der **Farnesische Stier**, eine Brunnenskulpturengruppe, die zeigt, wie Dirke, die Königin von Theben, zur Strafe an einen wilden Stier gebunden wird. Auf Rhodos selbst sind einige qualitätsvolle Marmorskulpturen im Archäologischen Museum in Rhodos-Stadt zu sehen, darunter die **Grabstele der Krito und Timarista** (um 420/410 v. Chr.) mit dem ausdrucksstarken Relief von Mutter und Tochter, deren Köpfe sich einander zuneigen, während ihre Blicke im Trennungsschmerz des Todes auseinandergehen.

Herausragend ist ferner der ausdrucksvolle Kopf des **Sonnengottes Helios** (1. Hälfte 2. Jh. v. Chr.), den einst ein vergoldeter metallener Strahlenkranz schmückte. Berühmt ist außerdem die anmutige, lebensnah gestaltete kleine Figur der kauernden **Aphrodite** (um 100 v. Chr.).

BAEDEKER WISSEN

VEREWIGT IN MARMOR

Die rhodischen Bildhauer haben mit ihren Marmorskulpturen wie der Nike von Samothrake und der Laokoon-Gruppe zeitlose Verkörperungen von Emotionen geschaffen.

Zum Dank für ihre Seesiege 191/190 v. Chr. über Antiochos III. von Syrien stifteten rhodische Bürger das mehr als 2 m hohe Standbild der geflügelten **Siegesgöttin, der Nike,** als Weihgabe für das samothrakische Kabiren-Heiligtum. Die Marmorstatue, die vielleicht von dem rhodischen Bildhauer Pythokritos geschaffen wurde, erhob sich weithin sichtbar auf dem Vorderteil eines Schiffes. Entsprechend der Kunstauffassung des Hellenismus bestimmen Monumentalität und Bewegungsdramatik die Figurengestaltung.
Die siegbringende Göttin scheint gerade im rauschenden Flug vom Olymp auf das rhodische Schiff herabgekommen zu sein, die mächtigen Flügel sind noch ausgebreitet, in der erhobenen rechten Hand hielt sie einst die flatternde **Siegesbinde aus Bronze**, während sich ihr leicht gedrehter Körper gegen den kräftigen Seewind stemmt. Erst bei Grabungen im Jahr 1863 kam die Nike auf der Insel Samothrake wieder zum Vorschein, gelangte nach Paris und kündet heute im Louvre wieder von der Meisterschaft rhodischer Bildhauerkunst in der Antike.

Heroisches Leiden

Nicht minder staunend steht der Besucher im Saal des Großmeisterpalastes in Rhodos-Stadt vor der weltberühmten **Laokoon-Gruppe**. Allerdings handelt es sich dabei um eine Kopie des

Originals, das heute die Besucher der Vatikanischen Museen in Rom in Staunen versetzt. Die italienischen Besatzer der Insel ließen in den 1920er-Jahren die Nachbildung anfertigen, um den drei rhodischen Bildhauern **Hagesandros, Athanadoros und Polydoros** Ehre zu erweisen, die das antike Original im 1. Jh. v. Chr. geschaffen hatten. Die ganz auf Vorderansicht komponierte Figurengruppe beeindruckt durch den Bewegungsreichtum und das übersteigerte Pathos. Laokoon hatte die Trojaner vor dem hölzernen Pferd, einem zurückgelassenen Weihegeschenk der abgezogenen Griechen an die Göttin Athena, gewarnt und voller Verachtung seinen Speer gegen das Ungetüm geschleudert. Daraufhin wurde er zur Darbringung eines Opfers für Poseidon verpflichtet, währenddessen zwei riesige Schlangen aus dem Meer kamen, die Laokoon und seine Söhne am Altar töten sollten. Mit dem Untergang des Römischen Reiches ging auch die Skulpturengruppe verloren, bis sie im Jahr 1506 in Rom wiederentdeckt wurde.

Byzantinische Epoche

Teilung des Römischen Reiches

Die Gründung Konstantinopels 330 n. Chr. und die Teilung in West- und Oströmisches (byzantinisches) Reich (395 n. Chr.) brachten dem östlichen Mittelmeerraum eine neue Kunstblüte, die sich auch auf Rhodos auswirkte und hier bis weit in die Neuzeit wirkte.

Sakrale Baukunst: bedeutende Zeugnisse

Zu den ersten Leistungen christlicher Baukunst auf Rhodos zählen die in der Regel dreischiffigen **Säulenbasiliken** des 5. und 6. Jh.s, die mit farbigen Mosaiken ausgestattet waren. Eine Besonderheit bilden bei einigen Kirchen die großen, in den Boden der Seitenschiffe eingelassenen, oft kreuzförmigen Taufbecken. Im 7. und 8. Jh. kam die Baukunst wegen wiederholter Zerstörungen durch fremde Eindringlinge fast zum Erliegen. In der nachfolgenden Zeit veränderte sich der Kirchenbautypus immer mehr vom Richtungs- zum Zentralbau, bis im 10. Jh. die **Kreuzkuppelkirche** voll ausgeprägt war. Für den Außenbau verwendete man Bruch- und Ziegelsteine in oft kunstvoller Anordnung, und das Innere wurde reich freskiert. Besonders beliebt auf Rhodos ist der Kirchenbau mit hoher Tambourkuppel, wobei der Tambour eine für Rhodos typische Nischengliederung besitzt, wie sie beispielsweise die **Klosterkirche Thári** aufweist. In den ländlichen Gebieten der Insel herrscht als Kirchentypus die schlichte **Einraumkapelle** mit oft ausdrucksvollen Fresken vor. Im Innenraum war der leicht erhöht liegende Altarbereich (Bema) anfangs durch eine steinerne Schranke vom Gemeinderaum getrennt, aus der sich später die hohe Bilderwand der Ikonostase entwickelte.

Malerei: bildliche Darstellung setzt sich durch

Bereits die frühe byzantinische Malerei war stark eingebunden in die Kultpraxis und widmete sich von Anfang an der Menschendarstellung, wobei in Ausdruck, Haltung, Kleidung und Bewegung das Erbe der Spätantike unverkennbar ist. Der vehemente **Bilderstreit (Ikonoklasmus)** im 8./9. Jh. brach mit dieser Tradition. Die Ablehnung der bildlichen Darstellung Christi und der Heiligen ließ nur eine ornamentale Gestaltungsweise zu. Die Ikonenverehrer trugen schließlich Mitte des 9. Jh.s den Sieg davon. Die Darstellung der Heiligen ist in der Regel frontal, und bei Gruppendarstellungen herrscht häufig die Isokephalie vor, d. h. die Personen werden – mit den Köpfen auf gleicher Höhe – aneinandergereiht. Die Bedeutungsperspektive lässt zudem die Hauptfiguren gegenüber den Nebenfiguren besonders groß erscheinen.

Über Jahrhunderte unterlagen die Ausmalungen der Kirchen auf Rhodos einem **ikonografischen Programm**, das auch die Verteilung der Themen im Kirchenraum festlegte, wobei die universale göttliche Schöpfung im Kirchenbau zum Ausdruck gebracht werden sollte. Besonderer Wert wurde auf die Ausschmückung der Kuppel als symbolischen Ort des Himmels gelegt, daher erscheint dort hauptsächlich

Großartige byzantinische Fresken in der Panagía-Kirche in Líndos

Christus Pantokrator als Himmelsfürst, umgeben von Engeln und Propheten. Hoher Rang kommt auch der Apsiswölbung zu, die symbolisch die Brücke bildet zwischen Erde und Himmel, sodass dort häufig die Fürbittegruppe (Deesis), die sich aus Christus, der Muttergottes und Johannes dem Täufer zusammensetzt, wiedergegeben wird. Das Gewölbe ist meist mit einer Himmelfahrts- und Pfingstdarstellung bemalt. An den Längswänden des Gemeinderaumes (Naos) haben Märtyrer und Heilige ihren Platz. Die Tonnengewölbe in symbolischer Mittlerstellung zwischen himmlischer und irdischer Zone sind mit neutestamentlichen Szenen des Festtagskalenders der orthodoxen Kirche geschmückt (z. B. Geburt Christi, Einzug in Jerusalem, Kreuzigung, Himmelfahrt). Die Westwand nimmt in der Regel die Darstellung des Jüngsten Gerichts ein.

Gotik der Ordensritterzeit

Festungsbaukunst

Die Zeit der Herrschaft des Johanniterordens seit 1309 hat in der Stilepoche der Gotik nur im Profanbau, vor allem im Stadt- und Festungsbau, zu Neuerungen geführt, während der Sakralbau weitgehend unter byzantinischem Einfluss blieb. Die mächtigen **Befestigungen der Stadt Rhodos** zählten im Mittelalter zu den vorbildlichsten in Europa. Planung und Ausführung lagen in den Händen geschulter Baumeister, Ingenieure und Handwerker, die eigens aus Frankreich und Italien von den Ordensgroßmeistern herbeigeholt wurden. Die massive Führung der Stadtmauern wurde geschickt dem Gelände angepasst, mit Wall und Graben sowie einer Vormauer nochmals geschützt und mit umlaufendem Wehrgang, zinnenartiger Brustwehr und vorspringenden Türmen bestückt.

Mit dem Aufkommen von immer stärkeren Feuerwaffen verbreiterte man im 15. Jh. den Festungsring durch ein ausgeklügeltes Grabensystem, verstärkte ihn durch zusätzliche massive Rundtürme und Bastionen für Geschützstellungen und reduzierte die Zahl der Tore. Auch der Hafen für die Ordensflotte wurde in die Verteidigung miteinbezogen und durch gegenüberliegende Geschütztürme gesichert. An strategisch wichtigen Stellen der Insel errichtete man ebenfalls Befestigungen. Oberhalb der Bucht von Charáki ragen noch die Überreste der einst imposanten **Festung Féraklos** in den Himmel, die 1470 errichtet wurde. Nicht minder eindrucksvoll sind die Ruinen des **Kastells Kritinía** (1472) und die atemberaubende adlernestartige Lage des **Kastells Monólithos**, das Großmeister Pierre d' Aubusson nach 1480 erneuern ließ.

Der Großmeisterpalast, im 14. Jh. erbaut, wurde nach mehrfachen Zerstörungen im 20. Jh. von den Italienern auf umstrittene Weise rekonstruiert.

Stadtbaukunst: interessante Beispiele

Die Ordensritter lebten in einem durch Mauern abgetrennten Teil der Stadt, wo auf ansteigendem Gelände der Großmeisterpalast stand und entlang der Zufahrtsstraße die **Herbergen der Ritter** lagen. Die Bauten wurden entsprechend dem Geschmack der soldatischen Auftraggeber eher schlicht und zweckdienlich in Formen der Gotik des 14./15. Jh.s errichtet. Große Torbogen, schmale, spitzbogige Portale und Fensterprofile mit Flechtbanddekor sowie Wappenreliefs bilden den äußeren Schmuck. Hinter den strengen und teilweise wehrhaften Fassaden mit Zinnenbekrönung lagen oftmals schöne Innenhöfe und Gärten.
Der **Großmeisterpalast**, ein Festungs- und Repräsentationsgebäude zugleich, ist nach seiner Zerstörung durch eine Explosion 1856 als umstrittene Rekonstruktion erhalten. Eindrucksvoll ist nach wie vor das **Neue Ordenshospital** (heute Archäologisches Museum), 1489 fertiggestellt, mit Arkadenhof. Der große Krankensaal im Obergeschoss hat die Form einer imposanten zweischiffigen Halle mit Flachdecke und einer Arkadenreihe als Raumteiler.

Osmanische Kultur (1523 – 1912)

Wenige Zeugnisse

Trotz der langen, fast vierhundertjährigen Türkenherrschaft auf der Insel während des Osmanischen Reiches hat sich erstaunlich wenig von der türkischen Kultur erhalten. In der Stadt Rhodos geben nur noch wenige **Moscheen** einen Eindruck von der türkischen Baukunst. Im Osmanischen Reich wurde im Verlauf des 14. Jh.s die Kuppelmoschee entwickelt, die nach anfänglichem Vierkuppeltypus in der Zentralkuppelanlage ihre Vollendung fand. Im Innern ist der Betsaal nach Mekka ausgerichtet, wobei die Gebetswand (Kibla) besonders gekennzeichnet ist durch eine meist sehr aufwendig verzierte Gebetsnische (Mihrab) und den rechts von ihr aufgestellten Predigtstuhl (Mimbar). Das Minarett für den Gebetsrufer und der Brunnen für rituelle Reinigungen runden das äußere Erscheinungsbild ab.
Das älteste islamische Gotteshaus auf Rhodos ist die 1531 errichtete **Ibrahim-Pascha-Moschee**. Gegen Ende des 16. Jh.s entstand die **Redjeb-Pascha-Moschee** mit Vorplatz, auf dem ein achtseitiger Reinigungsbrunnen steht, dessen Arkaden eine baldachinartige Überdachung tragen. Eine Flachkuppel mit Tambour überspannt den Betsaal, der schöne Innendekorationen (persische Fayencen und Stuckornamente) aufweist. Die **Suleiman-Moschee** (1808) zieren eine überkuppelte Vorhalle und ein Portal mit Marmoreinfassung, während der Innenraum von einer Zentralkuppel überwölbt wird. Inmitten eines türkischen Friedhofs, der noch typische überkuppelte Grabbauten (Türben) besitzt, steht die schlichte **Murad-Reis-Moschee**. Einige Häuser mit straßenseitigen vergitterten Erkern gehen ebenfalls auf die türkische Bau- und Wohntradition zurück.

Kunst des 19. und 20. Jahrhunderts

Westeuropäische Einflüsse

Wichtige Impulse im Städte- und Wohnbau sowie in der Malerei kamen von außen nach Rhodos infolge der langsamen wirtschaftlichen Durchdringung des Osmanischen Reiches durch die Westeuropäer. Die Besetzung der Insel durch die Italiener von 1912 bis 1943 leistete den monumentalen Tendenzen in der Kunst Vorschub, wie sie im faschistischen Italien der 1920er- und 1930er-Jahre üblich waren. Nur vereinzelt haben sich auf der Insel Bauten des **Neoklassizismus** erhalten. Meistens gehörten die Villen mit ihren Tempelgiebeln und Säulenvorhallen reichen Handelskaufleuten. Die Wiederverwendung früherer Baustile war im Zeitalter des **Historismus** bis zum Ersten Weltkrieg beliebt. In der Stadt Rhodos haben sich wenige Beispiele der Neorenaissance und des Neobarock mit teils überladenen, schweren Dekors erhalten. Historisierend im weitesten Sinn bauten auch die Italiener. Ihnen sind die fragwürdige **Rekonstruktion des Großmeisterpalastes** in spätgotischen Formen und der Wiederaufbau der mittelalterlichen dreischiffigen Ordensritterkirche mit neobyzantinischer Malerei zuzuschreiben. Dem Vorbild orientalischer Märkte verpflichtet ist die Anfang des 20. Jh.s gebaute **Néa Agorá**, eine Markthalle auf polygonalem Grundriss mit großem Hof und Arkadengängen. Das **Regierungsgebäude** zeigt Nachahmungen von orientalischen und spätmittelalterlichen Stilelementen.
Das **Nationaltheater** und das **Klassische Theater** prägt der Baustil des Faschismus italienischer Herkunft mit Reminiszenzen an Antike und Renaissance. In der Ortschaft **Eleoússa** haben sich noch fremdartige Kolonialstilbauten um eine italienische Piazza erhalten. Die **Kallithéa-Thermen** verbinden Art déco mit orientalischer Fantastik.

Traditioneller Wohnbau

Einfache Bauweise

Ein noch weitgehend geschlossenes Stadtbild mit typischer Inselbauweise (17. – 19. Jh.) besitzt **Líndos**. Das traditionelle eingeschossige Wohnhaus mit Flachdach auf quadratischem Grundriss bestand nur aus einem großen Raum und lag an der Rückseite eines von hohen Mauern umschlossenen Hofes, in dem sich vor allem im Sommer das Leben abspielte. An den Längsseiten des Hofes befanden sich Stallungen, die Küche und ein heizbarer Raum für kalte Wintertage. Ursprünglich war das **Einraumhaus** mit bemalter Balkendecke innen durch eine Arkade in zwei Raumteile getrennt, im vorderen Bereich lagen die Feuerstelle mit Rauchabzug sowie der Aufenthaltsraum, im hinteren Teil war an der Rückwand ein fast 1 m hohes und 2 m tiefes Podest aus Holz, auf dem die Schlafstellen lagen. Die Außenfront der Häuser wies meist Verzierungen an Fenstern und Türen auf, wie die Flechtbänder oder die zuweilen grotesken Vogelmotive.

MUSIK UND TANZ

In Griechenland werden immer noch vor allem bei Festen traditionelle Musik und Tanz gepflegt. Bekannt wurde die griechische Musik nicht zuletzt durch den berühmten Film »Alexis Sorbas« mit Anthony Quinn in der Hauptrolle.

Musik

Immer noch griechisch …

Wichtige Instrumente auf Volksfesten sind **Geige** und **Iagouto**, ein großes Saiteninstrument mit dickem Bauch, das mit einem langen Plektron (Plättchen zum Schlagen der Saiten) gespielt wird. Bedeutende Soloinstrumente stellen die **Bousouki** und der kleinere **Baglamás** dar. Im Ausland ist die griechische Musik vor allem durch die Filmmusik von **Mikis Theodorakis** bekannt geworden, so durch den erfolgreichen Film »Alexis Sorbas« (1964). Sie fand auch Verbreitung durch den Film »Rembétiko« mit einer Musikrichtung, die man als »griechische Form des Blues« bezeichnen könnte. Die Texte handeln von Liebe, Armut und der Flucht in den Rausch. In den 1960er-Jahren wurde die **Rembétiko-Musik** durch den Komponisten Mános Chatzidákis neu belebt.

Tanz

… und traditionell

Viele halten den auf Rhodos verbreiteten Sirtáki für einen alten kretischen Tanz, aber er ist ein Produkt Hollywoods, denn er entstand 1964 im Zusammenhang mit dem Film **»Alexis Sorbas«**. Da für den amerikanischen Hauptdarsteller Anthony Quinn der Tanz Hassápiko (»Metzgertanz«) zu schwierig war, wurde für ihn zu der Musik von Mikis Theodorakis eine einfachere Version entworfen, eben der Sirtáki. Nicht zuletzt durch diesen Filmklassiker gewannen griechische Musik und Tanz große Popularität.

Es gibt traditionelle Reigentänze, die nur Männer, und andere, die nur Frauen tanzen. Sogar in Diskotheken wird manchmal ein **Zeibekiko** aufgelegt, ein meist langsamer Solotanz ohne festgelegte Schrittfolge, der als »König« unter den griechischen Tänzen gilt. Aus den Gebirgsdörfern Thessaliens kommt der Kriegstanz **Tsámikos** mit seinen schweren stampfenden Schritten. Auf den Inseln tanzen Männer und Frauen zusammen den **Sirtós** (»Rundtanz«), bei dem die Schritte mit schleifenden Füßen ausgeführt werden. Auch der unbeschwerte **Bállos** wird von Männern und Frauen gemeinsam getanzt. Der **Kalamantíanos** geht auf die Antike zurück. Beim **Tráta** legen Tänzer einander die Hände auf die Schultern und bilden eine Kette.

INTERESSANTE MENSCHEN

Einflussreicher Dichter: Apollonios Rhodios

295 – 215 v. Chr. Dichter

Apollonios stammte aus Alexandria, wo er als Bibliothekar tätig war. Sein Hauptwerk ist die **»Argonautika«**, das einzige Großepos zwischen Homer und Nonnos. Es schildert die abenteuerliche Fahrt der Argonauten von Pagasai nach Kolchis. Das Werk, das auf der Kenntnis vor allem von Homers Schriften gründet, zeichnet sich durch Gespür für das Innenleben der Personen, kunstvolle Vergleiche und anschauliche Erzählweise aus. Die besondere Eigenleistung des Epikers besteht in der Darstellung der Liebe Medeas. Die »Argonautika« übte starken Einfluss auf die nachfolgende Literatur aus, z. B. auf den römischen Dichter Vergil.

Reformer: Pierre d' Aubusson

1423 – 1503 Johanniter-Großmeister

Pierre d' Aubusson, in Monteil-au-Vicomte geboren, wurde 1476 zum Großmeister der Johanniter auf Rhodos gewählt. Im Jahr 1480 wehrte er den Angriff der Türken unter Führung von Sultan Mohammed II. trotz der erdrückenden Übermacht auf Rhodos-Stadt ab. 1482 lieferte d' Aubusson vertragswidrig den einige Jahre zuvor hierher geflüchteten türkischen Prinzen und Thronprätendenten Djam an Papst Innozenz VIII. aus. Der Großmeister ließ die Festungsanlagen, die Stadtmauer sowie die von den Türken und einem Erdbeben 1481 zerstörten Paläste von Rhodos-Stadt ausbauen und das dortige Hospital fertigstellen. Er war **einer der großen Reformer des Johanniterordens**. Auf dem Generalkapitel 1489 wurde unter seiner Leitung die Ordensregel revidiert und verbessert. In hohem Alter und mit großen Ehren versehen starb d' Aubusson 1503.

Schöpfer des Kolosses von Rhodos: Chares von Líndos (um 300 v. Chr.)

Um 300 v. Chr. Bildhauer

Chares von Líndos war ein Schüler des Erzgießers und Bildhauers Lysippos aus Sikyon, der u. a. auch auf Rhodos gearbeitet hatte. Er schuf eines der Sieben Weltwunder der Antike, den Koloss von Rhodos, den er nach zwölf Jahren 292 v. Chr. fertigstellte (▶Baedeker Wissen S. 120, 122). Ein weiteres Werk des Künstlers ist ein kolossaler bronzener Kopf, der 57 v. Chr. dem Kapitol in Rom geweiht wurde. Wahrscheinlich handelte es sich um das Fragment einer Kolossalstatue. Chares hat die Kunst von Lysippos, der als Vollender der griechischen Plastik gilt, auf Rhodos heimisch gemacht und verlieh dadurch der hellenistisch-rhodischen Kunst ihre eigene Prägung.

Einer der Weisen: Kleoboulos

Kleoboulos war 40 Jahre lang dorischer Herrscher von Líndos, das unter ihm seine größte Blütezeit erlebte. Der Regent, der offensichtlich auch Dichter und Philosoph war, erfreute sich großer Beliebtheit beim Volk. Obwohl man ihn später als »Tyrannen« bezeichnete, rechnete man ihn zu den Sieben Weisen der Antike. Diese Weisen waren griechische Staatsmänner und Philosophen, denen bestimmte ethische und politische Leitsprüche zugeschrieben wurden. Zu den Sieben Weisen zählen neben Kleoboulos Thales von Milet, Pittakos aus Mytilene, Bias aus Priene, Solon aus Athen, Myson aus Chenai und Chilon aus Sparta. Kleoboulos wird die Spruchweisheit zugeschrieben: »Maßhalten ist das Beste.«

6. Jh. v. Chr.
Herrscher,
Dichter,
Philosoph

Antiker Verfechter der Vernunft: Poseidonios

Der aus Apameia am Orontes stammende Philosoph gilt als Vertreter der mittleren Stoa. Er gründete auf Rhodos eine eigene Schule. Poseidonios hatte mehrfach Kontakt nach Rom; so kam er 87 v. Chr. als Gesandter seiner neuen Heimat in die Stadt. Er fungierte als Lehrer von Cicero und Pompeius. Poseidonios war Universalgelehrter – u. a. Geograf, Historiker, Ethnologe –, der versuchte, die verschiedenen Wissensgebiete unter Einbeziehung der traditionellen Philosophie von Platon, Aristoteles u. a. zu verbinden. Charakteristisch für seine Philosophie ist die **Lehre des Logos** (Vernunft) als Leben spendende Kraft sowie der Gedanke der Einheit des vom Logos durchdrungenen Makro- und Mikrokosmos. In seiner Ethik empfiehlt Poseidonios, der Vernunft statt der irrationalen Affekte zu folgen. Daneben zeigt der Philosoph mystische Neigungen und er versucht, die Mantik (Wahrsagekunst) zu begründen, die vor allem der Astrologie eine folgenreiche Geltung verschaffte.

Um 135 – 51
v. Chr.
Gelehrter,
Philosoph
(▶Baedeker Wissen S. 154)

Von ihm wenig bekannt: Pythokritos

Von dem rhodischen Bildhauer weiß man nicht sehr viel. Er muss jedoch zu seiner Zeit ein viel gefragter Künstler gewesen sein, denn eine Reihe von Inschriften belegt seine Arbeiten. Meistens sind es

2. Jh. v. Chr.
Bildhauer

Ehrenstatuen und Weihegeschenke, vor allem aus Rhodos-Stadt und Líndos, von denen jedoch nur noch die mit Widmungen versehenen Basen vorhanden sind. Die einzige erhaltene Arbeit ist das Felsrelief einer Triere am Aufgang zur Akropolis von Líndos. Es wird vermutet, dass Pythokritos die weltberühmte Nike von Samothrake geschaffen hat.

Der Erfinder des Reiseführers: Karl Baedeker

1801 – 1859
Verleger

Als Buchhändler kam Karl Baedeker viel herum, und überall ärgerte er sich über die »Lohnbedienten«, die die Neuankömmlinge gegen Trinkgeld in den erstbesten Gasthof schleppten. Nur: Wie sollte man sonst wissen, wo man übernachten könnte und was es anzuschauen gäbe? In seiner Buchhandlung hatte er zwar Fahrpläne, Reiseberichte und gelehrte Abhandlungen über Kunstsammlungen. Aber wollte man das mit sich herumschleppen? Wie wäre es denn, wenn man all das zusammenfasste?

Gedacht, getan: Zwar hatte er sein erstes Reisebuch, die 1832 erschienene »Rheinreise«, noch nicht einmal selbst geschrieben. Aber er entwickelte es von Auflage zu Auflage weiter. Mit der Einteilung in »Allgemein Wissenswertes«, »Praktisches« und »Beschreibung der Merk-(Sehens-)würdigkeiten« fand er die klassische Gliederung des Reiseführers, die bis heute ihre Gültigkeit hat. Bald waren immer mehr Menschen unterwegs mit seinen **»Handbüchlein für Reisende, die sich selbst leicht und schnell zurechtfinden wollen«**. Die Reisenden hatten sich befreit, und sie verdanken es bis heute Karl Baedeker. Rhodos beschreibt er erstmals in der 1905 erschienen 1. Auflage von »Baedekers Konstantinopel und Kleinasien«.

»
Die mächtigen Befestigungen der Stadt [Rhodos] gehören zu den schönsten Beispielen mittelalterlicher Befestigungskunst.
«

Baedekers Konstantinopel und Kleinasien (1. Aufl. 1905)

◄ Die bekannte Nike von Samothrake ist möglicherweise ein Werk von Pythokritos.

E

ERLEBEN & GENIESSEN

Überraschend, stimulierend, bereichernd

Mit unseren Ideen erleben und genießen Sie Rhodos.

BEWEGEN UND ENTSPANNEN

Rhodos größter Sportplatz ist das Meer. Die vielen Strände sind Ausgangspunkt und Kulisse für viele Arten von Wassersport. Das Angebot reicht vom gemächlichen Tretboot bis zum Speedboat, von der Tauchschule bis hin zur bestens ausgestatteten Windsurfstation. Wer lieber auf dem Trockenen bleibt, kann auf dem einzigen ägäischen Golfplatz außerhalb Kretas seine 18-Loch-Runde spielen oder zu Ausritten aufs Pferd steigen.

Vor allem Badeurlaub

Die rhodische Küste ist 220 km lang. Auf weiten Strecken wird sie von Stränden gesäumt: kilometerlangen Sand- oder Kiesbändern, sichelförmigen Streifen, Sandflecken in felsigen Buchten. Da findet jeder seinen Traumstrand. Häufig stehen Liegestühle und Sonnenschirme bereit – entweder gegen eine Tagesgebühr (meist 5 – 8 € je nach Saison und Strand) oder kostenlos für Gäste der zugehörigen Strandbar oder -taverne. Wo Liegestühle vermietet werden, gibt es fast immer auch Süßwasserduschen und eine Art Umkleidekabine. Viele Strände der Insel sind aber auch ganz oder teilweise naturbelassen. Da muss dann auch schon manchmal mit angespültem Seetang gerechnet werden. Die Wasserqualität ist überall sehr gut; etwa 30 Inselstrände werden jedes Jahr mit der renommierten Blauen Flagge ausgezeichnet. Badesaison für ausländische Urlauber sind die Monate Mai bis November. Die Strände an der **Westküste** sind häufiger heftigen Winden ausgesetzt als die an der **Ostküste**. Da die Strände an der Ostküste auch meist sanfter abfallen als die auf der anderen Inselseite, ist die Ostküste das bessere Areal für Familien mit Kindern. Geübte Surfer hingegen bevorzugen eindeutig die Westküste und Prasoníssi an der Südspitze von Rhodos.

Traumstrände

Geschmäcker sind verschieden. Aber der Anblick einiger Strände wird wohl jedes Auge und fast jeden Fotografen begeistern. Dazu gehören auf jeden Fall Kallithéa, die Anthony-Quinn-Bucht, der Tsambíka Beach und die Líndos Bay an der Ostküste, Prassoníssi an der Südspitze und der Strand am Kap Foúrni unterhalb von Monólithos.

FKK

Rhodos besitzt einen der ganz wenigen offiziellen FKK-Strände Griechenlands. Es ist der Kathará Beach im Süden von Faliráki. Oben ohne wird zwar überall akzeptiert, ist aber kaum noch üblich. Man zeigt lieber seinen chicen Bikini.

Wassersport

Wind- und Kitesurfer treffen sich an den Stationen der Westküste zwischen Ixiá und Ialissós sowie in Prassoníssi, Windsurfer auch in

In Líndos kann steht alles parat für einen aussichtsreichen Strandtag.

Kiotári an der Ostküste (▶Baedeker Wissen S. 182). Gelegenheit zum Parasailing und Wasserski bieten zahlreiche Stationen vor allem an der Ostküste. In Faliráki können Motorboote bis zu 30 PS auch von Personen gemietet werden, die keinen Bootsführerschein besitzen. Geführte Stehpaddel (SUP)-Touren bietet ein Unternehmen am Stegná Beach unterhalb von Archángelos an – zum Teil sogar mit Yoga auf dem Wasser.
Wegen zahlreicher noch auf dem Meeresgrund vermuteter archäologischer Schätze ist das **Gerätetauchen** rund um Rhodos nur in drei kleineren Arealen erlaubt: bei Kallithéa, bei Ládiko und bei Líndos. Mehrere Tauchschulen bieten ihre Dienste an.

Wandern

Die Landschaft von Rhodos lässt Wandererherzen höherschlagen, aber die rhodischen Reisebüros und Behörden haben den Schatz noch nicht erkannt, der da vor aller Augen liegt. Einheimische kämen auch kaum auf die Idee, zu laufen, wo man fahren kann. Darum gibt es kaum markierte und gepflegte Wanderwege. Wer befürchtet, sich zu verlaufen und/oder bequeme Transfers zu Start und Ziel schätzt, bucht besser einen Wanderurlaub mit einem Reiseveranstalter.

EIN DORADO FÜR SURFER

Was Sonnenanbeter manchmal ärgert, erfreut Windsurfer umso mehr: An den Küsten von Rhodos weht fast immer der Wind. Im Sommer ist es der Meltemi, der vormittags mit meist 2 – 3 Beaufort sanft über das mehr als 25 °C warme Wasser streicht und gegen Mittag auffrischt.

Am Nachmittag sind bis zu 7 Beaufort keine Seltenheit, werden Windgeschwindigkeiten um die 20 Knoten, also fast 40 km/h erzielt. Im Frühjahr und Herbst tritt an vielen Tagen der **Tramontana** statt des **Meltemi** auf. Er kann noch kräftiger werden, sodass an manchen Tagen sogar Surfprofis Blasen an den Händen bekommen. Es ist also kein Wunder, dass an vielen Inselstränden seit den 1980er-Jahren zahlreiche professionell betriebene Windsurfstationen entstanden sind. Ihre Inhaber und Mitarbeiter kommen aus aller Welt und sprechen alle gängigen Sprachen. Moderne Ausrüstung und hohe Sicherheitsstandards sind selbstverständlich, für Anfänger wird genauso gesorgt wie für Könner. Die meisten Stationen bieten auch die Gelegenheit, die eigene Ausrüstung einzulagern. Surf Line Rhodes in Ixiá betreibt eine Werkstatt für Segelreparaturen.
Die meisten **Surfcenter** arbeiten mit Hotels und Pensionen zusammen und bieten preisgünstige Pauschalarrangements. Für Surfer, die mit dem Wohnmobil anreisen, ist der weite Strand von Prassonísi im äußersten Inselsüden ein Paradies, denn hier wird es geduldet, dass Dutzende von Wohnmobilen wochenlang direkt auf dem mehrere Hundert Meter breiten Sandstrand parken. Informationen über die Stationen und die Surfreviere der Insel gibt es der Klientel entsprechend massenhaft und bestens aufbereitet im Internet, für exakte Wind- und Wetterauskünfte ist www.poseidon.hcmr.gr für Surfer ideal.

Wassersportzentren

Manche Stationen beschränken sich ganz auf ihr Windsurfangebot, manche bieten auch Kitesurfen an. Ein Allrounder ist das Wassersportzentrum Kiotári an der südlichen Ostküste mit einem besonders breiten Spektrum an **zusätzlichen Wassersportmöglichkeiten**. Dazu gehören u. a. Catsegeln, Wasser- und Monoski, Wakeboard und Wakeskate, Jetbike und Kanuvermietung. Für schnelle Ausflüge nach Líndos liegt dort auch ein Glasbodenboot bereit, das für die Tour hin und zurück nur 90 Min. benötigt – und dabei noch einen Schwimmstopp einlegt.

Auf wilder Fahrt in steifer Brise

Traumrevier Prassonísi

Der extremste Surfspot auf Rhodos ist ohne Zweifel der **Prassonísi Beach** im äußersten Süden der Insel. Hier laufen Ost- und Westküste zusammen und setzen sich im durch eine Sandbank getrennten Inselchen Prassonísi fort. Diese Sandbank wirkt wie eine Düse, durch die der **Wind** oft noch ein bis zwei Beaufort stärker als an den übrigen Küsten von Rhdodos weht. Das flache Wasser hier ist ideal zum Üben des Wasserstarttrainings und für das sanfte Vorantasten vom Flachwasser in eines der stärksten Wellenreviere Griechenlands. Je nach Küste weht der Wind wahlweise ab- oder auflandig. Jeder Surfer vom Anfänger bis zum Vollprofi kommt hier auf seine Kosten. Und das das ganze Jahr über, denn in Prassonísi sind Unentwegte auch im Winter auf dem Wasser. Sie sollten dann nach Empfehlung einer örtlichen Station Kurzarmstreamer tragen, während in den Sommermonaten Shorty oder Boardshirt mit Lycra vollkommen ausreichen.

Mountainbiking Der langjährige Fahrradspezialist auf der Insel ist Rodos Cycling. Das Unternehmen in der Inselhauptstadt verleiht Mountainbikes und Straßenräder, bietet geführte Tagestouren und Wochenprogramme an. Fahrräder der einfacheren Art vermieten zudem einige Mopedverleiher in den Badeorten.

Reiten Zwei Reitställe gibt es auf der Insel. Der im Inselnorden bietet geführte Ausritte für Anfänger an. Auf Geländeritte und mehrtägige Trekking-Touren für geübte Reiter hat sich die von einem deutsch-griechischen Ehepaar geführte Elpida Ranch bei Laérma im Süden der Insel spezialisiert.

Golf Als einzige griechische Insel neben Kreta und Korfu kann sich Rhodos eines Golfplatzes rühmen. Die Atmosphäre ist griechisch-leger, Gäste sind stets willkommen. Der Platz ist ganzjährig geöffnet.

NÜTZLICHE ADRESSEN

GOLF
www.afandougolfcourse.com

MOUNTAINBIKING/WANDERN

IMPRESS HOLIDAYS
Kolymbia
Pragas 11
Tel. 2 24 10 6 03 72
www.impressnet.gr

ANBIETER
www.asi.at
www.baumeler.ch,
www.imbach.ch,
www.krauland.at
www.studiosus.com
www.wikinger.de

RADFAHREN

RODOS CYCLING
Griva 8
Rhodos-Neustadt
Tel. 69 47 30 99 11
www.rodoscycling.com

TRAILRITTE UND BOGENSCHIESSEN

ELPIDA RANCH
bei Laerma
Tel. 69 48 13 29 77
www.elpidaranch.eu

REITEN FÜR ANFÄNGER
FIVOS RIDING
Westlich der Nationalstraße zwischen Faliraki und Afandou
Tel. 69 46 36 99 18
www.fivos-horse-riding.com

STAND UP PADDLING

Stegna Beach
Tel. 69 81 56 87 98
www.paddleparadise.gr

TAUCHEN
www.rodosdiving.com
www.lepiadive.com
www.tridentdivingschool.com
www.waterhoppers.com

SURFERADRESSEN AN DER NORDWESTKÜSTE ...

MELTEMI POWER
Ialissos
Tel. 22410 9 61 89
www.meltemi-windsurf.rhodes.com

SURF LINE RHODES
Ixia
Tel. 22410 6 95 07
www.surflinerhodes.gr

PROCENTER RHODES IALISSÓS
Tel. 22410 9 58 19,
www.procenter-rhodos.com

... UND IM INSELSÜDEN

WASSERSPORTZENTRUM KIOTÁRI
Kiotari
Tel. 69 44 30 14 92
www.wassersport-rhodos.de

SABINAS WATERSPORT
Kiotari, Tel. 697 2 59 32 76
www.sabinas-watersport.com

PROCENTER CHRISTOF KIRSCHNER
Prassonissi, Tel. 22440 9 10 45
www.prasonisi.com

PRASONISI CENTER
Prassonissi. Tel. 22440 9 10 44
www.prasonisicenter.com

ESSEN UND TRINKEN

Auf Rhodos macht Essengehen Spaß. Schon das Bühnenbild stimmt: Oft sitzen Sie direkt am Meer, in jahrhundertealten Gassen, in blühenden Gärten, auf Terrassen mit weitem Blick in die Landschaft. Starre Essenszeiten gibt es nur selten, der Gast bestimmt, wann er zu Tisch gehen will. Kellner und Wirte haben ein Elefantengedächtnis. Wer zum zweiten Mal kommt, wird bereits wie ein Stammgast begrüßt und behandelt.

Lockere Atmosphäre

In einigen Edelrestaurants mag man auch fein eingedeckte Tische und standesgemäß gekleidete Kellner finden. Ansonsten aber ist die Atmosphäre eher leger, setzt das Servicepersonal mehr auf Freundlichkeit als auf Livrée und Konventionen. In kleineren Tavernen und auf dem Land arbeitet ohnehin häufig die ganze Familie mit, ist der Umgangston untereinander und mit den Gästen ganz locker. Fremdsprachen werden fast überall gesprochen, denn der Tourismus hat auf Rhodos ja schon eine lange Tradition.

Frühstück

In allen größeren Hotels bedient man sich inzwischen an einem mehr oder minder üppigen **Frühstücksbuffet**. Die alten Zeiten, in denen es als erste Mahlzeit nur ein wenig Weißbrot, Zwieback und Sandkuchen, dazu Butter, Marmelade und Honig gab, sind weitgehend vorbei. Für den Durchschnittsgriechen war schon dieses Frühstück üppig, gönnt er sich doch traditionell nach dem Aufstehen nur ein Glas heiße Milch, einen Kaffee und etwas Brot oder Zwieback. Heute wird in allen Touristenorten auch in Bars und Restaurants am Morgen eine breite Auswahl vom gesunden Müsli bis zum kräftigen englischen Frühstück samt Bacon und Eier geboten. Griechisch-traditioneller sind allerdings ein Joghurt (heute meist aus Kuhmilch) mit Honig und vielleicht auch Früchten oder Walnüssen sowie das altbackene Risógalo, eine Art sehr dünner Milchreis mit Zimt. Die meisten Griechen jedoch suchen stattdessen ohnehin lieber eine Bäckerei auf und nehmen von dort eine der vielen gefüllten Blätterteigtaschen, **Píttes** genannt, mit zur Arbeit. Die Füllungen können aus Spinat und Schafskäse, Schinken und Kuhmilchkäse, Wiener Würstchen und mancherlei Herzhaftem mehr bestehen. Eine süße Variante ist das Bougátsa kréma, eine Strudelteigtasche mit einer Grießpuddingfüllung, die mit viel Puderzucker bestreut wird. Immer mehr verbreitet sich auch das fette, süß gefüllte Krouassan (Croissant).

Hauptmahlzeiten

Für die Hauptmahlzeiten steht eine Riesenauswahl von **Speiselokalen** zur Verfügung. Klassische Typen sind die meist einfache Taverne und das Restaurant, wobei die Unterschiede zwischen beiden oft fließend sind. Daneben gibt es viele Grillstuben (Ovelistírio) und Lokale vom Typ des Mezedopolío oder der Ouzerí, in denen der Schwerpunkt auf einem großen Angebot möglichst kleiner und oft besonders regionaltypischer Gerichte liegt.

Die Entscheidung wird dem Gast leicht gemacht. Den üblich gewordenen Aufstelltafeln mit Fotos der angebotenen Gerichte gegenüber sollte man allerdings eher misstrauisch sein, denn auf dem Teller sieht das Essen oft anders aus als auf dem Bild. Verlässlicher ist da ein Blick in den Schautresen, über den viele Lokale verfügen. In ländlichen Regionen darf man zudem noch auf althergebrachte, nach EU-Regeln aber missbilligte Weise einen Blick in die Kochtöpfe werfen. Mehrsprachige Speisekarten sind natürlich auch vorhanden. Griechen schauen eher selten hinein, sondern fragen lieber den Kellner nach Angebot und Empfehlungen.

Die **Preise** in den Speisekarten sind immer Endpreise inklusive Steuern und Bedienung. Manchmal werden auch Kilopreise genannt: Vor allem bei frischem Wildfisch und manchmal auch bei Koteletts von Lamm oder Schwein.

Suppen

Seitdem viele Urlauber aus der ehemaligen Sowjetunion nach Rhodos kommen, sind auch Suppen wieder en vogue. Gemüsesuppen haben die Griechen zu Hause immer schon eifrig gelöffelt. Deftige Suppen hingegen schätzen die Rhodier am meisten nach einer durchfeierten Nacht oder nach körperlicher Arbeit: Favorit für diese Fälle war und ist die Kuttelsuppe Patsá.

Orektiká

Ein wichtiger Posten auf jeder Speisekarte sind die Orektiká, die **»Appetitanreger«**. Sie werden allerdings kaum vorneweg serviert, sondern meist mit allem Bestellten zusammen. Man kann aber auch nur einige Orektiká bestellen und auf Hauptgerichte verzichten, dann genießt man ein bei den Griechen so beliebtes Mezé. Als Orektiká gelten z. B. die gefüllten Weinblätter Dolmádes oder die kleinen Kohlrouladen Lachanodólmades. Auch leicht säuerlich eingelegte Krake (Chtapódi ksidáto) oder gebratene Zucchini- und Auberginenscheiben (Lachaniká tiganitá) zählen dazu.

Gebackenes und Gegrilltes

Backofen und Holzkohlengrill gehören zur Grundausrüstung jedes griechischen Hauses und fast aller Tavernen. Im Backofen werden außer Brot und Zwieback Aufläufe, überbackenes Gemüse und mancherlei Fleischgerichte zubereitet, und auf dem Grill liegen vor allem Fleisch, Geflügel und Fisch. An Festtagen und in großen Tavernen drehen sich auch ganze Lämmer, Hühner und Spanferkel am Spieß über dem Holzkohlenfeuer, dazu große Fleischstücke, die als Kondosoúvli angeboten werden. Vielleicht garen sogar in Darm gewickelte Innereien von Lamm oder Schwein (Kokorétsi) über dem Feuer.

Getränke

Zum Essen ist Wasser immer das Grundgetränk. Nur noch selten wird den Gästen eisgekühltes Leitungswasser kostenlos auf den Tisch gestellt. Stattdessen wird **Tafelwasser** in Plastikflaschen serviert,

Selbstverständlich überall: Fisch in allen Varianten

TYPISCHE GERICHTE

BAEDEKER WISSEN

Fáva: Die botanisch als »Platterbsen« bezeichneten gelben Linsen ähnelnden Fáva-Hülsenfrüchte wachsen zumeist auf Kreta und Santorin und haben von dort aus auch die rhodische Küche erobert. Sie werden zusammen mit Olivenöl püriert. Die einem Kartoffelpüree ähnelnde Fáva sollte warm serviert und mit reichlich Olivenöl und Zwiebeln vermengt genossen werden. Auch Kapern oder sonnengetrocknete Tomaten passen gut dazu.

Kléftiko: Kléftiko bedeutet »Räuberessen«. Räuber und Freiheitskämpfer, die nicht entdeckt werden durften, bereiteten nämlich ihr Lamm oder Zicklein bevorzugt in Lehmbacköfen zu, aus denen kein Rauch aufstieg. So wird das Kléftiko denn auch heute noch oft zusammen mit Gemüse und Kartoffeln in Alufolie oder in einer Metallform im Backofen gegart. Das Ergebnis zeichnet sich vor allem durch die Saftigkeit des Fleisches und sein gutes Aroma aus.

Jemistés: Als »Gefüllte« kommen zumeist grüne, rote oder gelbe Paprikaschoten sowie große Gemüsetomaten warm auf den Tisch. Die gut sättigende Füllung besteht fast immer aus Reis und Kräutern. Manchmal ist auch etwas Hackfleisch beigemischt. Jemistés sind ein preisgünstiges Standardgericht, das es ganzjährig in fast jeder Taverne gibt und auch zu Hause häufig gegessen wird.

Moussaká und Pastítsjo: Moussaká und Pastítsjo sind Aufläufe mit Béchamelsoße, die umso besser schmecken, je frischer sie aus dem Backofen kommen. Beim Moussaká überzieht die fest gewordene Béchamelsoße eine Mischung aus Auberginen-, Zucchini- und Kartoffelscheiben mit einer Hackfleischschicht darüber, die traditionell aus Lammhack bestehen sollte. Das Pastítsjo ist ein Nudelauflauf mit Makkaroni und Hackfleisch.

Kaffee: Besonders traditionsreich ist der in kleinen Mokkatassen servierte Kafés ellinikós, der griechische Kaffee. Das Kaffeepulver kommt zusammen mit der gewünschten Zuckermenge ins warme Wasser, das dann zum Aufwallen gebracht wird. Milch kommt grundsätzlich nie in den griechischen Kaffee. Der Süßegrad muss schon bei der Bestellung angegeben werden. Die Grundformen sind: skétto = ohne Zucker, métrio = mit etwas Zucker, glikó = mit viel Zucker.

dessen Preis aber kaum höher liegt als am Kiosk oder im Supermarkt. Fast alle Tavernen und viele Restaurants bieten zudem offenen Wein und Flaschenweine aus Rhodos sowie aus ganz Griechenland an. Flaschenbier ist überall erhältlich, und im Sommerhalbjahr gibt es häufig auch Bier vom Fass. Als Tischgetränk gilt in Hellas zudem auch der Anisschnaps **Oúzo**, der sich beim Vermischen mit Wasser milchig färbt. Frisch gepresster Orangensaft ist auf Rhodos ein Standardgetränk, und moderne Smoothies fassen immer mehr Fuß. Erfreulich ist die Regionalisierung bei den Erfrischungsgetränken. Coca und Pepsi verlieren an Boden, Limonaden stammen immer häufiger aus griechischer Produktion. Und wenn es denn Cola sein soll - warum nicht Green Cola oder Víkos Cola? Fragen Sie ganz einfach danach, damit auch der letzte Wirt merkt, dass er die heimische Wirtschaft fördern kann.

Rhodische Weine

Vierzehn Urlaubstage reichen knapp, um alle rhodischen Weine zu verkosten. Am besten konzentrieren Sie sich auf die guten Tropfen aus den **drei indigenen Rebsorten**: Athíri, Moscháto (beide weiß) und Mandilária (rot, auch Amorgianó genannt). Nicht vergessen sollten Sie die rhodischen Schaumweine, die es zum Teil auch als Piccolo gibt. Und ein typisch griechischer Retsína, also ein geharzter Weißwein, gehört ebenso ins Verkostungsprogramm wie der Dessertwein Efréni. Beherrscht wird der rhodische Markt von zwei Großkellereien: Der 1923 gegründeten Firma Emery und dem jüngeren Unternehmen CAIR. Daneben gibt es aber auch einige kleinere Kellereien wie Alexándris, Merkoúris und Kounáki aus Émbonas, dem bedeutendsten Winzerdorf der Insel, und das Weingut Triandáfillou in der Region des Schmetterlingstals Petaloúdes. Sie produzieren auch exzellente Cuvées aus indigenen und internationalen Rebsorten wie Merlot, Syrah und Chardonnay.

Öffnungszeiten

Urlaubsfreundlich sind die Öffnungszeiten. Die meisten Tavernen sind mindestens von 12 Uhr mittags bis Mitternacht geöffnet und bieten durchgehend warme Küche. Nur besonders feine Restaurants und Lokale in Touristenhochburgen schließen manchmal zwischen etwa 16 und 18 Uhr. Dafür haben andere schon morgens ab 9 Uhr geöffnet und servieren dem, der es wünscht, auch schon zum Frühstück ein Kotelett.

Essen in Gesellschaft

Essgewohnheiten

Die meisten Rhodier essen ungern allein oder nur zu zweit. Eine größere Tischgemeinschaft ist ihnen wichtig. »**Paréa**« ist das in ganz Hellas übliche Wort dafür. Sie kann aus Familie, Freunden und Verwandten bestehen, aber auch aus netten Menschen, die man gerade

»Paréa« heißt das Zauberwort an einem lauen Sommerabend: Essen in Gesellschaft.

erst kennengelernt hat. Verabredungen zum gemeinsamen Essen werden ohnehin nur selten langfristig getroffen, sondern entwickeln sich oft ganz spontan und werden telefonisch weitergegeben.
Dem Essen in der Paréa kommen die griechischen Essgewohnheiten sehr entgegen. Tellergerichte mit Reis oder Kartoffeln, Gemüse und Salat als Beilagen bieten nur sehr touristische Lokale an, traditionell sind sie völlig unbekannt. Auch Menü-Angebote mit Vorspeise, Hauptgang und Dessert (Set Menu) haben in griechischen Restaurants erst durch den Tourismus Einzug gehalten – vorher fand man sie bestenfalls in Edelrestaurants in den Großstädten. Die Griechen hingegen schätzen ihre **Mezedákia.** Dabei handelt es sich nicht um bestimmte Gerichte, sondern um die Art zu essen. Viele verschiedene Gerichte kommen auf kleinen und mittelgroßen Tellern auf den Tisch. Jeder nimmt sich, wovon er will und so viel er will.

Typisch rhodisch

Nahezu immer gehören frische **Salate** dazu, von denen der berühmte Bauernsalat Choriátiki mit Gurken, Tomaten, Zwiebeln, Oliven und Féta-Käse nur eine Variante ist. Bei Einheimischen mindestens ebenso beliebt sind der Römersalat Maroúli und der ungesäuerte Krautsalat Láchanosaláta. Rote Beete werden oft warm als Patsária me skordaljá samt Blättern mit einem Knoblauch-Kartoffelpüree serviert, Zucchini- und Auberginenscheiben gebraten auf den Tisch gestellt. Die gekochten Pferdebohnen Gígantes in Tomatensoße bekommt

man mit Oregano bestreut und gekochten Mangold mit Zitrone beträufelt. Das bekannte Tzazíki darf natürlich nicht fehlen, aber auch das rötliche Püree Táramosaláta aus Fischeiern und Kartoffeln oder eingeweichtem Brot ist begehrt. Kleine Fische aus der Pfanne gehören ebenso wie die Tintenfischvarianten Kalamares und Oktopus fast immer zu den Mezedákia, manchmal auch Geflügelleber und Hackfleischbällchen. Typisch rhodisch sind gekochte Schnecken oder die in Essig eingelegten Seepocken Foústes. Immer beliebter werden Scampi, Miesmuscheln und Austern. Zu alledem werden Pommes frites und Brot in großen Mengen angeboten.
Eine festgelegte Speisenabfolge gibt es nicht. Alles wird serviert, wenn die Küche es fertig gemacht hat. Die vielen kleinen **Mezedákia** reichen in der Regel schon aus, um satt zu werden, zumal sich die Mahlzeit oft über Stunden hinzieht. Trotzdem bestellen Griechen fast immer auch noch gegrilltes Fleisch als Krönung der Tafel: Lamm- und Schweinekoteletts und Fleischspieße. Wer es sich leisten kann, lässt auch noch größere Fische kommen. Auch hier gibt es wieder keine individuellen Portionsteller; alles wird auf Platten serviert, von denen sich jeder nimmt, was er mag. Mezedákia kann man in fast jeder Taverne und in vielen Restaurants genießen. Die dafür prädestinierten Lokaltypen jedoch sind die **Ouzerí** und das **Mezedopolío**. Hier ist die Auswahl meist besonders groß, sind die Teller aber kleiner.

Rechnung

Wenn die **Rechnung** gewünscht wird, fordert eine griechische Paréa dem Kellner keine Rechenkünste ab. Einer bezahlt fast immer für alle. Notfalls kann man sich die Rechnung ja hinterher noch untereinander teilen. Das Trinkgeld (5 – 10 % des Rechnungsbetrags) drückt man dem Kellner nicht in die Hand, man lässt es beim Weggehen einfach auf dem Tisch liegen.

FEIERN

Auf Rhodos ist ganz schön viel los. Vor allem im Sommer. Aber leider wird vieles nur sehr kurzfristig geplant und publiziert. Terminkalender sind nicht das Ding der Rhodier. Da hilft nur eines: Plakatierungen beachten, in den Touristinformationen und an den Hotelrezeptionen fragen und spontan sein!

Religiöse Feiertage

Am verlässlichsten ist noch die Kirche. Allerdings gilt in der ein anderer Kalender als in unserer Welt: statt des gregorianischen der **julianische Kalender**. Davon betroffen sind auch die bedeutendsten Feiertage im rhodischen Festkalender: Fasching, Karwoche und Ostern. Und das recht unbedeutende Pfingsten außerdem. Diese beweg lichen Feiertage können bis zu fünf Wochen später liegen als bei uns, werden in manchen Jahren aber auch zeitgleich begangen (Ostertermine ►S. 196).

Lokale Kirchweihfeste

Neben den großen Kirchenfesten gibt es eine ganze Reihe kleinerer, örtlicher Kirchweihfeste. In der Regel werden sie am Patronatstag des Heiligen bzw. am Tag des Festes gefeiert, dem die jeweilige Kirche geweiht ist. Verwirrend ist, dass für die orthodoxe Kirche ein anderer Tagesrhythmus gilt. Für sie beginnt und endet ein Tag nicht um Mitternacht, sondern um 18 Uhr. Darum beginnt der erste Gottesdienst zum Kirchweihfest in dieser Zeit des dem eigentlichen, in Festtagskalendern geweihten **Patronatstag** vorangehenden Abends.
Das weltliche Feiern beginnt häufig schon nach diesem Vespergottesdienst, manchmal aber auch erst nach dem Gottesdienst am nächsten Morgen. Abhängig ist das auch von der Jahreszeit: Im Winter feiert man lieber tagsüber, im Sommer angenehmer am kühleren Abend. Wie groß ein Kirchweihfest ausfällt, hängt auch vom Kassenstand der Gemeinde oder von der Großzügigkeit der jeweiligen Sponsoren ab. Zuverlässige Aussagen lassen sich da kaum machen. Manchmal essen die Anwesenden nach dem Gottesdienst nur gemeinsam selbst Mitgebrachtes, anderswo kann man Essen an Ständen kaufen, gelegentlich wird aber auch ein kleiner Jahrmarkt mit Musik und Tanz veranstaltet.

Kulturfestivals und Konzerte

Bevor die »krísis« 2010 das ganze Land erfasste, organisierten die Rathäuser auf fast jeder griechischen Insel ein Kulturfestival. Seitdem sind es von Jahr zu Jahr weniger geworden. Für einige Konzerte und Theateraufführungen reicht das Geld aber meist noch. In der Stadt Rhodos ist dafür das Melina-Merkouri-Freilichttheater im Wallgraben der Schauplatz. Termine erfährt man nur sehr kurzfristig.
Auch viele Cafés, Restaurants und Klubs locken vor allem im Juli und August gern mit Live-Events, geben sie aber nur durch Plakate in ihrer näheren Umgebung bekannt. Ein Highlight im Kulturleben ist aber auf jeden Fall die erste Vollmondnacht im August: Da sind mehrere Ausgrabungsstätten und staatliche Museen bis Mitternacht geöffnet und begeistern mit Konzerten, Ballett, Folklore oder Theateraufführungen. Welche Museen und Ausgrabungen aktuell daran teilnehmen und was sie bieten, erfahren Sie ab etwa 14 Tage im Voraus vor Ort.

Sportereignisse

Schon mindestens ein halbes Jahr im Voraus beworben wird hingegen der jährliche Marathonlauf auf der Insel, **Roads to Rhodes** (www.rhodesmarathon.gr). Er findet immer Ende April statt. Wenn Sie des Griechischen mächtig sind, erfahren Sie zudem den Spielplan des rhodischen Basketballteams Kolossós, das in der ersten griechischen Liga spielt, auf www.esape.gr.

ORTHODOXE OSTERN

Ostern ist das Fest der Auferstehung Jesu und des damit verbundenen Versprechens des ewigen Lebens für alle Gläubigen. Darum besitzt es in der Orthodoxie weitaus mehr Bedeutung als Weihnachten, das Fest Jesu Geburt.

Schon die Ereignisse der Karwoche sind von großer Bedeutung und werden dementsprechend stark im Festablauf gewürdigt. Was zwischen Palm- und Ostersonntag geschah, ist Mittelpunkt der zahlreichen Gottesdienste an diesen sieben Tagen. Zudem macht sich – ganz weltlich – die Vorbereitung auf die Osterzeit auch im Alltag bemerkbar: Es wird gefastet und gebacken, es gibt spezielle Fasten- und Osterspeisen. Und neuerdings gerät die Gesellschaft auch in einen **Kaufrausch**: Man kleidet sich und insbesondere die Kinder für den Ostergottesdienst neu ein. In der Woche vor dem Palmsonntag, dem Tag von Jesu Einzug in Jerusalem, werden traditionell die vielen Kalklinien und -dekors auf den Dorfgassen frisch geweißelt. Man will zeigen, dass auch das eigene Dorf bereit ist für die Ankunft des Gottessohns. Am **Palmsonntag** selbst bringen die Gläubigen Palm- oder Olivenbaumzweige mit in die Kirche: ein Hinweis darauf, dass die Bewohner Jerusalems Palmzweige vor dem weißen Esel ausbreiteten, auf dem Jesus in die Stadt ritt.

Karwoche

Im Griechischen heißt die Karwoche »Megáli Efdomáda«, also »Große Woche«, und dem Namen des einzelnen Wochentags wird ebenfalls ein »megáli« vorgesetzt. Der Karmontag ist also der »Megáli Deftéra«. An den Abenden der ersten drei Tage der Karwoche finden Nachtgottesdienste statt, in denen Joseph in Ägypten, der Garten Gethsemane und der Verrat des Judas thematisiert werden. Themen der jeweiligen Morgengottesdienste sind vor allem Jesu Reden an diesen Tagen.
Am Gründonnerstag, dessen deutscher Name sich auf den Gang Jesu in den Ölgarten bezieht, steht die **Fußwaschung** im Mittelpunkt des Abendgottesdienstes. In Klöstern vollzieht sie der Abt an Mönchen, in der Bischofskirche der Bischof an Priestern. In den ersten Tagen der Karwoche bleiben heutzutage nur wenige Gläubige während der gesamten Gottesdienstdauer in der Kirche, der man meist nur Kurzbesuche abstattet.Vom Karfreitag an aber sind die Gottesdienste sehr gut frequentiert. In vielen Kirchen schmücken Mädchen und Frauen am Vormittag das symbolische Grab Christi, das mit einem Tuch bedeckt ist, mit frischen Blumen. Während des Abendgottesdienstes, der meist gegen 19.00 Uhr, in einigen rhodischen Orten wie Afándou und Archángelos aber auch erst am späteren Abend beginnt, stehen die Gläubigen vor diesem Grab Schlange, um ihm Ehre zu erweisen. Manche kriechen aus demselben Grund auch unter dem Holzgestell hindurch, das für die Ruhestätte steht. Zum Schluss des Gottesdienstes wird – meist gegen 21.00 Uhr, in den erwähnten Dörfern erst kurz vor Mitternacht – die Grabesnachbildung in feierlicher **Prozession** durchs Dorf oder den Pfarrbezirk der Stadt getragen. Mit dabei sind der gesamte Klerus, Militär und Polizei sowie alle anderen Gläubigen. Viele Kirchen bleiben

Ostergebäck gehört zum Fest dazu.

danach die ganze Nacht über geöffnet. In einigen halten Gläubige, in Decken gehüllt, die ganze Nacht über Totenwache und singen dabei leise dunkle Trauergesänge vor sich hin – besonders gut zu erleben in der Kirche von Archángelos. Am Ostersamstag herrscht zunächst hektische weltliche Betriebsamkeit. Die letzten Einkäufe müssen getätigt, Ostergebäck und Osterbraten vorbereitet werden.
Gegen 23.00 Uhr beginnt dann in allen Pfarrkirchen der **Auferstehungsgottesdienst**. Jeder kommt, ganz unabhängig von der Intensität seines Glaubens. Die Gotteshäuser sind brechend voll, die Messe wird per Lautsprecher auch auf den Kirchhof übertragen. Kurz vor Mitternacht verstummt die Liturgie, alle Lichter bis auf das ewige Licht in der Kirche erlöschen. Spannung liegt – oft deutlich spürbar – in der Luft: Wird Jesus auch in diesem Jahr wieder auferstehen, sein Versprechen an die Menschheit erneuern? Alle Gläubigen warten auf die erlösenden Worte des Priesters: »Christós anésti«, »Christus ist auferstanden«. Die Gemeinde antwortet befreit mit einem »Alithós anésti«, »Wahrhaftig, er ist auferstanden«. Dieser kleine Dialog wird dann auch am Ostersonntag das Begrüßungsritual der Menschen untereinander sein und das sonst übliche »Kaliméra, ti kánis/kalá«, »Guten Morgen, wie geht's/gut« ersetzen. In der Kirche und auf dem Kirchhof entzünden die Menschen nun ihre mitgebrachten Kerzen am ewigen Licht oder an den Kerzen der Umstehenden. In vielen Orten werden Knallkörper entzündet, manchmal soagr auch Feuerwerksraketen abgefeuert. Der Priester zelebriert noch den Rest der Liturgie, doch die Menschen gehen zumeist schon vor Gottesdienstende nach Hause. Sie haben die Gewissheit der Erlösung erlangt und können nun im Kreis von Familie und Freunden feiern. Traditionell kommt die aus Öl, Zitrone, etwas Reis und den Innereien eines Zickleins oder Lamms zubereitete Ostersuppe Margirítsa auf den Tisch und wird zusammen gegessen.

Ostersonntag

Der Ostersonntag ist ganz dem Feiern vorbehalten. Zum Frühstück schlägt man rot gefärbte Eier aneinander. Das Rot steht für das Blut Jesu, das Ei für das ewige Leben. Die Hauptmahlzeit an diesem Tag sind Lamm oder Zicklein. Vielerorts drehen sich Dutzende von Tieren stundenlang am Spieß.
Gerade auf Rhodos oder dem Dodekanes aber schätzt man auch eine andere Zubereitungsart, das **Kapamá**: mit Reis und Kräutern gefüllte Bratenstücke, die in Töpfen in Backöfen bei geringer Hitze die ganze Nacht über gegart worden sind und dadurch besonders zart und saftig bleiben. Wein, Ouzo, Soúma oder Whisky werden freigiebig ausgeschenkt, Musik ertönt aus vielen Lautsprechern – und wenn die Stimmung steigt, wird oft auch traditionell getanzt.

National-feiertage Unerschütterlich fest stehen zwei Termine: der 25. März und der 28. Oktober. Am 25. März 1821 rief Bischof Germanos von Pátras auf dem Peloponnes die Griechen zum Kampf gegen die osmanische Fremdherrschaft auf, am 28. Oktober 1941 lehnte der griechische Diktator Ioánnis Metaxás ein italienisches Ultimatum ab, sich kampflos zu ergeben, woraufhin die Italiener in Griechenland einzumarschieren versuchten. Beide Tage werden mit Paraden und Kranzniederlegungen an Gefallendendenkmälern begangen. Bei den Paraden am 25. März tragen viele teilnehmende Schüler historische Trachten.

VERANSTALTUNGSKALENDER

GESETZLICHE FEIERTAGE

1. Januar: Neujahrstag
6. Januar: Epiphania (Tag der Wasserweihe)
25. März: Nationalfeiertag
1. Mai: Tag der Arbeit
28. Oktober: Nationalfeiertag
25./26. Dezember: Weihnachten

BEWEGLICHE FEIERTAGE

März: Faschingssonntag, Rosenmontag
März/April: Karfreitag
Ostertermine:
5./6. Mai 2024
20./21. April 2025
12./13. April 2026
2./3. Mai 2027
Mai/Juni: Pfingsten

FESTE IM JANUAR

NEUJAHRSTAG (1. JAN.)

Am Tag des hl. Wassilios finden Kinderumzüge mit Kalanda-(von-Haus-zu-Haus-)Singen (auch am 24. und 31. Dezember) statt.

FEBRUAR/MÄRZ

FASCHINGSSONNTAG

Man vergnügt sich beim bunten Karnevalstreiben mit Kostümen und Maskierungen am Nachmittag in Archángelos und Afándou.

ROSENMONTAG

Die Rhodier lassen es sich bei einem Picknick draußen mit Familie und Freunden gutgehen und lassen Drachen steigen. In Kremastí wird ein großer Karnevalsumzug veranstaltet.

OSTERN

▶Baedeker Wissen S. 194

JULI

Ein besonderer Ort: auf dem Profitis Ilias abends Kirchweihfest auf dem Parkplatz vor dem Hotel Elafos mit Jahrmarkt, Speis' und Trank.

AUGUST

IALISIA

Das Kultur- und Folklorefestival in Iálissos bietet Volkstänze, Konzerte, Kunstausstellungen und Sportwettkämpfe.

MARIÄ ENTSCHLAFUNG (15. AUGUST)
Vielerorts wird dieses bedeutende Kirchenfest mit Musik und Tanz unter freiem Himmel gefeiert. In Kremastí begehen die Gläubigen das Muttergottesfest besonders ausgiebig (14. – 23. Aug.): Ein Jahrmarkt, eine Handwerkerausstellung sowie Tanz- und Musikaufführungen finden statt.

SEPTEMBER

MARIÄ GEBURT (8. SEPTEMBER)
Zum Fest wird eine große Wallfahrt zum hoch gelegenen Kloster Tsambíka veranstaltet.
Beim Weinfest in der 2. Septemberhälfte in Émbonas geht es nicht nur um Wein, es treten auch Volkstanzgruppen von der ganzen Insel auf.

OKTOBER

ÓCHI-TAG (28.)
Der Tag des »Nein« wird mit Paraden, Umzügen und Beflaggung begangen.

DEZEMBER

WEIHNACHTEN (25./26. DEZEMBER)
Weihnachten wird am 25. Dezember gefeiert, allerdings weniger im trauten Familienkreis als in Gesellschaft. So trifft man sich abends in Musik- und Tanzhallen sowie Discos. Geschenke gibt es – wenn überhaupt – erst am Neujahrstag.

SHOPPEN

Kaum ein griechischer Urlauber verlässt Rhodos ohne einen neuen Regenschirm. Vor allem Osteuropäer decken sich hier gern mit wärmenden Pelzwaren ein. Beides auf der Sonneninsel Rhodos – erstaunlich, oder? Weniger erstaunlich ist das übrige Souvenirangebot: Massenware beherrscht die Shopping-Szene. Vereinzelt taucht aber auch noch genuin Griechisches und gar auf Rhodos selbst Handgearbeitetes auf. Das kann dann originell sein.

Wo die Einheimischen einkaufen

Rhodos ist die Einkaufsstadt der Insel. Große Supermärkte liegen an den Einfahrtstraßen am Stadtrand, vor allem entlang der Nationalstraße Richtung Líndos und Faliráki. Schuhe und modische Textilien kaufen die Einheimischen in der Neustadt ein, vor allem im Umfeld der Platia Kyprou nahe dem Mandráki-Hafen. Ein Kaufhaus gibt es nicht. Einmal im Jahr fahren viele Rhodier nach Athen, um sich mit allem einzudecken, was es auf Rhodos so nicht gibt: Möbel von Ikea zum Beispiel. Und dann gibt es ja noch das Internet ...

Shopping-Meile der Urlauber

Die Shopping-Meile schlechthin für die Urlauber ist die **Odos Sokratous in der Altstadt von Rhodos**. Neben meist importierten Billigsouvenirs jeder Art gibt es hier auch einige trendige Modegeschäf-

Odos Socartous in Rhodos-Stadt: Hier kaufen Touristen ein.

te, Läden mit griechischen Naturprodukten, einen Sandalenmacher, eine Kaffeerösterei und vor allem etliche Kürschner und Lederhändler sowie Schmuckgeschäfte.

Außerhalb der Stadt Einige Mode-Boutiquen mit einem kleinen Angebot griechischer Designer haben sich in Líndos angesiedelt. Großgeschäfte von Pelzhändlern liegen vielfach an den Nationalstraßen zwischen der Rhodos-Stadt, Líndos und dem Flughafen. Ganz individuell gestaltet sich immer der Einkauf an einem Verkaufsstand entlang der Straßen in ländlichen Regionen: Da bietet oft die Erzeugerfamilie selbst ihre landwirtschaftlichen Produkte an.

Regenschirme Nirgends in Griechenland ist die Auswahl an Schirmen jeder Größe und Preislage größer als auf Rhodos. Das hat wirtschaftliche Gründe. Noch bis vor wenigen Jahren waren sie auf Rhodos wegen Zoll- und Steuervergünstigungen preiswerter als anderswo im Land, sodass sich jeder Hellene von Rhodos einen Schirm mitnahm. Heute kauft man sie hier, weil die Auswahl riesig ist und man immer noch echte Schnäppchen aufstöbert. Zudem haben die meisten Schirmgeschäfte ihr Sortiment um Handgepäckstücke aller Art erweitert, seitdem die Fluggesellschaften für Gepäck Gebühren berechnen. Besonders hoch ist die Zahl der Schirmgeschäfte um die Platia Kyprou in der Neustadt.

Pelzwaren

In der nordwestgriechischen Stadt **Kastoriá** werden seit Jahrhunderten in kleinen und großen Werkstätten Pelzmäntel und -jacken aus bei der Pelzverarbeitung anderswo angefallenen Pelzresten genäht. Kürschner aus dieser Region sind inzwischen weltweit im Pelzhandel tätig. Mit dem aufkommenden Tourismus haben sie enge Handelsbeziehungen mit vielen Urlaubsinseln geknüpft. Besonders stark war die Verbindung nach Rhodos, wo die Pelze wegen der dort geltenden Steuerbestimmungen günstiger als im übrigen Griechenland angeboten werden konnten. Einige Kürschner zogen sogar auf die Insel und gründeten eigene Werkstätten. Der Pelz-Boykott der Westeuropäer hat den Kürschnern auf Rhodos zwar geschadet, aber das fortbestehende Kaufinteresse vor allem in Russland hat viele Läden gut überleben lassen.

Naturkosmetik

Heimische Naturkosmetik haben in aller Welt einen guten Ruf, Marken wie Korres und Apivita sind auch bei uns zu haben. Oliven bilden einen traditionellen Grundstoff, dazu griechische Kräuter, das nur in Griechenland gewonnene Mastixöl und auch Eselsmilch.

Naturschwämme

Noch bis zum Zweiten Weltkrieg lebten viele Menschen auf den kleineren Inseln des Dodekanes von der Schwammtaucherei. Auch heute noch tauchen vor allem mutige Männer von der **Insel Kálymnos** nach den Meerestieren. Einige Geschäfte in der Altstadt von Rhodos bieten eine gute Auswahl. Außergewöhnlicher ist der Kauf auf einem der Boote, die an der Uferfront vor der Altstadt liegen und über und über mit Schwämmen, Muschelschalen und Gehäusen von Meeresschnecken bepackt sind.

Keramik

Schon in der Antike nahm die Keramikproduktion von Rhodos eine Sonderstellung ein – schöne Beispiele dafür können Sie im Archäologischen Museum in der Altstadt sehen. Die Tonvorkommen der Insel, insbesondere bei Afandou und Archángelos, wurden aber auch in allen späteren Epochen genutzt. Heute wird vor allem für den Tourismus produziert.

Kulinarisches

Flüssige Souvenirs wie Weine und Spirituosen sollten Sie am besten erst nach dem Sicherheitscheck am Flughafen kaufen, dann dürfen Sie sie problemlos als Handgepäck mit an Bord nehmen. Anderes transportieren Sie besser im Koffer: Honig, Oliven und Kräuter, griechischen Kaffee und vielleicht auch ein Glas mit »gliká tou koutalioú«, in Sirup eingelegten Früchten verschiedenster Art.

ÜBERNACHTEN

Hotels gibt es auf Rhodos für jeden Geschmack und fast jeden Geldbeutel. Besonders viel Flair haben die Häuser in der Altstadt der Inselmetropole. Die Kette der Strandhotels reicht an der Ostküste vom Hauptstadtrand bis hinunter nach Plimmíri, an der Westküste von Ixiá bis Fánes. Einige wenige kleine Hotels sind auch in Dörfern im Inselinnern zu finden.

Hotelbuchung

Während der Hauptreisezeit im Juli und August liegen die Unterkunftspreise auf Rhodos kaum unter dem Niveau mitteleuropäischer Reiseziele, in der Vor- und Nachsaison dagegen meist wesentlich darunter. Preisvergleiche lohnen auf jeden Fall. Seit 2015 werden auch griechische Hotels mit den international üblichen **ein bis fünf Sternen** kategorisiert. Die Kategorien sagen zwar etwas über Zimmergröße und -ausstattung sowie Serviceeinrichtungen aus, aber nichts über die Freundlichkeit des Personals oder das Alter und den Zustand von Mobiliar und technischer Ausstattung. Für die Alleinbenutzung eines Doppelzimmers gibt es in der Regel etwa 20 % Ermäßigung, für ein Zustellbett muss meist ein Aufschlag von 20 % bezahlt werden.

Eine der besten Adressen auf Rhodos: das Melenos-Lindos-Hotel (▶ S.78)

Ferienwohnungen und -häuser

Ferienwohnungen sind oft preiswerter als Hotelzimmer und bei gleichem Preis meist sehr viel geräumiger. Rezeption und Lobby fehlen zwar meist, aber oft gehören zur Anlage Pool, Café oder Taverne. Studios bestehen meist nur aus einem Raum mit integrierter Küchenzeile, Apartments besitzen in der Regel mindestens zwei Räume und oft eine separate Küche. An die Küchenausstattung dürfen in der Regel keine hohen Ansprüche gestellt werden. Bett- und Küchenwäsche werden immer gestellt. Meist werden Ferienwohnungen zwei- bis dreimal wöchentlich gereinigt, manchmal aber auch täglich. Extrakosten für eine Endreinigung fallen ebenso wenig an wie Strom- und Wasserkosten. Meist können Ferienwohnungen auch schon für eine einzige Übernachtung gebucht werden.
Frei stehende Ferienhäuser werden auf Rhodos nur selten angeboten. Man findet sie am ehesten bei Ferienhausspezialisten oder auf Buchungsplattformen wie airbnb.

P

PRAKTISCHE INFOS

Wichtig, hilfreich präzise

Unsere Praktischen Infos helfen in allen Situationen auf Rhodos weiter.

Nicht ganz vorschriftsmäßig ▶

KURZ & BÜNDIG

ELEKTRIZITÄT
220/230 Volt Wechselstrom; deutsche Stecker passen.

NOTRUFE

ALLGEMEINER NOTRUF
Tel. 112

ADAC-NOTRUF IM AUSLAND
Tel. 0049 89 22 22 22

DRK-FLUGDIENST
Tel. 0049 2 11 91 74 99 39
www.drkflugdienst.de

DRF LUFTRETTUNG
Tel. 0049 711 7 00 70
www.drf-luftrettung.de

WAS KOSTET WIE VIEL?
Einfaches Essen: ab 9 €
3-Gänge-Menü: ab 18 €
Tasse Kaffee: 2,80 €
Mietwagen: ab 45 € pro Tag
1 l Super-Benzin: ab 2,70 €
Einfaches Zimmer: ab 50 €

ZEIT
Mitteleuropäische Zeit
Sommerzeit:
Ende März – Ende Oktober

ANREISE · REISEPLANUNG

Mit dem Flugzeug

Im Sommerhalbjahr wird Rhodos von vielen Flughäfen in den deutschsprachigen Ländern aus direkt angeflogen. Die Flugzeit von Hamburg nach Rhodos beträgt gut 3 Stunden, von Wien ca. 2 Stunden. Im Winterhalbjahr erfolgt die Anreise mit Umsteigen in Athen, von wo mehrmals täglich Flüge nach Rhodos starten.
Der nach dem antiken rhodischen Olympiasieger Diagoras benannte **Flughafen** liegt 16 km südlich der Inselhauptstadt beim Ort Parádisi fast direkt am Meer. Linienbusse verbinden ihn zwischen ca. 7 und 24 Uhr mehrmals stündlich mit dem Busbahnhof in der Inselhauptstadt direkt an der Néa Agorá. Von dort aus fahren Busse in nahezu alle Inseldörfer und alle Badeorte. Fahrkarten löst man beim Fahrer. Die Busse starten zwischen den beiden Terminal-Gebäuden. Taxis stehen in großer Zahl vor der Ankunftshalle bereit. Die aktuellen Tarife für Fahrten in viele Inselorte sind auf einer großen Tafel angeschlagen.

Fährverbindungen

Tägliche Verbindungen mit großen, schnellen Autofähren bestehen mit Piräus. Je nach Schiff beträgt die Fahrzeit zwischen 14 und 15 Stunden. Fahrplanauskünfte im Internet unter www.gtp.gr.

Reise-dokumente

Griechenland ist Mitglied des Schengener Abkommens zwischen den EU-Staaten, das den Grenzübertritt ohne Personenkontrollen vorsieht. Deutsche, österreichische und Schweizer Staatsbürger benötigen bei einem Aufenthalt bis zu drei Monaten einen gültigen **Personalausweis** oder **Reisepass**. Kinder bis zur Vollendung des 12. Lebensjahres brauchen einen eigenen Kinderreisepass. Kinderreisepässe können maximal bis zur Vollendung des 16. Lebensjahres benutzt werden, spätestens ab dann müssen auch Jugendliche einen Reisepass oder Personalausweis besitzen.

Fahrzeug-papiere

Der nationale Führerschein und der Fahrzeugschein werden anerkannt. Empfehlenswert ist zusätzlich die grüne internationale Versicherungskarte.

Tiere

Für die Einfuhr von Hunden und Katzen ist der **EU-Heimtierausweis** notwendig. Er muss dem entsprechenden Tier eindeutig durch einen eingepflanzten Mikrochip zuzuweisen sein und wird von den meisten Tierärzten ausgestellt. Mehr Infos unter www.bmelv.de.

Abreise

Die beiden jetzigen Terminals stoßen im Sommer häufig an ihre Kapazitätsgrenzen. In Stoßzeiten ist mit langen Schlangen an den Check-in-Schaltern und vor der Sicherheitskontrolle zu rechnen, die bis zu einer Stunde betragen können. Deswegen sollte man etwa 2 Stunden vor Abflug am Airport erscheinen. Der Flughafen wurde 2020/2021 letztmals umfassend modernisiert und erweitert.

Zollvor-schriften

Im Verkehr zwischen EU-Ländern dürfen Waren zum persönlichen Gebrauch unbegrenzt ein- und ausgeführt werden. Gewisse Obergrenzen gelten aber für alkoholische Getränke und Tabakwaren, z. B. 800 Zigaretten, 10 l Spirituosen und 90 l Wein. Im Verkehr zwischen Griechenland und der Schweiz sind die Grenzen enger gezogen, z. B. 250 Zigaretten, 1 l Spirituosen und 2 l Wein. Detaillierte aktuelle Auskünfte auf www.zoll.de und www.ezv.admin.ch. Ein Ausfuhrverbot besteht grundsätzlich für Antiquitäten und Kunstgegenstände. Kopien antiker Vorlagen können jedoch frei ausgeführt werden.

Kranken-versicherung

Mit der **Europäischen Krankenversichertenkarte**, der European Health Insurance Card (EHIC), können EU-Bürger die Gesundheitsdienste anderer EU-Länder in Anspruch nehmen. In Notfällen kann man sich an jeden Arzt und an jedes Krankenhaus wenden. Wird die EHIC nicht akzeptiert, sind die Rechnungen zu bezahlen und der Krankenkasse zu Hause vorzulegen. Der Abschluss einer **Auslandsreisekrankenversicherung** ist zu empfehlen, da viele griechische Ärzte nur Privatpatienten behandeln und eine Rückholung von den gesetzlichen Krankenkassen nicht bezahlt wird. Schweizer Staatsbürger müssen ihre Krankheitskosten selbst tragen.

AUSKUNFT

GRIECHISCHE ZENTRALE FÜR FREMDENVERKEHR (GZF)

Holzgraben 31
D-60313 Frankfurt am Main
Tel. 069 2 57 82 70
info@visitgreece.com.de

AUSKUNFT IN ÖSTERREICH

Opernring 8
A-1010 Wien
Tel. 01 512 53 17-8
grect@vienna.at

AUSKUNFT AUF RHODOS

►Reiseziele von A bis Z

INTERNET

WWW.VISITGREECE.GR

Offizielle Websites des griechischen Tourismusamtes für ganz Griechenland

WWW.RHODOS-ENTDECKER.COM

Die beste private Website zur Insel, auf der auch viele interessante Blogs und aktuelle Meldungen erscheinen.

WWW.RHODOS-INFO.DE

Bei dieser Internetadresse handelt es sich um eine private, aber sehr informative und umfangreiche Homepage mit vielen Fotos zu allen Sehenswürdigkeiten, außerdem Hotel- und Restaurantempfehlungen.

WWW.RODOS.COM

Infos auf Englisch zu Hotels, Mietwagen, Sehenswürdigkeiten und Sportmöglichkeiten sind auf den Seiten aufgeführt.

WWW.RODOSNET.GR

Viele Adressen von Hotels, Restaurants, Shopping, Veranstaltern, Mietwagenverleih, aber alphabetisch und nicht nach Ortschaften geordnet (englischsprachig) enthalten diese Seiten.

BOTSCHAFTEN UND KONSULATE

GRIECHISCHE BOTSCHAFT IN DEUTSCHLAND

Jägerstr. 54 – 55
D-10117 Berlin
Tel. 030 2 06 2 60
www.mfa.gr./germany

GRIECHISCHE BOTSCHAFT IN ÖSTERREICH

Argentinierstraße 14
A-1040 Wien
Tel. 01 5 05 15-0
www.mfa.gr./austria

GRIECHISCHE BOTSCHAFT IN DER SCHWEIZ

Weltpoststrasse 4
CH-2463 Bern 15
Tel. 031 3 56 14 14
www.mfa.gr/switzerland

KONSULAT DER REPUBLIK ÖSTERREICH AUF RHODOS

Gr. Lambraki 39
GR 85100 Rhodos
Tel. 22 41 09 25 19
HK.Rhodos@hotmail.com

KONSULAT DER SCHWEIZ AUF RHODOS

G. Efstathiou 8
GR-85100 Rhodos
Tel. 22 41 03 61 55
rhodos@honrep.ch

ETIKETTE

Kleidung

Legere Kleidung ist angebracht, Krawatten sind selbst in Luxushotels und -restaurants allerdings überflüssig. Dass Badebekleidung an den Strand gehört und nicht in Dörfer und Städte, versteht sich wohl von selbst.

Kirchen und Klöster

In Kirchen und Klöstern sollten Hemd oder Bluse zumindest kurze Ärmel haben, Shorts sind eher unangebracht. Hüte und Mützen nimmt man ab. Als guter orthodoxer Christ schlägt man in Kirchen nicht die Beine übereinander und kehrt, wenn man dicht vor Ikonen steht, diesen nicht den Rücken zu. Leise Unterhaltungen sind hingegen selbst während des Gottesdienstes üblich.

Fotografieren

Niemand wird gern ungefragt fotografiert. Ein fragendes Lächeln sollte das mindeste sein. Militärische Anlagen dürfen trotz leistungsfähiger Spionagesatelliten am Himmel nicht fotografiert werden, wohl aber der Flughafen von Rhodos. In Museen ist das Fotografieren ohne Blitz und Stativ meist erlaubt. In Kirchen ist das Fotografieren meist untersagt.

Für Kirchen und Klöster gelten manchmal besondere Kleidervorschriften.

GELD

Euro Der Euro ist in Griechenland das offizielle Zahlungsmittel. Wechselkurs für die Schweiz:
1 € = 0,96 CHF, 1 CHF = 1,04 €.

Geldautomaten Geldautomaten (ATM) sind in der Stadt und allen Urlaubsorten zahlreich, auch im Flughafengebäude und in den Hafenterminals sind einige zu finden. Sie akzeptieren Bank- und Kreditkarten. Die griechische und die Hausbank sowie die Kreditkarteninstitute verlangen für jede Abhebung eine Mindestgebühr von meist 7,50–8 €, sodass es günstiger ist, einmal viel als mehrmals wenig Geld zu ziehen.

Kreditkarten Die international gängigen Kreditkarten, vor allem Visa- und Mastercard, werden von Bargeldautomaten, vielen Hotels, Reisebüros, Geschäften und Restaurants der gehobenen Kategorie akzeptiert. Tankstellen nehmen sie hingegen meist nicht an. Bei Mietwagenfirmen sind sie fast immer notwendig, um eine Kautionshinterlegung in bar zu vermeiden.

Verlust von Bank- und Kreditkarten Ist eine Bank- oder Kreditkarte verloren gegangen oder gestohlen worden, sollte man sie unverzüglich sperren lassen. Es gibt eine einheitliche Notfall-Nummer für Bank- und Kreditkarten sowie Handys: **Tel. aus Griechenland (0049) 11 61 16**. Aus dem Ausland ist der Anruf gebührenpflichtig.

Banken Die Banken sind im Allgemeinen geöffnet: Mo. – Do. 8.00 – 14.00, Fr. 8.00 – 13.30 Uhr. Sie und die Postämter tauschen Geld um.

GESUNDHEIT

Apotheken Apotheken erkennt man an dem runden Schild mit Kreuz über dem Eingang sowie an der Aufschrift FARMAKEIO. An jeder Apotheke findet man Hinweise auf die nächste Apotheke, die Notdienst macht. Auch Taxifahrer können meist weiterhelfen. Viele auch in Deutschland erhältliche rezeptfreie Medikamente sind in Griechenland weitaus billiger als bei uns, insbesondere leichte Schmerzmittel.

Krankenversicherung ► S. 205

LESETIPPS

Lawrence Durrell: »Leuchtende Orangen – Insel des Helios«. Rowohlt Tb 1998
Eine poetische Einstimmung auf Rhodos ist dieser Roman. Der britische Dichter (1912 – 1990) lebte nach dem Zweiten Weltkrieg zeitweise auf der Insel.

Sara von Eitzen: Rhodos. 50 Touren. Bergverlag Rother 2021
Der gut recherchierte Wanderreiseführer beschreibt nicht nur Wanderungen auf Rhodos, sondern auch auf der kleinen Nachbarinsel Sými.

Heide Jovanovic: Fettnäpfchenführer Griechenland. Blaue Wunder im Land der Götter. Conbook Medien 2019
In diesem amüsant geschriebenen Buch erfährt man viel über griechische Eigenarten, lernt sie besser zu verstehen und sich in vielen Situationen richtig zu verhalten.

Michael Losse: Die Kreuzritter von Rhodos: Bevor die Johanniter zu Maltesern wurden. Jan Thorbecke Verlag 2008
Michael Losse erzählt spannend die mehr als 200-jährige Geschichte des Johanniterordens auf Rhodos.

MUSEEN

Öffnungszeiten

Museen und Ausgrabungsstätten haben je nach Jahreszeit unterschiedliche Öffnungszeiten. Zwischen November und etwa Mitte April sind einige Museen bzw. Teilbereiche der Museen ganz oder zumindest montags geschlossen. Alle Öffnungszeiten sind häufigen und nur sehr kurzfristig publizierten Änderungen unterworfen. Als Kernöffnungszeit darf die Zeit zwischen 8.30 und 15 Uhr gelten. Nur halbtags geöffnet sind Museen und Ausgrabungen am 6. Januar und Rosenmontag. Ganz geschlossen bleiben sie am 1. Januar, 25. März, Ostersonntag, 1. Mai und an den Weihnachtsfeiertagen. Ziemlich zuverlässig informiert www.ando.gr/eot über die aktuellen Öffnungszeiten und Eintrittspreise.

Eintrittspreise

Die Eintrittspreise liegen meist zwischen 4 und 8 €. Für die Hauptsehenswürdigkeiten gelten zwischen November und März halbierte

Eintrittspreise. Freien Zugang haben Jugendliche unter 18 Jahren und Menschen mit Behinderung. Ermäßigte Eintrittspreise gelten für Studenten und Senioren ab 65 Jahren. Freier Eintritt für alle wird am 6. März, 18. März, 18. Mai, 28. Oktober sowie am letzten Wochenende im September sowie an allen ersten Sonntagen eines Monats zwischen November und März gewährt.

REISEZEIT

Sonneninsel

Rhodos liegt in der **mediterranen Klimazone** mit einer ausgeprägten sommerlichen Trockenzeit mit subtropischen Temperaturen und einem verhältnismäßig milden Winter. Man zählt auf der Insel pro Jahr rund **260 Sonnentage**. Zwölf Stunden am Tag scheint die Sonne in den Monaten Juni, Juli und August.

Nebensaison

Die Vor- und die Nachsaison, also die Monate April/Mai und September/Oktober, sind für Besichtigungen, Rundreisen oder Wanderungen klimatisch am angenehmsten. Von März bis Mai dauert der berühmte **rhodische Frühling**. Die Temperaturen sind dann mild, und die Natur steht in herrlicher Blüte. In dieser Zeit hat man mit dem **Schirokko** zu rechnen, einem heißen, kräftigen Südwind, der vom afrikanischen Kontinent zur Insel herüberweht.

Sommer

Der rhodische Sommer beginnt bereits Ende April bzw. im Mai und dauert bis zum Oktober. Von Mitte Juni bis Anfang September ist es sehr heiß und trocken und damit die ideale Zeit für Badeferien. Von Juni bis September fällt so gut wie kein Niederschlag; es herrscht ausgesprochene Dürre. Doch selbst im Sommer weht an der Westküste ein heftiger Wind, was bei hohen Temperaturen angenehm ist. Gelegentlich – vor allem im Juli und August – kann der Wind Sturmstärke erreichen und weht dann auch über Nacht oder gar mehrere Tage lang.

SPRACHE

Transkription

Es gibt keine allgemein gültige Transkription für das griechische Alphabet. Darum kommen auch vor Ort häufig bis zu drei oder vier verschiedene lateinische Schreibweisen für Ortsnamen und Begriffe vor. In diesem Reiseführer wird eine Umschrift verwendet, die für Deutschsprachige eine möglichst korrekte Aussprache ermöglicht. Dafür ist es wichtig, jedes Wort auf dem Vokal zu betonen, der einen Akzent trägt.

Verständigung

Meist trifft man auf Rhodos Einheimische, mit denen man sich auf Englisch verständigen kann. Deutschkenntnisse sind durch heimgekehrte Gastarbeiter häufig geworden. Das **Neugriechische** unterscheidet sich wesentlich vom **Altgriechischen**, obwohl die Zahl jener Wörter, die seit den Zeiten des Dichters Homer unverändert geschrieben werden, immer noch erstaunlich groß ist. Doch auch bei diesen sind die Abweichungen der Aussprache von der deutschen Schulaussprache des Altgriechischen zu berücksichtigen. Im Hauptteil des Sprachführers wird in der zweiten Spalte die tatsächliche Aussprache möglichst genau wiedergegeben, die Umschrift wird daher nicht verwendet.

Satzzeichen

Bei den Satzzeichen unterscheidet sich vom Lateinischen nur das griechische Fragezeichen, das dem deutschen Strichpunkt entspricht (? = ;).

SPRACHFÜHRER

ALPHABET

Buchstaben	Umschrift	Aussprache
Αα (alfa)	a	a
Ββ (wita)	v	w
Γγ (ghamma)	g	gh, vor e und i: j
Δδ (dhelta)	d	dh (wie in engl. »that«)
Εε (epsilon)	e	kurzes e
Ζζ (sita)	z	stimmhaftes s
Ηη (ita)	i	i
Θθ (thita)	th	th (wie in engl. »thing«)
Ιι (iota)	i	i
Κκ (kappa)	k	k
Λλ (lamvda)	l	l
Μμ (mi)	m	m
Νν (ni)	n	n
Ξξ (xi)	x	ks
Οο (omikron)	o	o
Ππ (pi)	p	p
Ρρ (rho)	r	r
Σσ, ς (sigma)	s	stimmloses s
Ττ (tav)	t	t, nach d: d
Υυ (ipsilon)	y	i
Φφ (fi)	f	f
Χχ (chi)	ch	vor a, o, u wie in »ach«; vor e, i wie in »ich«

Ψψ (psi)	ps	ps
Ωω (omega)	o	o
Buchstabenkombinationen		
αι	e	e
αυ	av	aw (vor stimmhaftem Konsonant oder Vokal)
αυ	af	af (vor stimmlsm. Kons.)
γγ	ng	ng
γκ	g	g (am Wortanfang, selten im Wortinneren)
γκ	ng	ng (im Wortinneren)
ει	i	i
ει	j	j (unbetont, zwischen Konsonant und Vokal)
ευ	ev/ef	ev/ef (entspr. αυ)
μβ	mv	mw
μπ	b	b (am Wortanfang, selten im Wortinneren)
μπ	mb	mb (im Wortinneren)
ντ	d	d (am Wortanfang,selten im Wortinneren)
ντ	nt	nd (im Wortinneren)
οι	i	i
ου	ou	u

DAS ALLERWICHTIGSTE

Ja/Nein	nä/óchi	Ναί/Όχι
Vielleicht	'issos	Ίσως
Bitte	paraka'lo	Παρακαλώ
Danke (sehr)	äfchari'sto (pol'i)	Ευχαριστώ (πολύ)
Entschuldigung!	si'njomi!	Συγγνώμη!
Bitte? Sie wünschen?	o'ristä?	Ορίστε?
Ich verstehe Sie nicht.	ðä sass katala' wäno.	Δε σας καταλαβαίνω.
Bitte wiederholen Sie es.	na to ksana'pite, paraka'lo.	Νά το ξαναπείτε, παρακαλώ.
Sprechen Sie …	mi'late …	Μιλάτε …
Deutsch?	jermanik'a?	γερμανικά?
Englisch?	angglik'a?	αγγλικά?
Ich spreche nur wenig Griechisch	mi'lo 'mono ligo ellinik'a.	Μιλώ μόνο λίγο ελληνικά.
Können Sie mir bitte helfen?	bo'ritä na mä woi'θisätä, paraka'lo?	Μπορείτε να με βοηθήσετε, παρακαλώ?
Ich möchte …	'θälo …	Θέλω …
Haben Sie …?	'ächätä …?	Έχετε …?
Wie viel kostet es?	'posso ko'stisi?	Πόσο κοστίζει;
Wie viel Uhr ist es?	ti 'ora 'inä?	Τι ώρα είναι
Heute/Morgen	'simära/'awrio	Σήμερα/Αύριο
Grüßen		
Guten Morgen!	kali'mära (su/sas)!	Καλημέρα (σου/σας)!

Guten Tag!	kali'mära!/ 'chärätä!	Καλημέρα/ Χαίρετε!
Guten Abend!	kali'spära!	Καλησπέρα!
Gute Nacht!	kali'nichta!	Καληνύχτα!
(allgemeiner Gruß)	'jassas!	Γειά σας!
Hallo! Grüß dich!	'jassu!	Γειά σου!
Wie geht es Ihnen/dir?	ti 'kanete/'kanis?	Τι κάνετε/κάνεις;
Danke. Und Ihnen/dir?	äfchari'sto. äs'sis/äs'si?	Ευχαριστώ. Εσείς/Εσύ?
Auf Wiedersehen!	a'dio!	Αντίο!
Tschüs!	'jassu!	Γειά σου!

ZAHLEN

0	mi'ðän	μηδέν
1	'äna	ένα
2	'ðio	δύο
3	'tria	τρία
4	'tässära	τέσσερα
5	'pändä	πέντε
6	'äksi	έξι
7	ä'fta	εφτά
8	o'chto	οχτώ
9	ä'näa	εννέα
10	'ðäka	δέκα
11	'ändäka	ένδεκα
12	'ðoðäka	δώδεκα
13	ðäka'tria	δεκατρία
14	ðäka'tässära	δεκατέσσερα
15	ðäka'pändä	δεκαπέντε
16	ðäka'äksi	δεκαέξι
17	ðäkaä'fta	δεκαεφτά
18	ðäkao'chto	δεκαοχτώ
19	ðäkaä'näa	δεκαεννέα
20	'ikossi	είκοσι
21	'ikossi 'äna	είκοσι ένα
22	'ikossi 'ðio	είκοσι δύο
30	tri'anda	τριάντα
40	sa'randa	σαράντα
50	pä'ninda	πενήντα
60	ä'ksinda	εξήντα
70	äwðo'minda	εβδομήντα
80	og'ðonda	ογδόντα
90	änä'ninda	ενενήντα
100	äka'to	εκατό
200	ðia'kosja	διακόσια
1000	'chilia	χίλια
2000	'ðio chi'l-jaðäs	δύο χιλιάδες
10000	'ðäka chi'l-jaðäs	δέκα χιλιάδες
½	to/'äna 'ðäftäro	το/ένα δεύτερο
¼	to/'äna 'tätarto	το/ένα τέταρτο

AUSKUNFT UNTERWEGS

links/rechts	aristä'ra/ðäks'ja	αριστερά/δεξιά
geradeaus	ef'θia	ευθεία
nah/weit	ko'nda/makri'a	κοντά/μακριά
Ist das die Straße nach…?	'Ine af'tos o 'dromos ja ...?	Είναι αυτός ο δρόμος γιά…?
Bitte, wo ist …?	Parakaló, pú ínä …?	Παρακαλώ, πού είναι …?
Wie weit ist es nach …?	'posso ma'kria 'inä ja …?	Πόσο μακριά είναι γιά …?
Wie komme ich nach (zu) …?	Pos θa 'pao ja (sto/stin) …?	Πώς θα πάω γιά (στο/στην) …?
Ich möchte … mieten.	'Θälo na ni'kjasso …	Θέλω να νοικιάσω …
… ein Auto	'äna afto'kinito	ένα αυτοκίνητο
… ein Fahrrad	'äna po'ðilato	ένα ποδήλατο
… ein Boot	'mia 'warka	μία βάρκα

WICHTIGE AUFSCHRIFTEN

ΑΝΔΡΩΝ	Herren	ΓΥΝΑΙΚΩΝ	Damen
ΕΙΣΟΔΟΣ	Eingang	ΕΞΟΔΟΣ	Ausgang
ΑΝΟΙΧΤΟ	Offen	ΚΛΕΙΣΤΟ	Geschlossen
ΤΑΧΥΔΡΟΜΕΙΟΝ	Post	ΤΡΑΠΕΖΑ	Bank

TANKEN

Wo ist bitte die nächste Tankstelle?	'pu 'inä, paraka'lo, to e'pomäno wen-si'naðiko?	Πού είναι, παρακαλώ, το επόεμνο βενζιναδικό?
Ich möchte … Liter …	Θälo … 'litra …	Θέλω … λίτρα …
… Benzin.	… wän'sini.	… βενζινη.
… Diesel.	… 'disäl.	… ντίζελ.
… bleifrei/verbleit.	… a'moliwði/mä 'moliwðo	… αμόλυβδη/με μόλυβδο.
Volltanken bitte.	jä'mistä paraka'lo.	Γεμίστε παρακαλώ.
Prüfen Sie bitte den Ölstand.	äksä'tastä, paraka'lo, ti 'staθmi tu að'ju.	Εξέταστε, παρακαλώ, τη στάθμη του λαδιού.

PANNE UND UNFALL

Ich habe eine Panne.	'äpaθa zim'ja.	Έπαθα ζημειά.
Können Sie mir bitte einen Abschleppwagen schicken?	Θa bo'russatä na mu 'stilätä 'äna 'ochima ri'mulkissis?	Θα μπορούσατε να μου στείλατε ένα όχημα ρυμούλκησης?
Wo ist hier in der Nähe eine Werkstatt?	'pu i'parchi ä'ðo kon'da 'äna sinär'jio?	Πού υπάρχει εδώ κοντά ένασυνεργείο?
Hilfe!	wo'iθja!	Βοήθεια!
Achtung!/Vorsicht!	proso'chi!	Προσοχή!
Rufen Sie bitte schnell …	ka'lästä, paraka'lo, 'grigora	Καλέστε, παρακαλώ, γρήγορα …
… einen Krankenwagen.	… 'äna asθäno'foro.	… ένα ασθενόφορο.
… die Polizei.	… tin astino'mia.	… την αστυνομία.
… die Feuerwehr.	… tin piroswästi'ki ipirä'sia.	… την πυροσβεστική υπηρεσία.

Tja, wenn man jetzt auf Griechisch nach dem Weg fragen könnte.

Geben Sie mir Ihren Namen und Anschrift.	'pästä mu to 'onoma kä ti ðiäfθin'si sas.	Πέστε μου το όνομα και τη διεύθυνσή σας.

EINKAUFEN

Wo finde ich ...?	pu θa wro ...?	Πού θα βρω ...?
... eine Apotheke	... 'ena farma'kio	... ένα φαρμακείο
... eine Bäckerei	... 'ena artopo'lio	... ένα αρτοπολείο
... ein Lebensmittelgeschäft	... 'ena ka'tastima tro'fimon	... ένα κατάστημα τροφίμων
... den Markt	... tin ajo'ra	...την αγορά

ARZT

Können Sie mir einen guten Arzt empfehlen?	bo'ritä na mu siss'tissätä 'änan ka'lo ja'tro?	Μπορείτε να μου συστήσετε έναν καλό γιατρό;
Ich habe hier Schmerzen.	'ächo 'ponnus ä'ðo.	Έχω πόνους εδώ.

BANK

Wo gibt es hier eine Bank?	'pu 'inä ä'ðo mja 'trapäsa?	Πού είναι εδώ μια τράπεζα?

Ich möchte … Schweizer Franken in Euro wechseln.	‘Θälo na a’lakso … älwäti’ka ‘franga sä. evró	Θέλω να αλλάξω … ελβετικά φραγκα σε ευρώ.

POST

Was kostet …	‘posso ko’stisi …	Πόσο κοστίζει …
… ein Brief …	… ‘äna ‘gramma …	… ένα γραμμα …
… eine Postkarte …	… mja ‘karta …	… μια κάρτα …
… nach Deutschland/ Österreich/Schweiz?	… ja ti järma’nia/ afs’tria/elwe’tia?	… γιά τη Γερμανία/ Αυστρία/Ελβετία?
Eine/zwei Briefmarken, bitte.	‘äna/’ðio grammat’osimo/ grammat’osima, paraka’lo.	Ένα/δύο γεαμματόσημβ/ γραμματόσημα, παρακαλώ
Wo finde ich einen Internetzugang?	pu bor’ro na wro ’prowassi sto indernett?	Που μπορώ να βρο τρόσβαση οτο ίντερνετε?
Computer/Batterie/Akku	ippologis’tis/ batta’ria/ äppanaforti’zomänni batta’ria	Υπολογιστής/μπαταρία/ επαναφορτιζόμενη μπαταρία

ÜBERNACHTEN

Können Sie mir bitte … empfehlen?	bo’ritä na mu …, si’stissätä paraka’lo?	Μπορείτε να μου συστήσετε …, παρακαλώ?
… ein Hotel	… ‘äna ksänoðo’chio	… ένα ξενοδοχείο
… eine Pension	… ‘mia pan’sjon	… μία πανσιόν
Ich habe bei Ihnen ein Zimmer reserviert.	‘äðo sä sas ‘äklissa ‘äna ðo’matjo.	Εδώ σε σας έκλεισα ένα δωμάτιο.
Haben Sie noch ein Zimmer frei …	‘ächätä a’komi ‘äna ðo’matjo ä’läfθäro …	Έχετε ακόμη ένα δομάτιο ελεύθεοο …
… für eine Nacht?	… ja mja ‘nichta?	… γιά μια νύχτα?
… für zwei Tage?	… ja ‘ðio ‘märäs?	… γιά δύο μέρες?
… für eine Woche?	… ja mja wðo’maða?	… γιά μια βδομάδα?
Was kostet das Zimmer mit …	‘posso ko’stisi to do’matjo mä …	Πόσο κοστίζει το δομάτιο με …
… Frühstück?	… proi’no?	… πρωινό;
… Halbpension?	… ‘mäna ‘jäwma?	… μένα γεύμα;

ESSEN GEHEN

Wo gibt es hier ein gutes Restaurant?	pu i’parchi ä’ðo ‘äna ka’lo ästia’torio?	Πού υπάρχει εδώ ένα καλό εστιατόριο?
Gibt es hier eine gemütliche Taverne?	i’parchi ä’ðo ta’wärna mä ‘anäti at’mosfära?	Υπάρχει εδώ μια ταβέρνα? με άνετι ατμόσφαιρα;
Reservieren Sie uns bitte für heute Abend einen Tisch für	kra’tistä mas ja ‘simera to ‘wraði ‘äna tra’päsi ja ‘tässära	Κρατήστε μας για σήμερα το βράδυ ένα τραπέζι για 4 άτομα,

4 Personen.	'atoma, paraka'lo.	παρακαλώ.
Ich möchte bitte bezahlen.	Θälo na pli'rosso, paraka'lo.	Θέλω να πληρώσω, παρακαλώ
Bitte alles zusammen.	'ola mas'i, parakal'o.	Όλα μαζί, παρακαλώ.
Messer	ma'chäri	μαχαίρι
Gabel	pi'runi	πηρούνι
Löffel	ku'tali	κουτάλι

ΚΑΤΑΛΟΓΟΣ ΦΑΓΗΤΩΝ • SPEISEKARTE

πρoινώ	proin'o	**Frühstück**
καφές (σκέτο)	ka'fäs ('skäto)	(ungesüßter) Kaffee
καφές με γάλα	ka'fäs me 'jala	Kaffee mit Milch
καφές φίλτρου	ka'fäs 'filtru	Filterkaffee
τσάι με λεμόνι	'tsai mä lä'moni	Tee mit Zitrone
τσάι από βότανα	'tsai a'po 'wotana	Kräutertee
σοκολάτα	soko'lata	Schokolade
χυμό φρούτου	chi'mo 'frutu	Fruchtsaft
αυγό μελάτο	aw'jo mä'lato	weiches Ei
ομελέτα	omä'läta	Omelett
αυγά μάτια	aw'ja 'matja	Spiegeleier
αυγά με μπείκον	aw'ja mä 'bäiken	Eier mit Speck
ψωμί/ψωμάκι	pso'mi/pso'maki	Brot/Brötchen
τοστ	'tost	Toast
κρουασάν	krua'san	Hörnchen, Croissant
βούτυρο	'wutiro	Butter
τυρί	ti'ri	Käse
λουκανικό	lu'kaniko	Wurst
ζαμβόν	sam'bon	Schinken
μέλι	'mäli	Honig
μαρμελάδα	marmä'laða	Marmelade
γιαούρτι (με καρύδια)	ja'urti (mä ka'riðja)	Joghurt (mit Walnüssen)
ορεκτικά/σούπες	orektik'a/'supes	**Vorspeisen/Suppen**
ποικιλίαελιές	ä'ljäs	Oliven
φέτα	'fäta	Schafskäse
μελιτζάνα σαλάτα	mäli'dsana sa'lata	Auberginensalat
ντολμαδάκια	dolma'ðakja	gefüllte Weinblätter (kalt)
γαρίδες	ga'ridäs	Garnelen
γίγαντες	'jigandäs	große weiße Bohnen
σαγανάκι	saga'naki	gebratener Käse
σκορδαλιά	skorðal'ja	Püree aus Kartoffeln, Knoblauch und Öl
σπανακόπιτα	spana'kopita	Spinattasche
ταραμοσαλάτα	taramosa'lata	Fischrogenpüree
τζατζίκι	za'ziki	Joghurtcreme mit Gurke
τυρόπιτα	ti'ropita	Käsetasche
κοτόσουπα	ko'tosupa	Hühnersuppe
κοτόσουπα αυγολέμονο	ko'tosupa awgo'lämono	Hühnersuppe mit Zitrone und Ei

ψαρόσουπα	psa'rosupa	Fischsuppe
ζωμός κρέατος	so'mos 'kräatos	Fleischbrühe
τοματόσουπα	toma'tosupa	Tomatensuppe
λαχανόσουπα	lacha'nosupa	Gemüsesuppe
φασολάδα	faso'lada	Bohnensuppe
μαγειρίτσα	maji'ritsa	Ostersuppe
σαλάτες	sa'lates	**Salate**
(ν)τοματοσαλάτα	tomatosa'lata	Tomatensalat
αγγούρι	an'guri	Gurke
χοριάτικη (σαλάτα)	chor'jatiki (sa'lata)	Dorfsalat
μαρούλι σαλάτα	ma'ruli sa'lata	Kopfsalat
λαχανοσαλάτα	lachanosa'lata	Krautsalat
πατατοσαλάτα	patatosa'lata	Kartoffelsalat
άγρια χόρτα	'agria 'chorta	Wildkräutersalat
λαδολέμονο	laðo'lämono	Öl-Zitronen-Sauce
ψάρια	ps'arja	**Fischgerichte**
αστακός	asta'kos	Hummer
γαρίδες	ga'ridäs	Garnelen
χταπόδι	chta'poði	Oktopus
μπαρμπούνι σχάρας	bar'buni 'ßcharas	Rotbarbe vom Grill
γλώσσα τηγανητά	'glossa tijani'ta	Seezunge gebraten
μύδια	'miðia	Muscheln
καλαμαράκια	kalama'rakja	kleine Tintenfische
μπακαλιάρος φούρνου	bakal'jaros 'furnu	Stockfisch aus dem Ofen
σολομός	solo'mos	Lachs
κακαβιά	kakaw'ja	Bouillabaisse
καραβίδες	kara'wiðes	große Scampi
χριστόψαρο	chris'topsaro	Petersfisch
σκουμπρί	skum'bri	Makrele
τσιπούρα	tsi'pura	Dorade
φαγκρί	fan'gri	Zahnbrasse
τόνος	'tonnos	Thunfisch
ξιφίας	ksi'fias	Schwertfisch
φαγητά με κρέας	fajit'a mä kr'äas	**Fleischgerichte**
άρνι ψητό	ar'ni psi'to	Lammbraten
άρνι στο φούρνο	ar'ni sto 'furno	Lammfleisch aus dem Ofen
βοδινό φιλέτο	woði'no fi'läto	Rinderfilet
γαλοπούλα ψητή	galo'pula psi'ti	Pute gebraten
γύρος	'jiros	Fleisch vom Drehspieß
κατσίκι	kat'siki	Zicklein
κεφτέδες	kef'tedes	Hackfleischbällchen
κοτόπουλο ψητό	ko'topulo psi'to	Brathuhn
κουνέλι	ku'näli	Kaninchen
μιξτ γκριλ	'mikst 'gril	gemischtes Grillfleisch
μοσχάρι κοκκινιστό	mos'chari kokkini'sto	Kalbfleisch geschmort
μοσχάρι ψητό	mos'chari psi'to	Kalbsbraten

μπόν φιλέ	bon fi'lä	Filet
μπριζόλες χοιρινές	bri'soläs chiri'näs	Schweinekotelett
μπιφτέκι	bi'ftäki	Hacksteak vom Grill
παϊδάκια αρνίσια	pai'ðakja ar'nisia	Lammkotelett
παστίτσιο	pa'stitsjo	Makkaroniauflauf mit Fleischfüllung
σουτζουκάκια	sudsu'kakja	Hackfleischröllchen
σουβλάκι(α)	su'wlaki	Fleischspieß(e)
λαχανικά	lachanik'a	**Gemüsegerichte**
ντολμάδες	dol'maðäs	gefüllte Weinblätter
λάχανο	'lachano	Weißkraut
αγγινάρες	angi'naräs	Artischocken
μελιτζάνες γεμιστές	mäli'dsanäs jämi'stäs	gefüllte Auberginen
ντομάτες γεμιστές	to'matäs jämi'stäs	gefüllte Tomaten
πιπεριές γεμιστές	pipär'jäs jämi'stäs	gefüllte Paprikaschoten
τουρλού	tur'lu	bunter Gemüseeintopf
φασολάκια	faso'lakja	grüne Bohnen
μουσακάς	mussa'kas	Auberginen-Hackfleisch-Kartoffel-Auflauf
μπαμιές	'bamjäs	Okraschoten
πιπεριές τηγανητές	pipär'jäs tigani'täs	gebratene Paprika
κολοκυθάκια	koloki'θakja	Zucchini
φασόλια	fa'solja	weiße Bohnen
πατάτες τηγανητές	pa'tatäs tigani'täs	Pommes frites
σπανακορύζο	spana'koriso	Spinat mit Reis
επιδόρπια	epid'orpia	**Nachspeisen**
φρούτα	'fruta	Obst
παγωτό	pagot'o	Eis(creme)
μπακλαβάς	bakla'was	Blätterteig in Sirup mit Nussfüllung
μπουγάτσα	bug'atsa	Blätterteigtasche, gefüllt mit Vanillecreme
κρέμα	'kräma	Grießpudding
ρυζόγαλο	ri'sogalo	Reispudding
σταφύλια	sta'filia	Trauben
καρπούζι	kar'pusi	Wassermelone
πεπόνι	pä'poni	Honigmelone
ροδάκινο	ro'ðakino	Pfirsich
μήλο	'milo	Apfel
αχλάδι	ach'laði	Birne
Αλκοολούχα ποτά	alkool'ucha pot'a	**Alkoholische Getränke**
άσπρο κρασί	'aspro kra'si	Weißwein
κόκκινο κρασί	'kokkino kra'si	Rotwein
ρετσίνα	rä'tsina	geharzter Wein
χύμα	'chima	Wein vom Fass
ξερό	kse'ro	trocken
ημίγλυκο	i'migliko	halbsüß
ούζο	'uso	Anisschnaps

τσίπουρο	'tsipuro	Tresterschnaps
(μια) μπύρα	(mja) 'bira	(ein) Bier
μη αλκοολούχα ποτά	mi alkool'ucha pot'a	**Alkoholfreie Getränke**
φραππέ	frap'pä	kalter Nescafé mit festem Schaum
ελληνικος καφές	elini'kos ka'fäs	griechischer Mokka
τσάι	tsai	Tee
πορτοκαλάδα	portoka'laða	Orangenlimonade
λεμονάδα	lämo'naða	Zitronenlimonade
(μια καράφα) νερό	(mja ka'rafa) ne'ro	(ein Krug) Wasser
μεταλλικό νερό	metalli'ko ne'ro	stilles Mineralwasser
serσόδα	'soda	Mineralwasser mit Kohlensäure

TELEKOMMUNIKATION · POST

Postämter Die griechischen Postämter unterstehen der staatlichen Postverwaltung Elliniká Tachidromía (ELTA). Die griechischen Postkästen sind gelb. Das **Hauptpostamt** in Rhodos-Stadt (Mandráki-Hafen, Platia Dimarchiou) ist zu folgenden Zeiten geöffnet: Mo. – Fr. 8.00 – 20.00 Uhr, Sa. 8.00 – 15.00 Uhr, in anderen Orten im Allgemeinen: Mo. – Fr. 8.00 – 15.00 Uhr. In den Dörfern gelten in der Regel noch kürzere Öffnungszeiten.

Porto Das Porto für eine **Ansichtskarte** oder einen Normalbrief ins europäische Ausland kostet **0,80€.** Briefmarken sollte man bei der Post kaufen, da an anderen Stellen, z. B. am Kiosk, an Hotelrezeptionen und in Souvenirläden, mehr berechnet wird.

Telefonieren Griechenland telefoniert fast nur noch mit **Mobiltelefonen** (griech. Kimiló). Das Mobilfunknetz ist sehr gut ausgebaut, Glasfaserkabel führen bis in kleinste Dörfer. Roaminggebühren fallen nicht mehr an, sodass kein Bedarf an Festnetztelefonen mehr besteht. Auf Rhodos muss man jedoch unbedingt darauf achten, dass sich das Handy nicht bei einem türkischen Provider wie Turkcell einwählt – dann wird es teuer! Die wichtigsten griechischen Provider sind Cosmote, Vodafone und Wind. Fast alle griechischen **Telefonnummern** sind zehnstellig. Auch bei Ortsgesprächen ist immer diese zehnstellige Nummer zu wählen. Telefonnummern im Festnetz beginnen mit einer 2, im Mobilnetz mit einer 6.

LÄNDERVORWAHLEN

NACH GRIECHENLAND
00 30

VON GRIECHENLAND NACH DEUTSCHLAND:
00 49

NACH ÖSTERREICH:
00 43

IN DIE SCHWEIZ:
00 41

VERKEHR

Straßenverkehr

Auf Rhodos gelten weitgehend die internationalen Verkehrsregeln. Verkehrssündern drohen drastische Geldbußen. Fremdsprachenkundige Polizeibeamte tragen eine Armbinde mit der Aufschrift »Tourist Police«. In den Städten ist Hupen untersagt. Sicherheitsgurte sind während der Fahrt anzulegen. In hell erleuchteten Ortschaften wird nachts lediglich mit Standlicht gefahren, und das Schild »Vorfahrtsstraße« bedeutet auch Parkverbot. Die **Alkoholgrenze** beträgt 0,5 Promille für Autofahrer und 0,2 Promille für Motorradfahrer. Für Pkws, auch mit Anhänger, (und Motorräder über 100 cm^3) gelten die folgenden **Geschwindigkeitsbegrenzungen**: innerorts 50 km/h (40 km/h), auf Landstraßen 90 km/h (70 km/h) und auf Autobahnen 120 km/h (90 km/h). Wer zu schnell fährt, muss mit einer hohen Geldbuße und eventuell mit Führerscheinentzug rechnen; unter Umständen werden sogar die Kennzeichen vom Fahrzeug entfernt. Es gibt bleifreies Super und bleifreies Super Plus (98 Oktan) sowie Dieselkraftstoff. Die Mitnahme von **Benzin** in Kanistern ist verboten. Der **Automobil- und Touringklub von Griechenland (ELPA)** betreibt einen Verkehrsdienst mit Streifenwagen (OVELPA), der ausländischen Fahrern Hilfe leistet: gelbe Wagen mit der Aufschrift »Assistance Routière«. Die Pannenhilfe ist kostenpflichtig. ADAC-Mitglieder erhalten Sondertarife.

Mietfahrzeuge

Außer den internationalen Mietwagenfirmen – insbesondere in Rhodos-Stadt und am Flughafen, aber auch in Faliráki, Ixiá, Líndos und Iálissos – bieten **einheimische Mietwagenfirmen** Fahrzeuge an, darunter auch Cabrios, Jeeps, Motorräder, Mopeds und Fahrräder. Bedingung für das Mieten eines Kraftfahrzeugs ist in der Regel der Besitz eines nationalen Führerscheins und, wenn man die hohe Kaution vermeiden will, eine Kreditkarte. Im Mietvertrag sollte man genau die Versicherungsleistungen überprüfen, damit es am Schluss keine bösen Überraschungen gibt.

Ganz geruhsam: Vorwärtskommen mit einer ES (Eselsstärke)

Taxis Taxis halten auf Zuruf oder Winken am Straßenrand. Die Autos mit gelbem Taxi-Schild auf dem Dach sind mit einem Taxameter ausgestattet. In Rhodos-Stadt stehen sie in größerer Zahl am Riminiplatz. Die **Preise** für Taxifahrten auf Rhodos sind niedriger als in Deutschland. Zusätzliche Gebühren werden berechnet bei Fahrtantritt am Flughafen, für jedes Gepäckstück, für Nachtfahrten nach 24.00 Uhr und für Fahrten außerhalb von Ortschaften. Sonderzuschläge muss man auch an Ostern und Weihnachten bezahlen. Vor Ausflügen mit dem Taxi sollte der Fahrpreis ausgehandelt werden.

Busverkehr Zu allen größeren Orten auf der Insel Rhodos bestehen gute Linienbusverbindungen. Busfahrpläne sind bei der Griechischen Fremdenverkehrszentrale vor Ort erhältlich. Den Ostteil der Insel – z. B. Faliráki und Líndos – erreicht man mit den Überlandbussen der Gesellschaft **KTEL**. Die Abfahrtsstelle ist an der Néa Agorá auf der Höhe der Gallias-Straße. In den Westteil der Insel, u. a. zum Flughafen, nach Petaloúdes, Kámiros, Kritinía oder nach Émbonas, gelangt man mit den blau-weißen Überlandbussen von **RODA**, die in der Papagou-Straße, ebenfalls an der Néa Agorá, starten.

Organisierte Busausflüge Busausflüge, z. B. Stadtrundfahrten in Rhodos, Exkursionen oder Inselrundfahrten, organisieren die örtlichen Reisebüros. Angeboten werden beispielsweise Fahrten nach Líndos, Kámiros, Filérimos und ins Petaloúdes-Tal. Ferner gibt es thematische Ausflüge wie eine Tour zu den Bergen der Insel, eine Kirchen- und Klöstertour, Naturfahrten sowie Kunstfahrten zu Malerei und Keramik.

Fähren

Emborikós in Rhodos-Stadt ist der Haupthafen von Rhodos, wo alle internationalen und innergriechischen Linien anlegen. Verbindungen bestehen zu den anderen Inseln des Dodekanes, zu Kreta, den Kykladen und weiteren ägäischen Inseln. Außerdem werden Fahrten nach Marmaris und Fethiye in der Türkei angeboten. Man hat die Wahl zwischen Fähren, Katamaranen und Tragflügelbooten, die zwar erheblich schneller, aber auch viel teurer sind. Ausflugsboote, z. B. nach Sými, warten im Mandráki-Hafen auf Fahrgäste.
Fahrpläne erhält man entweder bei der Griechischen Zentrale für Fremdenverkehr (▶S. 206) oder unter der Internetadresse der Greek Travel Pages (www.gtp.gr). Auf Rhodos gibt das Informationsbüro an der Platia Rimini in Rhodos-Stadt Schiffsfahrpläne aus, außerdem kann man sich beim Hafenamt erkundigen. Fahrkarten sind in den Reisebüros und Agenturen am Hafen sowie direkt am Kai zu bekommen.

AUTOMOBILKLUB

ELPA
Notruf: 1 04 00

MIETWAGEN

AVIS
Tel. 069 50 07 00 20
www.avis.com

EUROPCAR
Tel. 04 05 20 18 80 00
www.europcar.de

HERTZ
Tel. 0 18 06 33 35 35
www.hertz.de

SIXT
Tel. 0 18 06 66 66 60
www.sixt.de

REGISTER

A

B

C

D

E

F

G

BILDNACHWEIS

Amberg 54, 148, 222
Amberg/Loos 139, 147
Bilderberg/Ellerbrock 170
Bötig 19, 141
Dieterich 60, 89, 103
DuMont Bildarchiv 71
DuMont Bildarchiv/ Murat Türemiş 27
Fotolia/Iva 22
Getty Images/Efilippou 8/9
Getty Images/Maremagnum 79
Getty Images/Westend 61, 12/13
Hackenberg 29, 51, 62, 84, 131, 137, 145, 169, 181, 183, 191, 203, 215
Huber Images/Cozzi 5, 82, 198
Huber Images/Huber 57, 67
Huber Images/Ripani 200
Huber Images/da Rosa 115
Huber Images/R. Schmid 113, 119 (o.), 126, 129, 187
Huber Images/Simeone 7, 107 (o.)
Kuttig 167, 207
Laif 2, 41, 43, 58, 73, 189 (u.)
Laif/Baltagiannis/Invision 20/21
Laif/Caputo 160
Laif/Tophoven 47
Look 3 (o.), 75
mauritius Images 91
mauritius images / Greg Balfour Evans / Alamy 24/25
mauritius Images / Funky Food Paul Williams /Alamy 15 (unten)
mauritius Images / PE Forsberg /Alamy 15
Parschau 189
Picture Alliance/akg-images 119 (u.), 176
Picture Alliance/akg-images/Conolly 152
Picture Alliance/akg-images/Lessing 124
Picture Alliance/Ana 27
Picture Alliance/Asa/Werek 207
Picture Alliance/Biber 27
Picture Alliance/dpa 163
Picture Alliance/dpaweb/N. Schmidt 182
Picture Alliance/Hackenberg 87
Picture Alliance/Fotoagentur Lade 93
Picture Alliance/Kiedrowski 18
Picture Alliance/Okapia/Otto 10
Stockfood 179, 188 (2x), 195
Strüber 49, 107 (u., Mitte)

Titelbild: Schapowalow/Serrano

VERZEICHNIS DER KARTEN UND GRAFIKEN

BAEDEKER VERLAGSPROGRAMM

Viele Baedeker-Titel sind als E-Book erhältlich.

A
Ägypten
Algarve
Allgäu
Amsterdam
Andalusien
Australien

B
Bali
Baltikum
Barcelona

Belgien
Berlin · Potsdam
Bodensee
Böhmen
Bretagne
Brüssel
Budapest
Burgund

C
China

D
Dänemark
Deutsche Nordseeküste
Deutschland
Dresden
Dubai · VAE

E
Elba
Elsass · Vogesen
England

F
Finnland
Florenz
Florida
Frankreich
Fuerteventura

G
Gardasee

Golf von Neapel
Gomera
Gran Canaria
Griechenland

H
Hamburg
Harz
Hongkong · Macao

I
Indien
Irland
Island
Israel · Palästina
Istanbul
Istrien · Kvarner Bucht
Italien

J
Japan

K
Kalifornien
Kanada · Osten
Kanada · Westen

BAEDEKER
L
LONDON

BAEDEKER
N
NIEDER-
LANDE

BAEDEKER
U
USA
SÜDWESTEN

IMPRESSUM

Ausstattung:
75 Abbildungen, 18 Karten und grafische Darstellungen, eine große Reisekarte

Text:
Klaus Bötig mit Beiträgen von Carmen Galenschovski und Reinhard Strüber

Bearbeitung:
Baedeker-Redaktion (Miriam Muschkowski)

Kartografie:
Franz Huber, München
Klaus-Peter Lawall, Unterensingen
MAIRDUMONT Ostfildern (Reisekarte)

3D-Illustrationen:
jangled nerves, Stuttgart

Infografiken:
Golden Section Graphics GmbH, Berlin

Gestalterisches Konzept:
RUPA GbR, München

11., aktualisierte Auflage 2023

Trotz aller Sorgfalt von Redaktion und Autoren zeigt die Erfahrung, dass Fehler und Änderungen nach Drucklegung nicht ausgeschlossen werden können. Dafür kann der Verlag leider keine Haftung übernehmen.
Kritik, Berichtigungen und Verbesserungsvorschläge sind jederzeit willkommen. Schreiben Sie uns, mailen Sie oder rufen Sie an:

Verlag Karl Baedeker / Redaktion
Postfach 3162
D-73751 Ostfildern
Tel. 0711 4502-262
info@baedeker.com
www.baedeker.com

Printed in China

Meine persönlichen Notizen

Meine persönlichen Notizen

Meine persönlichen Notizen

Aegean Sea
Egeo Pelagos
Αιγαίο Πέλαγος
Alimiá
Akra Katsoúni
262
Alimiá
Ág. Theodóros
Akra Kopriá
Kástellos
Kritiniá
Makri I.
Mandrikó
Kritiniá
Hálki
Akra Kefálos
Maistros
593
Horió
Emborió
Nisaki
Strongilí
Tragoussa
Émbonas
Akra Mírtos
Atáviros
1215
Lakki
Ág. Isídoros
Akra Armenistís
319
Siána
Kástro
Monólithos
Istrios
Profília
Ormos
Apolakkiás
Apolakkiá
Arnítha
Váti
Moní Skiadí
Mesanagrós
Steno Karpathou
Lahaniá
Kattavía
Hóhlakas
Ágios
Pavlos
Plimmíri
Akra Víglas
10 km
© BAEDEKER
Akra Prasonísi
Prasonísi